Diez

Werkstattbuch Mediation

Mediations-Praxis

Werkstattbuch Mediation

von

Hannelore Diez
Dipl. Soz. päd. (FH),
Mediatorin (BAFM),
Mediations-Supervisorin

2005

CENTRALE
FÜR MEDIATION

Bibliografische Information Der Deutschen Bibliothek

Die Deutsche Bibliothek verzeichnet diese Publikation in der Deutschen Nationalbibliografie; detaillierte bibliografische Daten sind im Internet über <http://dnb.ddb.de> abrufbar.

Centrale für Mediation GmbH & Co. KG
Unter den Ulmen 96–98, 50968 Köln
Tel.: 02 21/9 37 38-801, Fax: 02 21/9 37 38-926
e-mail: cfm@mediate.de
www.centrale-fuer-mediation.de

ISBN 3-935098-05-7

Das verwendete Papier ist aus chlorfrei gebleichten Rohstoffen hergestellt, holz- und säurefrei, alterungsbeständig und umweltfreundlich.

Umschlaggestaltung: Jan P. Lichtenford, Mettmann

Satz: ICS, Bergisch Gladbach

Druck und Verarbeitung: Clausen & Bosse, Leck

Printed in Germany

für Schorsch
und für John †, Gary und Jack

Vorwort und Einführung

Werkstattbuch – das klingt nach Arbeit, Werkzeug, Betrieb, Reparatur und eher nicht nach intellektuellem Sachbuch, Philosophie oder anderer anspruchsvoller Lektüre. Werkstattbuch – das ist ein Arbeitsbuch, wie ich es mir zu Beginn meiner Mediationstätigkeit vor jetzt bald 20 Jahren gewünscht hätte, ein Buch zum Nachschlagen, Konfrontieren, Überprüfen, Erinnern, Ausprobieren, Nachbessern, Vergleichen mit eigenen Erfahrungen. Ich hoffe sehr, dass es diesen Anspruch erfüllt und zur Diskussion und Praxisreflexion von Mediatorinnen und Mediatoren in den verschiedenen Feldern der Mediation, aber auch in der Lehre und Supervision beitragen kann.

Dieses Buch ist also ein Praxisbuch, obwohl es auch Theorie-, Methodik- und Reflexionsteile enthält. Es ist ein interdisziplinäres Buch. Viele andere Fachleute, vor allem Juristen aus der gemeinsamen Praxis, aus den vielen Ausbildungen und aus Supervisionen, haben insgeheim mit ihren Anregungen und ihrer Kritik daran mitgeschrieben. Unter anderem deshalb habe ich diesem Buch einen Erb-Mediationsfall zugrunde gelegt, weil in diesem Feld die Notwendigkeit der Zusammenarbeit von psychosozialen, juristischen und anderen Fachleuten sehr deutlich wird, und auch, weil Erb-Mediation im Grenzbereich von Familien- und Wirtschafts-Mediation liegt und damit auf interdisziplinäre Zusammenarbeit angewiesen ist.

Meine Hoffnung und meine eigene Erfahrung ist, dass sich die wesentlichen methodischen und technischen Mediationsbausteine auf die Baustellen der verschiedenen Mediationsfelder übertragen lassen – ganz sicher auch auf die Baustellen der eigenen alltäglichen Konfliktbewältigung im privaten und beruflichen, auch nachbarschaftlichen, wirtschaftlichen, sportlichen, politischen oder anderen Umfeld. Aus diesem Grund habe ich fast allen Kapiteln dieses Buches jeweils eine Übung für uns Mediatoren vorangestellt, damit wir nicht vergessen, dass Mediation nicht nur „den anderen" gut tut, sondern vor allem auch uns selbst, wenn wir uns darauf einlassen.

Ansonsten hoffe ich, dass die Inhaltsangaben klar genug sind, so dass Lesen, Blättern und Nachschlagen hilfreich für das eigene Nachdenken und für die eigene Mediationsarbeit sind. Ich hätte dieses Werkstattbuch lieber mit eingehefteten leeren Blättern oder als Ringbuch produziert, weil es dem Prozess der Mediation besser entsprechen würde, aber solche Arbeitsbücher sind zurzeit noch nicht üblich. Es wäre dadurch auch deutlicher geworden, dass dieser Prozess nicht festgeschrieben ist und als „reine Lehre" existiert, sondern auf Veränderung, Fortschreibung und Visionen angewiesen ist, auch wenn momentan leider bei manchen Mediatoren und Ausbildern der Trend dahin geht, es eher mit „mediation light" zu probieren und dafür leichtere und nicht so arbeitsintensive Rezepte haben zu wollen.

Ich danke allen, die am Entstehen und Korrigieren dieses Buches mitgearbeitet haben, besonders meiner stilistischen Lektorin, Frau Barbara Schermaier-Stöckl, und meinen anderen juristischen Freunden, besonders Herrn Walter J. Lehmann als meinem Beratungsanwalt in der Erbengemeinschaft des Verlags Schaller und Herrn Sebastian Strohmeier als dem Notar. Ich danke insbesondere meinen drei wichtigsten amerikanischen Lehrern, Gary Friedman, Jack Himmelstein und dem verstorbenen John M. Haynes. Hier gilt immer noch das, was meine beiden Mitdenker in der Mediation und Mitverfasser des Buches „Familienmediation und Kinder", Heiner Krabbe und S. Cornelia Thomsen, und ich damals geschrieben haben: Es ist so viel gemeinsames Gedankengut inzwischen bei uns zusammengeflossen, dass kaum noch zu erkennen und zu unterscheiden ist, was von wem stammt und wer was wie weiterentwickelt hat. Deshalb ist die Literaturliste auch so kurz. Ich meine natürlich immer Mediatoren **und** Mediatorinnen – ich habe mich wegen der besseren Lesbarkeit der Texte für die kürzeste Version entschieden. Auch verwende ich lieber die lateinisch korrektere Form Medianden statt Medianten.

Zuletzt, aber nicht weniger intensiv, danke ich meinen beiden Verlagslektorinnen, Frau Dr. Stadlhofer-Wissinger und Frau Forner, für ihre inspirierende und geduldige Zusammenarbeit und ihre Unterstützung.

München, im September 2004   Hannelore Diez

Inhaltsübersicht

C. Praxismethoden

D. Anhang

Inhaltsverzeichnis

Inhaltsverzeichnis

Inhaltsverzeichnis

B. Werkstattmethoden

Inhaltsverzeichnis

Inhaltsverzeichnis

C. Praxismethoden

D. Anhang

A. Exemplarischer Fall einer Erb-Mediation

I. Sachverhalt der Erb-Mediation Schaller

Teilnehmer dieser Erb-Mediation ist eine **Erbengemeinschaft**, bestehend aus der 66-jährigen Mutter, Sofia Schaller, und zwei ihrer erwachsenen Kinder, Rebecca (32 Jahre) und Christof (31 Jahre).

Die älteste Tochter Anna (35 Jahre) ist schon vor Jahren aus der Erbengemeinschaft in Bezug auf den Verlag, der jetzt Gegenstand der Auseinandersetzung ist, ausgestiegen. Sie hat sich diesen Teil ihres Erbes vorzeitig auszahlen lassen, weil sie die ständige Streiterei im Verlag und in der Familie leid war. Die Familie konnte sich damals auf eine Summe von umgerechnet 150 000 Euro einigen. Anna brauchte das Geld damals dringend. Sie ist inzwischen mit ihrem Mann und ihren zwei kleinen Kindern nach Hamburg gezogen.

Der **Kinderbuchverlag** wurde von dem vor 10 Jahren an einem Herzinfarkt verstorbenen Ehemann von Sofia, dem Vater der Kinder, gegründet. Er hatte testamentarisch verfügt, dass der Verlag im Besitz der Familie bleiben sollte, und zwar wie bisher als GmbH, in der Sofia bis zu ihrem Tod die Hälfte der Anteile und die Kinder die andere Hälfte haben sollten.

Der Verlag hat einen **Kapitalstock** von 80 000 Euro und **einen jährlichen Umsatz** von etwa 200 000 Euro. Rebecca und Christof bekommen zurzeit jeweils 3000 Euro brutto monatlich, die beiden Angestellten, Frau Bürger und Frau Müller, je 1800 Euro brutto. Sofia lebt von den Zinsen ihres Vermögens, das aus ihrer eigenen Herkunftsfamilie stammt. Sie spricht nicht darüber, um wie viel Geld es sich handelt. Auf jeden Fall gehört ihr auch das **Verlagshaus**, das aus der Gründerzeit stammt und einen derzeitigen Marktwert von etwa 400 000 Euro hat. Vor zwei Jahren hat sie eine **Grundschuld** von umgerechnet 50 000 Euro auf das Haus aufgenommen, um einige Modernisierungen im Verlag durchführen zu können. Die monatlichen Zinsen und den Kapitaldienst von etwa 800 Euro zahlt sie aus ihrem eigenen Vermögen.

Rebecca ist gelernte Buchhändlerin und Malerin. Sie lebt allein und hat eine eher konventionelle künstlerische Begabung. Ihre Einstellung zu Kinderbüchern führt immer wieder zu Streit, besonders mit Christof und ihrer Mutter. Sie reflektiert auf die Leitungsstelle im Verlag, wenn die Mutter ausscheidet.

Christof hat ein abgebrochenes Pädagogik-Studium hinter sich. Er lebt mit einer bekannten Malerin und Bildhauerin zusammen und vertritt eine modernere Auffassung von Kinderbüchern als seine Schwester, vor allem was die Bildgestaltung betrifft. Er ist Zeichner und Grafiker im Verlag und möchte ebenfalls nach dem Ausscheiden der Mutter die Leitung des Verlags übernehmen.

Sofia Schaller ist seit Jahren herzkrank und möchte sich aus dem Verlagsgeschäft zurückziehen. Sie will mit einer alten Freundin in deren Haus im Schwarzwald ziehen. Sie sieht ihr Lebenswerk und das ihres verstorbenen Mannes gefährdet und möchte deshalb eine gute Lösung finden und zum Jahresende aus dem Verlag ausscheiden.

Im Verlag stehen wichtige Entscheidungen an; einmal weitere **Modernisierungen** im Computerbereich, zum anderen haben die beiden Angestellten des Verlags ein attraktives **Angebot eines Konkurrenzverlages** bekommen, der ihnen 2200 Euro monatlich und mehr Mitspracherecht bei der Buchgestaltung angeboten hat.

Sofia hat die Mediation vorgeschlagen, weil bisher alle gemeinsamen Gespräche über die weitere Verlagsarbeit gescheitert sind, vor allem die Gespräche über die verschiedenen Stilrichtungen und Auffassungen von Kinderbüchern, aber auch jene über das finanzielle Management im Verlag. Rebecca und Christof haben der Mediation zugestimmt.

II. Prozessablauf der Erb-Mediation Schaller

1. Vorlaufphase

Vorüberlegungen

Von den im Kapitel „Vorlaufphase" (s. 96 ff.) genannten allgemeinen **Arbeitsschritten** scheinen für die Vorlaufphase der Erb-Mediation Schaller wichtig und sinnvoll:

- Telefonate mit allen an der Mediation Beteiligten

- Hypothesen aus diesen Telefonaten

- Erklärung meiner Qualifikation und Rolle als Mediatorin

- Klärung der Teilnahme von Anna an der Mediation

2

- Klärung der Dauer von Sitzungen

- Genogramm der Familie und Organigramm des Verlags

- Zeit und Ortsbeschreibung für die erste Sitzung

- Zusendung von Infomaterial und Arbeitskontrakt

- Nachdenken über eigenen Beratungsanwalt und notwendige Informationen über Erbrecht

- Informationen über Verlagswesen, insbesondere über Situation von Kinderbuchverlagen

- Ortsbesichtigung

- Mentales Durchspielen dieser Mediation

- Nachdenken über eigene zu setzende Regeln

Ablauf

Anfang 2002 meldet sich eine Frau Schaller bei mir in meiner telefonischen Sprechstunde zur Mediation an. Sie habe im Internet gelesen, dass ich neben Familien-Mediation auch Erb-Mediation anbiete. Sie und ihre zwei erwachsenen Kinder, eine Tochter und ein Sohn, würden gerne im Rahmen einer Mediation über die Zukunft ihres vom Vater bzw. Ehemann geerbten Kinderbuchverlages entscheiden. Sie habe noch eine erwachsene Tochter, der aber bereits vor Jahren ihre Verlagsanteile ausgezahlt worden seien. Sie selbst würde gerne vorzeitig aus dem Verlag aussteigen – spätestens Ende dieses Jahres. Sie möchte bis dahin eine gute Regelung haben.

Telefonat mit der Anmelderin

Ich unterbreche sie, weil ich die Ahnung habe, dass jetzt eine ausführliche Beschreibung der wirtschaftlichen und familiären Konflikte kommen würde. Ich erkläre ihr, dass ich nicht jetzt schon in die Konflikte einsteigen oder von ihr etwas darüber erfahren möchte. Sollte ich mit ihr und ihren Kindern in einer Mediation arbeiten, möchte ich allen gegenüber neutral sein können. Deshalb wolle ich gerne auch mit ihren beiden Kindern telefonieren und bei denen ebenso verfahren wie bei ihr.

Ich frage sie aber noch, wie offen die Mediation vom Ergebnis her sei oder ob es im Grunde bereits Entscheidungen in irgendeine Richtung gäbe. Das verneint sie, betont aber noch einmal, dass ihre Tochter Anna aus den Verhandlungen über den Verlag heraus und ihre Teilnahme an dieser Mediation deshalb nicht relevant sei. Ich frage sie trotzdem, ob sie denke, dass Anna vielleicht doch an irgendeinem Punkt in diese Erb-Mediation gehöre. Sie verneint ausdrücklich und betont, Anna wolle dies auch nicht.

Frau Schaller will noch wissen, welche Qualifikationen ich habe und wie die Mediation denn ablaufe. Ich versuche, ihr in wenigen Sätzen zu sagen, woher ich meine fachlichen Qualifikationen habe und wie ich arbeite. Außerdem verspreche ich, ihr **Informationsmaterial** zuzusenden. Als mögliche **Termine** kommen bei ihr drei Abendtermine in Frage. Den Preis für jede Sitzung von 200 Euro akzeptiert sie und will ihn auch ihren Kindern mitteilen. Nachdem sie mir noch ihre Adresse, Telefonnummer, ihre E-Mail-Adresse und ihre Geburtsdaten gegeben hat, frage ich sie noch, wie lange für sie eine Mediationssitzung dauern dürfe, damit ich planen könne. Eineinhalb Stunden findet sie in Ordnung. Ich bitte sie schließlich, ihren beiden Kindern auszurichten, dass sie mich bitte auch in meiner Telefonzeit anrufen möchten, damit ich mit ihnen das Gleiche besprechen könne wie mit ihr.

Weitere Telefonate

Diese Telefonate finden noch in der gleichen Woche statt – mit dem Unterschied, dass beide Telefonate deutlich kürzer sind als das mit der Mutter, weil beide sofort verstehen, weswegen ich mit keinem von ihnen vorher in die Konflikte einsteigen und auch vorher nichts darüber wissen will. Auch sie haben die Fragen nach meiner Qualifikation und nach dem Ablauf der Mediation. Ich beantworte ihnen ihre Fragen und bitte sie beide, mir eine Art **Organigramm des Verlags** zuzuschicken, damit ich mir besser vorstellen könne, wie der Betrieb organisiert und wer für was zuständig ist. Sie finden auch eineinhalb bis zwei Stunden für die Mediations-Sitzungen in Ordnung. Bei der Frage nach der Einbeziehung von Anna in die Mediation ernte ich bei beiden wie schon bei der Mutter massive Ablehnung mit ärgerlichem Unterton. Für den ersten Termin einigen wir uns auf den Donnerstag der nächsten Woche. Diesen Termin teile ich jeweils jedem der drei mit, zusammen mit einer Ortsbeschreibung meiner Praxis und meinen Kurzinformationen über

Mediation (s. S. 95) sowie einem Entwurf für den **Mediationskontrakt** (s. S. 257) zwischen mir und ihnen.

Arbeits-Hypothesen

Während der Telefonate habe ich begonnen, auf meinem Notizblock das **Genogramm** dieser Erbengemeinschaft (s. S. 260) aufzuzeichnen – für mich ein sicheres Zeichen dafür, dass dieser Fall bei mir „angekommen" ist. Das andere untrügliche Zeichen: In meinem Kopf sind erste **Arbeitsannahmen** (Hypothesen) entstanden, die ich bereits zu sortieren beginne nach Hintergrund- und Arbeits-Hypothesen:

- Die Bereitschaft aller drei aus der Erbengemeinschaft zur Mediation ist eine wichtige Ressource.

- Alle drei Mediationsbeteiligte scheinen den Verlag als Vermächtnis des Vaters sehr zu lieben – es sind keine zerstörerischen Töne zu hören.

- Rebecca und Christof scheinen einerseits ein starkes Geschwistersystem zu sein, andererseits starke Eigeninteressen zu haben.

- Anna ist der Außenseiter in der Familie – sie scheint die Einzige zu sein mit der Fähigkeit zur Trennung von dieser Familie –, vielleicht eine Ressource für die Mediation.

- Anna ist zwar in Bezug auf den Verlag ausgezahlt worden, wenn sich die Mediation aber auch auf die Villa ausdehnen sollte, würde sie doch zu der Erbengemeinschaft gehören – direkt oder indirekt. Darauf wird die Mediation Rücksicht nehmen müssen.

- Es gibt bereits eine dritte Generation in dieser Erb-Mediation – die Kinder von Anna.

- Diese Mediation wird mit maximal 10 Sitzungen auskommen.

- Die Mutter ist die „Chefin" des Verlags. Sie scheint ambivalent in Bezug auf die Übergabe zu sein. Es könnte sein, dass dies eine Ambivalenz-Mediation ist.

- Ich werde als Mediatorin aufpassen müssen, dass ich bei meinem Auftrag für eine Erb-Mediation bleibe und nicht in eine Mehrgenerationen-Therapie verfalle (Ressource und Falle).

5

Vorbereitungen

Als weitere Vorbereitung in der Vorlaufphase dieser Mediation überlege ich mir, wer unter meinen Anwaltsfreunden sich im Erbrecht, aber auch in der Mediation auskennt, damit ich von Anfang an bei rechtlichen Fragen meinerseits einen eigenen „Beratungsanwalt" für dieses Spezialgebiet habe. Auch über einen Co-Mediator denke ich nach – es sollte wahrscheinlich ein männlicher Jurist sein, wenn ich denn jemanden brauche. Auch über einen möglichen Supervisor denke ich nach, falls ich in Schwierigkeiten gerate.

Sodann besorge ich mir aus dem Internet eine Liste von in diesem Verlag erschienenen Kinderbücher und mache eine kurze Ortsbesichtigung in dem Villenviertel der Stadt, in dem der Verlag liegt. Außerdem übertrage ich mein Genogramm der drei Generationen und das inzwischen eingegangene Organigramm des Verlags sowie meine Grafik des Grundmusters der Mediation auf Flipchart-Papiere zum Aufhängen für die erste Sitzung. Auf einer Bahnfahrt versuche ich, diese Mediation mit ihren etwa 8–10 Sitzungen einmal mental durchzuspielen und alle Hypothesen, Themen, Interessen, Optionen, Fairnesskriterien, Verhandlungsangebote und mögliche Lösungen aufzuschreiben, die mir zu dieser Erb-Mediation einfallen.

Das Telefonat mit dem Anwaltskollegen, der sich im Erbrecht auskennt und auch bereits zwei Unternehmensnachfolge-Mediationen gemacht hat, ergab dafür einige Tipps:

• Die Medianden brauchen unbedingt Rechtsberatung über Pflichterbteilregelung, vorzeitige Erbregelungen, aber auch über Steuerregelungen zu den verschiedenen Möglichkeiten. Auch ich würde das brauchen, damit ich einschätzen könne, ob sie wirklich gut informiert sind.

• Auch wenn es bisher wenig publizierte Konzepte für vorzeitige Nachfolgeregelungen in Familienbetrieben gäbe, sollten die Medianden doch mit Leuten reden – und er könne ihnen einige nennen – die solche Regelungen bereits getroffen haben, weil es viele Punkte gäbe, die dabei zu berücksichtigen seien: steuerliche, rechtliche, betriebswirtschaftliche, aber auch menschliche bzw. familiäre Aspekte. Sie sollten auch unbedingt mit Bankfachleuten und Steuerberatern reden, evtl. aber auch mit Organisationsberatern, die andere Firmen bei Unternehmensnachfolge geholfen hätten. Das sei wichtig für Ideen bei der Optionentwicklung für ihren Verlag. Sie sollten sich auch kundig machen über die Regelungen, die sie treffen müssten bezüglich der bisherigen Kunden, Zulieferer oder anderer bisheriger Geschäftsbeziehungen des Verlags.

• Es käme manchmal auch zu **Schwierigkeiten**, wenn es sich um mehrere Geschwister handele oder um die jüngere Generation, die bisher mit den anderen Angestellten auf einer Ebene zusammengearbeitet haben und nun plötzlich „Chefs" würden.

• Er gab mir aus seiner Erfahrung noch den Rat, besonders intensiv an den **Interessen jedes Einzelnen** zu arbeiten, weil das die Chancen für gute zukünftige Regelungen erhöhe. Wenn die Frage der Nachfolge noch nicht zum Konflikt eskaliert ist, sei diese Chance in der Mediation besonders hoch.

Nach dieser intensiven Vorlaufphase, die mich insgesamt etwa 20 Stunden gekostet hat, kann ich ruhig und gespannt in die erste Sitzung gehen. Ich würde mir noch überlegen müssen, was ich mit den Informationen meines Anwaltskollegen mache. Vorerst behandle ich sie als meine eigenen wichtigen **Hintergrundinformationen**. Ich würde sie auf jeden Fall brauchen, wenn ich die Medianden nach ihrer Optionenentwicklung zu Fachleuten schicken werde.

Auf Grund meiner letzten Erfahrungen in vergleichbaren Mediationen habe ich außerdem beschlossen, die Ergebnisprotokolle der Sitzungen selbst zu schreiben. Das ist die einzige Regel, die ich Schallers vorgeben und nicht mediieren werde.

2. Einführung/Kontrakt (1. Sitzung)

Vorüberlegungen

Nach dieser Vorlaufphase entscheide ich mich, die Mediation möglichst bald zu beginnen und evtl. das Erstgespräch mit der Themensammlung zu kombinieren. Das würde ich mir aber offen lassen. Aus den Hypothesen der Vorlaufphase (s. S. 5) heraus entscheide ich mich für eine **Sitzordnung**, die den verschiedenen Generationen Rechnung tragen und offen lassen sollte, ob Anna vielleicht doch direkt oder indirekt einbezogen werden könnte. Außerdem entscheide ich mich für die **Visualisierung** mit Grundbauplan der Mediation, mit Genogramm und dem Organigramm des Verlags. Ein **Wertebild** (s. S. 265) hatte ich zwar vorbereitet, weil das bei Erb-Mediationen wie dieser manchmal von Anfang an sinnvoll ist, würde es aber erst hinhängen, wenn mir das für den Prozess hilfreich erscheinen sollte. Für Papier und Stifte auf meinem großen runden Tisch und für Wasser und Gläser habe ich zudem vorgesorgt.

Ich schreibe mir auf einen Zettel, welche Punkte ich mit ihnen auf jeden Fall klären und vereinbaren wollte: Dauer – Kosten – Protokolle über die vorläufigen Vereinbarungen – Regeln – Beratungsanwälte – nochmals kurzer Ablauf der Mediation – meine Rolle – Mediationskontrakt – evtl. bereits Themensammlung.

Ablauf

Alle drei Medianden kommen pünktlich und zur gleichen Zeit. (Wenn sie nicht zusammen gekommen wären, hätte ich sie im Mediationsraum warten lassen, wäre aber erst hineingegangen, wenn alle da gewesen wären.) So kann ich sie miteinander **begrüßen** und ihnen meinen großen runden Tisch zeigen und sie bitten, sich so zu setzen, dass die beiden Generationen sich gegenübersitzen und ich Platz an der anderen Tischhälfte vor dem Flipchart habe. Jeder hat Papier und Stifte vor sich, ich einen Stapel größerer Bögen. Ich erkläre ihnen die **Flipchart**, dass ich sie manchmal brauchen werde für bestimmte Arbeitsschritte. An der Wand hängen bereits das Genogramm der Familie, das Organigramm des Verlags und meine Grafik über den **Grundbauplan** einer Mediation (s. S. 95).

Zeitmanagement/Kosten

Ich stelle mich noch einmal kurz vor und beglückwünsche sie zu ihrer Entscheidung, Mediation machen zu wollen. Ich frage, ob ich sie mit Vornamen und „Sie" anreden darf, weil es für mich schwierig sei mit den zwei „Frau Schaller". Sie stimmen zu. Ich frage weiter jeden, wie viel Zeit sich jeder gönnen will für diese Mediation. Sofia antwortet: „So viel Zeit wir brauchen, bis alles unter Dach und Fach ist." Rebecca meint, etwa 6–10 Sitzungen müssten reichen. Christof antwortet, dass er höchstens 4 Sitzungen machen wolle. Ich fasse die zeitlichen Vorstellungen von jedem zusammen und frage sie, was sie damit machen wollen; das sei ihre erste Chance, zu verhandeln und **eine erste Vereinbarung** zu erreichen.

Erstes Modell von Verhandeln

Die Geschwister schauen sich erstaunt an, dann auf die Mutter, dann auf mich. Ich sage aber nichts (in meinem Kopf habe ich die Hypothese „Sie werden das hinkriegen") und schaue sie abwechselnd erwartungsvoll an, frage dann nach einer Weile: „Wer kann den beiden anderen etwas anbieten?" Und richtig: Christof bietet an, erst mal 5 Sitzungen zu machen und zu sehen, wie weit sie sind, und dann neu zu verhandeln. Ich frage, ob es noch weitere Angebote gibt. Rebecca bietet ihre untere Grenze von 6 Sitzungen an, um dann neu zu verhandeln. Sofia bietet an, sich auf eine der beiden Angebote einzulassen, d. h. nach 5 oder 6 Sitzungen neu zu verhandeln. Alle stimmen Rebeccas Angebot zu. Sie haben in knapp 4 Minuten ihre erste Vereinbarung getroffen (und ich habe meine **vorläufige Zeitplanung** für diese Mediation). Ich sage ihnen das auch so, würdige das und schreibe dieses erste Ergebnis an die Flipchart. (Meine Hypothese: Angebotsverhandeln taugt für sie als Methode, zu Lösungen zu kommen.)

Verhandeln über Kosten

Also versuche ich, auf die gleiche Weise zu einer Vereinbarung über die Kosten zu kommen, frage also alle drei, wie sie sich das vorstellen. Sofia will höchstens die Hälfte bezahlen, Christof will dritteln, Rebecca will, dass die Mutter alles bezahlt. Sie habe schließlich das meiste Vermögen. Sie einigen sich über Angebote und nach kurzem Verhandeln auf Christofs Version des Drittelns.

Meine Rolle als Mediatorin

Ich erkläre ihnen noch einmal meine Rolle als Vermittlerin zwischen ihnen und gebe ihnen anhand des aufgehängten Grundbauplans meine Kurzbeschreibung der Mediation bei mir. Sie haben erstmal keine Fragen dazu. Christof drängt, man werde das ja sehen, er würde seine Fragen schon stellen, wenn ihm was nicht klar sei. (Greift meine Hypothese über das unausgewogene Geschlechterverhältnis in dieser Mediation jetzt schon? Ich werde das im Auge behalten müssen.)

9

Regeln

Auf meine Frage nach **notwendigen Regeln** für diese Mediation will Sofia die Möglichkeit einer **Pause**, wenn jemand wütend oder traurig wird. Rebecca will eine Unterbrechung und dass ich darauf eingehe und es auch bearbeite – ich sei doch schließlich auch Therapeutin. Christof will nur eine Pause zum Rauchen, wenn die Sitzung länger als eine Stunde dauert. **Gefühle** sollten hier keinen Platz haben, dann könne er ja auch gleich in Therapie gehen. Was machen sie mit diesen unterschiedlichen Vorstellungen? Christof stimmt der Möglichkeit einer Pause zu, wenn Mutter und Schwester diese bräuchten. Sofia und Rebecca sind einverstanden, dass Christof seine **Raucherpause** bekommt, wenn er sie braucht. Jeder will für seine Pausen selbst sorgen und sie beantragen. Für die **Redezeiten** verabreden sie, dass jeder ausreden soll, auch wenn es mal länger dauert. Ich sage ihnen meine Regel, dass ich die **Ergebnisprotokolle** gern selbst schreiben und ihnen nach jeder Sitzung zuschicken möchte. Damit sind alle einverstanden, Christof will nur noch wissen, ob das extra zu bezahlen sei, was ich verneine.

Beratungsanwälte

Auf meine Frage nach parteilichen Beratungsanwälten will Sofia den langjährigen Verlagsanwalt konsultieren, wogegen beide Kinder heftig protestieren. Rebecca hat bereits einen eigenen Beratungsanwalt, Christof braucht von mir die Liste, weil sein Familienrichter-Freund ihm wohl nicht geeignet scheint. Sofia will sich vielleicht auch einen neuen eigenen Beratungsanwalt von meiner Liste suchen. Christof und Rebecca stöhnen über die Kosten, woraufhin Sofia anbietet, die jeweiligen Anwaltskosten hälftig zu übernehmen (was ich nicht so gut finde, aber nichts dazu sage). Beide nehmen das Angebot an.

Zusammenfassung

Nachdem diese Arbeit etwa $1^1/_4$ Stunde gebraucht hat, entschließe ich mich, meine Arbeits-Hypothese, die Themensammlung gleich anzuschließen, aufzugeben, weil ich dafür mindestens ein halbe Stunde brauchen würde. Außerdem hatte Sofia mir im ersten Telefonat gesagt, sie würde gerne nicht länger als $1^1/_2$ Stunden arbeiten. Die Themensammlung schien mir auch so wichtig für alle drei zu sein, dass ich mir dafür lieber mehr Zeit lassen wollte. So fasse ich noch einmal die Ergebnisse dieser Sitzung zusammen und würdige ihre Arbeit:

Vorläufige erste Vereinbarungen

1. Sie haben eine vorläufige Vereinbarung gefunden über die Dauer der Mediation (5–6 Sitzungen mit evtl. weiteren Sitzungen, wenn es nötig sein sollte).

2. Es gibt eine Regelung über die Kosten der Sitzungen: Jeder trägt ein Drittel.

3. Es gibt die Möglichkeit für Raucherpausen und auch Pausen, wenn die Sitzung für jemand emotional zu anstrengend wird. Jeder sorgt selbst für diese Pause.

4. Wenn jemand aus der Sitzung geht, sollte er oder sie den anderen mitteilen, warum er oder sie das tut und ob er oder sie zu einem anderen Zeitpunkt mit der Mediation weitermachen wird.

5. Jeder soll ausreden dürfen, auch wenn es mal länger dauert als bei den anderen.

6. Jeder hat einen eigenen, vom Verlag unabhängigen parteilichen Beratungsanwalt. Deren Kosten werden von Sofia für Rebecca und Christof hälftig aus ihrem Vermögen übernommen.

Mediationskontrakt

Diese sechs Vereinbarungen würde ich ihnen protokollieren und zuschicken. Zum Schluss frage ich noch nach dem **Mediationskontrakt** und ob der heute unterschrieben werden kann. Ich frage, ob von den heute ausgemachten Punkten noch etwas hineingenommen werden soll. Alle drei wollen, dass die Kostenverteilung noch aufgenommen werden soll, was jeder noch unter „Sonstiges" einfügt. Sofia und Rebecca haben ihr Exemplar bereits unterschrieben – Christof unterschreibt seines nach kurzem Zögern – ich unterschreibe meines auch – jeder unterschreibt die drei übrigen. Damit ist der Arbeitskontrakt zwischen uns geschlossen.

3. Themensammlung/Interessen (2. Sitzung)

Vorüberlegungen

Nachdem ich allen Beteiligten das **Ergebnisprotokoll** der ersten Mediationssitzung zugeschickt habe, mache ich mir Hypothesen für die nächste

Sitzung, und zwar wieder zum Fall, zum Prozess und zu mir als Mediatorin. Aus dem Verlauf der Sitzung ergeben sich für mich mehrere **Arbeitsannahmen:**

- Alle drei wollen die Mediation, haben aber verschiedene Tempi.
- Die Unterscheidung der Systeme ist nicht so eindeutig. Es gibt zwar die der beiden Generationen, es gibt aber auch noch ein Bündnis der beiden Frauen.
- Die beiden Mitarbeiterinnen des Verlags spielen vorerst noch keine Rolle.
- Die Einbeziehung von Anna ist vorerst kein Thema.
- Alle scheinen bereit, sich an Regeln für die Mediation halten zu wollen.
- Der Prozess kann in Gang kommen, wenn alle drei ihre Themen und Konfliktpunkte offen auf den Tisch legen und möglichst bald nach den dahinter liegenden Bedeutungen für jeden gefragt wird.
- Momentan scheint das weibliche Übergewicht in dieser Mediation keine Schwierigkeit, die Frage eines männlichen Co-Mediators aber noch offen zu sein (wegen des Geschlechterverhältnisses 3:1 im Raum).
- Die Falle meiner eigenen Erbgeschichte mit meinen Geschwistern war bisher eher eine Ressource in dieser Erb-Mediation – ich sollte aber wachsam bleiben.

Also nehme ich mir für die nächste Sitzung vor, die **Themensammlung** zu machen und möglicherweise noch die **Arbeit an den tieferen Bedeutungen des Verlags** für jeden von ihnen anzuschließen. Innerlich bereite ich mich darauf vor, neben mir einen männlichen Co-Mediator sitzen zu haben, und hoffe, dass mir das hilft, dessen Sicht mit einzubeziehen. Dieser innere zweite Stuhl soll mir helfen, auf meine Allparteilichkeit aufzupassen. (Ich bin in meiner eigenen Erbgeschichte von einem meiner Brüder über den Tisch gezogen worden!)

Ablauf

Zu dem verabredeten Termin eine Woche später kommen die zwei Frauen zusammen, Christof ein paar Minuten später. Ich registriere das für mich als teilweise Bestätigung einer meiner Hypothesen über die zwei Systeme. Ich begrüße sie und würdige noch einmal ihre Arbeit vom letzten Mal. Ich stelle ihnen mit den gleichen Worten wie in der ersten Sitzung die Sammlung der Themen und Konfliktpunkte vor:

- „Ich möchte Sie als Erstes fragen, was jeder von Ihnen hier regeln möchte und welche Konfliktthemen jeder von Ihnen hat. Ich werde alle Ihre Themen und Konfliktpunkte auf der Flipchart aufschreiben, damit nichts verloren geht von dem, was jedem wichtig ist."

Dann frage ich jeden einzeln, ob ich den Sinn dieser Arbeit einigermaßen verständlich vermittelt habe, und dann, ob sich jeder von ihnen darauf einlassen kann. Nachdem alle drei mit Nicken und mit Blickkontakt zugestimmt haben, erkläre ich ihnen kurz meine Art zu arbeiten, z. T. auf großen Blättern auf dem Tisch, z. T. an der Flipchart (insbesondere, wenn es um Dinge geht, die gut sichtbar und über die ganze Mediation aufgehängt bleiben). Ich will jeden mit dem gleichen Wortlaut fragen können und entscheide mich für:

- „Was wollen Sie in dieser Erb-Mediation regeln?"

Ich frage, wer beginnen möchte und wer dann weitermacht. Sofia schlägt vor „der Reihe nach", Rebecca schließt sich dem an, Christof will „wie es gerade kommt". Ich lasse sie kurz darüber verhandeln – sie kriegen das wieder schnell hin. Die **Regel** heißt: Jeder immer einen Punkt, aber nicht stur der Reihe nach, sondern wie es kommt. Christof will beginnen, die beiden anderen sind einverstanden. Sofia ist ziemlich weitschweifig bei ihren Themen, es kostet mich einige Mühe, daraus Themen und Überschriften zu formulieren, die sie akzeptieren kann.

Die **Themensammlung** an der Flipchart sieht dann so aus:

Christof	Rebecca	Sofia
• Ort des Verlags	• Leitung des Verlags	• Meine Nachfolge
• Rolle von Mutter nach ihrem Ausscheiden	• Finanzen des Verlags	• Zukunft der Angestellten
• Anpassung der Gehälter	• Mutters Erbe	• Familientradition
• Rolle von Anna	• Künstlerische Inhalte	• Position von Anna
• Verlagsgestaltung	• Angestellte	• …
• Computer-Anschaffung	• Kredit	• …
• …	• …	• …

Jeder sagt, das seien erst mal die wichtigsten Themen und Punkte, die sie hier regeln wollen. Ich mache trotzdem bei jedem noch ein Zeichen, falls jemandem hier oder zu Hause noch ein Thema einfällt. Ich frage jeden nach der **Gewichtung**, die jedes der Themen für sie oder ihn hat. Alle drei sagen, dass ihnen der Verlag der wichtigste Punkt sei und die anderen Themen erst danach kommen könnten. Lediglich Christof will seinen

13

Punkt der Gehälteranpassung vorgezogen haben. Protest kommt auf bei Sofias letztem Punkt „Position Anna". Beide Geschwister beanstanden laut, Anna habe wirklich genug bekommen, sie kümmere sich um nichts, mische sich aber immer wieder heimlich ein. Sofia solle diesen Punkt streichen. Ich **normalisiere** und sage, dass ich das gut aus anderen Mediationen kenne, dass Themen von anderen schwer auszuhalten sind, die ärgerlich seien. Ich frage Rebecca und Christof einzeln, ob sie das akzeptieren können. Beide nicken widerstrebend.

Dieser Teil hat 35 Minuten gedauert. Ich frage, ob sie eine **kurze Pause** machen wollen, bevor wir weitermachen. Besonders Christof ist das sehr recht. Sofia und Rebecca bitten um einen Tee. Ich gehe aus dem Raum.

Nach acht Minuten machen wir weiter. Ich **würdige** ihre Arbeit an der Themensammlung.

- „Ich denke, Sie haben diesen Schritt gut geschafft, nämlich die Ihnen wichtigen Themen für Regelungen in dieser Mediation zu benennen. Diese Liste werde ich immer wieder aufhängen, damit Sie am Schluss sehen können, ob Sie auch nichts vergessen haben. Ich werde Ihnen diese Liste auch als Protokoll zuschicken."

Interessen und tiefere Bedeutung Verlag

Ich bereite den nächsten Schritt vor – sie haben sich ja entschieden, mit dem Verlag zu beginnen. Ich kündige ihnen den nächsten Schritt mit etwa den gleichen Worten wie im Erstgespräch bei der Kurzbeschreibung von Mediation an, also:

- „In diesem Schritt geht es darum, was für jeden von Ihnen hinter diesen Themen steht, also, um was es jedem von Ihnen wirklich geht, was der Verlag für jeden von Ihnen bedeutet, welches Ihre eigentlichen Interessen sind und welche inneren Bedeutungen der Verlag für jeden von Ihnen hat. Im zweiten Schritt werden Sie anschauen, inwieweit jeder von Ihnen die **Interessen und tieferen Bedeutungen** der beiden anderen versteht. Damit kommen Sie Ihrem Wunsch, über den Verlag zu verhandeln und gute Vereinbarungen zu treffen, einen Schritt näher, weil Sie nur über dieses Verstehen zu einem Verhandlungsergebnis kommen, mit dem Sie nachher zufrieden sind."

- „Ich tue mich beim Erklären manchmal etwas schwer. Habe ich einigermaßen klar machen können, um was es beim nächsten Schritt gehen soll? Christof? Rebecca? Sofia? Können und wollen Sie sich darauf einlassen? Ich frage Sie das so ausführlich, weil es manchmal auch schwierige Hintergründe und Bedeutungen geben kann. – Brauchen Sie noch Zeit zum Überlegen?"

14

Selbstbehauptung/Window I in den Interessen

Sie brauchen alle drei etwas Zeit, wollen ihre Gedanken dann wie bei der Themensammlung aufgeschrieben haben. Diesmal beginnt Sofia, weil ihr das so wichtig sei und bei all den Auseinandersetzungen der Kinder ganz verloren ginge: nämlich die Dankbarkeit für das Lebenswerk ihres Mannes. Ich frage sie, ob der wichtigste Hintergrund für sie sei „Lebenswerk meines Mannes". Sie akzeptiert. Im weiteren Verlauf definiert sie ihre Interessen am Verlag meist über andere (Werk der Familie, Angestellte). Ich sage ich ihr, dass es wichtig sei, erst einmal bei sich selbst zu schauen. Sie wird nachdenklich und meint, das habe sie schon verstanden, aber ihr zeige das auch, dass sie anfange, Abschied zu nehmen. Sie beginnt zu weinen. Ich frage sie nach einer Weile, ob dies jetzt solch eine Stelle sei, wo sie eine Pause brauche. Sie schüttelt den Kopf und sagt leise, es gehe schon wieder. Ich warte trotzdem noch einige Zeit, bevor ich Rebecca und Christof frage, wer von ihnen weitermachen möchte.

Bei deren Antworten ist die **Selbstbehauptung** klarer und nicht so stark über andere definiert. Die Interessen und tieferen Bedeutungen des Verlags für jeden sehen auf der Flipchart dann so aus:

Interessen

Christof	Rebecca	Sofia
• Einnahmequelle (R/S)	• Broterwerb (C/S)	• Lebenswerk meines Mannes (C/R)
• Rückhalt im täglichen Alltag	• künstlerische Selbstverwirklichung	• meine eigene Entwicklung (C)
• Andenken des Vaters (S)	• manchmal purer Stress (C/S)	• Sorgen (R)
• Herausforderung von Entwicklung	• Freude am Repräsentieren des Verlags	• Stolz auf Werk der Familie
• Lebensperspektiven (R/S)	• Sicherheit (C/S)	• Familienzusammenhalt

Christof	Rebecca	Sofia
• Spaß an der Arbeit (R) • …	• Familientradition (S) • …	• Verantwortung für die Angestellten • …

Wechselseitigkeit/Window II in den Interessen

Ich unterstreiche die Bedeutungen, die alle drei verstehen oder nachvollziehen können, mit roter Farbe, die noch von jeweils einem nachvollzogen werden können, mit blauer, und würdige sie für dieses Ergebnis:

- „Jeder von Ihnen hat sechs tiefere Bedeutungen Ihres Verlags genannt, darunter sind auch zwei schwierige. Sechs Ihrer insgesamt achtzehn Bedeutungen können von Ihnen allen dreien nachvollzogen werden und fünf von jeweils zweien von Ihnen. Das ist ein gutes Zeichen dafür, dass trotz aller Konflikte im Einzelnen Sie wohl eine für Sie alle gute Vereinbarung hinbekommen werden. – Auch diese Liste werde ich jedem von Ihnen mit dem Protokoll zuschicken, weil jeder von Ihnen am Schluss der Mediation auch an dieser Liste überprüfen kann, ob sie oder er die Vereinbarung unterschreiben will und kann.

- „Ich möchte Ihnen noch sagen, was Sie beim nächsten Mal machen werden: Sie werden sich überlegen, welche Möglichkeiten von Veränderung Sie haben, was Sie alles machen können mit Ihrem Verlag, damit Sie bessere Wahlmöglichkeiten und Alternativen sehen können für Ihre Entscheidungen. Haben Sie noch Fragen? Nein? Dann wünsche ich Ihnen einen guten Heimweg."

4. Konflikt/Emotionen/Fairnesskriterien (3. Sitzung)

Vorüberlegungen

Nach dem Verlauf und den Ergebnissen der zweiten Sitzung habe ich folgende **Arbeits-Hypothesen**:

- Alle drei haben wichtige Themen auf der Sachebene, die sie in der Mediation regeln wollen.

- Allen dreien ist der Verlag das wichtigste Thema – das erleichtert den Beginn der Mediation.

- Sie können relativ schnell und unkompliziert Regeln untereinander entwickeln und aushandeln. Das wird ihnen auch zu weiterem Konsens helfen.

- Alle drei können zurzeit ihre familiären Konflikte aus der Mediation herauslassen.

- Anna ist ein Thema im Hintergrund, kommt auf der Sachebene zurzeit nicht deutlich vor.

- Die Entwicklung der dahinter liegenden Bedeutungen und Interessen zeigt, dass Rebecca und Sofia auch die negativen Bedeutungen (Stress, Sorgen) sehen und benennen können, Christof sieht den Stress nur bei Rebecca.

- Die glatte und unproblematische prozessuale Arbeit bis hierher könnte darauf hindeuten, dass bei den nächsten Schritten wahrscheinlich mehr Konflikte sichtbar werden. Trotzdem gibt es die Möglichkeit, Optionen zu entwickeln.

- Ich muss als Mediatorin aufpassen, nicht zu schnell zu arbeiten und keine emotionalen Blockierungen zu übersehen.

Mit diesen Hypothesen gehe ich also in die dritte Sitzung. Ich habe mich darauf vorbereitet, die Entwicklung der Optionen zu mediieren – alle drei haben diesem Schritt das vorige Mal zugestimmt. Zwischen der zweiten und dritten Sitzung liegen diesmal drei Wochen.

Ablauf

Diesmal sind Rebecca und Christof pünktlich. Sie reden kein Wort miteinander, es herrscht spürbar dicke Luft. Sofia kommt etwa fünf Minuten später. Ich frage jeden von ihnen, ob sie meine Post bekommen haben und ob es noch etwas dazu zu sagen gäbe. Nur stummes Achselzucken, bei Sofia tiefes Seufzen. Ich versuche den Anschluss an das letzte Mal mit dem Viererschritt zu finden, nämlich der Würdigung der bisher geleisteten und mit der Vorstellung der für heute geplanten Arbeit und der Frage, ob sie sich darauf heute einlassen wollen.

Konflikt und Emotionen

Daraufhin legt **Rebecca** mit ungewohnter Heftigkeit und Lautstärke los: Christof habe die Regeln dieser Mediation gebrochen, er habe mit seiner Freundin Dominique aus Genf, die er erst seit einigen Monaten kenne, über die Konflikte mit dem Verlag geredet. Außerdem ziehe sie in zwei Monaten nach R. Er habe ihr gesagt, dass D. vom Fach sei, und er wolle, dass sie im Verlag mitarbeite. Sie sei Designerin, und sie – Rebecca – finde, D. habe also von einem Kinderbuchverlag keine Ahnung. Außerdem spreche sie ziemlich schlecht Deutsch.

Christof fängt an zu schreien, er habe die ständige Kontrolle seiner Schwester satt, sie sei keinen Deut besser, was die Regeln dieser Media-

17

tion angehe. Sie habe sich neulich mit Anna getroffen und ihr auch alles aus der Mediation brühwarm erzählt. Das wisse er alles aus einem Telefonat mit Anna. Aber Anna hielte sich ja wie immer aus allem heraus und wolle nur ihren eigenen Vorteil. Sie habe nur Angst um ihren Erbanteil am Haus und dem Vermögen der Mutter.

Als er Luft holt, fängt **Sofia** an zu drohen, dass sie die Mediation abbreche, wenn das hier so weiter gehe. Dann bleibe eben alles so wie bisher, sie würde eben von Montag bis Donnerstag in R. sein und am Wochenende im Schwarzwald.

Konfliktspiel-Bild

Nach meinen Vorüberlegungen und Hypothesen für diese Sitzung verwundert oder erschreckt mich dieser heftige und laute Streit nicht. Ich gehe nicht darauf ein, sondern denke über ein **Bild** nach, das ihnen helfen könnte, mit diesem Konflikt und den neuen Entwicklungen umzugehen. Als ich ein Bild habe, versuche ich zu **normalisieren** und zu **paraphrasieren**. Als zweite Möglichkeit halte ich die Entwicklung von Fairnesskriterien für denkbar:

- „Ich kenne das gut aus anderen Erb-Mediationen, wenn es Ernst wird. Dann passieren unvorhergesehene Dinge und neue Konflikte. Das bringt meist Bewegung in das Ganze. Das kann Ihnen noch öfter passieren in Ihren Entscheidungen über die Erbstücke Ihrer Familie."

- „Sie werden darüber reden müssen, welche neuen Regeln Sie sich geben wollen, damit diese Erbstücke nicht unter den Hammer kommen, sondern für Sie wertvoll bleiben können. Sehe ich das richtig, Sofia? Rebecca? Christof?"

Jeder von ihnen antwortet nur zögernd. Sofia mit: „Vielleicht", Rebecca mit „Ja, sonst geht es wie immer im Verlag, Mutter sagt, wo es lang gehen soll. Ich habe das satt." Christof: „Regeln allein nützen nichts. Was wir brauchen, sind neue Entscheidungskriterien in solchen Streitereien." Ich fasse diese unterschiedlichen Sichtweisen für jeden einzeln zusammen und versuche, mit meinem **Konfliktspiel-Bild** weiterzuarbeiten:

- „Als Sie vorhin im Streit waren, ist mir ein Bild für Ihre Konflikte und dafür, wie Sie damit umgehen, durch den Kopf gegangen. Es könnte Ihnen vielleicht helfen, anders damit umzugehen. Wollen Sie es wissen?"

Sie wollen es wissen. Also:

- „Ich sehe mehrere Personen vor einer wertvollen Schatztruhe stehen. Sie wissen, in der Truhe sind schöne und interessante Dinge. Aber immer, wenn einer von ihnen den Deckel aufmachen will, haut ein anderer oder hauen die anderen demjenigen den Deckel auf die Hände. Das tut weh, und sie kommen auf diese Weise nicht dazu, die Schätze in der Truhe in Ruhe anzusehen oder herauszunehmen. Was müssten diese Personen verändern, damit sie mit den Schätzen besser umgehen könnten? Können Sie mit meinem Bild etwas anfangen?"

Veränderungen der Spielregeln

Sofia findet es ein gutes Bild und denkt, die Personen müssten sich etwas entfernen von der Schatztruhe, damit sie in Ruhe wieder hingehen und sich die Schätze anschauen können. Rebecca findet das Bild nur teilweise gut. Sie denkt, wenn der Deckel nach hinten geöffnet und offen bleiben würde, könnten alle sich die Schätze anschauen. Christof will im Bild verändern, dass alle Personen demjenigen fünf Minuten Zeit und Ruhe lassen sollen, der sich die Schätze anschauen will. Ich fasse ihre drei verschiedenen Vorschläge zusammen und frage sie, ob sie einen Konsens herstellen können, welche Spielregeln der Personen im Bild sie verändern wollen.

Konsens über neue Spielregeln

Sie einigen sich darauf, jedem Einzelnen mehr Ruhe zu gönnen, wenn er die Schätze anschauen will. Ich frage sie, was das denn jetzt für ihre konkrete Erbsituation mit dem Verlag bedeuten könnte. Christof meint, er brauche Zeit, um die neuen Entwicklungen mit D. zu verarbeiten. Sofia denkt, ihr würde die alte Regel von einer längeren Pause reichen, wenn es wieder so heftig würde wie vorhin. Rebecca stimmt der Meinung von Sofia zu, kann aber verstehen und akzeptieren, dass Christof eine Pause braucht. Sie einigen sich auf eine Pause von vier Wochen bis zur nächsten Sitzung und auf ihre alte Regel mit der Pause bei Streit und Emotionen. Der Auftrag an mich ist, schneller einzugreifen und die Pause zu ermöglichen.

Fairness-Kriterien

Etwas über eine Stunde ist mit dem Streit und der Arbeit am Konfliktspiel-Bild vergangen. Meine Arbeits-Hypothese ist: Die Zeit reicht noch für die **Fairness- und Gerechtigkeits-Kriterien**. Sie wären auch ein ressourcenorientierter Abschluss vor der vierwöchigen Pause. Also schlage ich ihnen vor:

19

- „Sie werden beim nächsten Mal ja wahrscheinlich über die Veränderungs- und Wahlmöglichkeiten für den Verlag nachdenken, dann miteinander verhandeln und vielleicht in drei Sitzungen ihre Vereinbarungen dazu haben. Angenommen, Sie bekommen das in der Zeit hin, die Sie sich vorgenommen haben, und finden zusammen zu einer guten Vereinbarung, welche Maßstäbe von Fairness und Gerechtigkeit müssten darin enthalten sein, damit jeder von Ihnen die Vereinbarung mit guten Gefühlen unterschreiben kann? Sie hätten für heute noch Zeit, das miteinander zu entwickeln. Dann könnten Sie beim nächsten Termin in Ruhe Ihre Alternativen entwickeln und vielleicht noch nachdenken über die Rolle des Rechts, die es für Ihre endgültigen Entscheidungen haben sollte. Ich habe mich wieder mal kompliziert ausgedrückt, merke ich gerade. Habe ich Ihnen klar machen können, wie Sie heute schon mal mit Ihren eigenen Gerechtigkeitsvorstellungen in Ihrer Erbsache anfangen könnten? Wollen Sie das heute noch machen? Sofia? Rebecca? Christof?"

- „Ich würde Ihre Vorstellungen dann wieder für jeden auf die Flipchart schreiben, und wenn noch Zeit ist, Sie auch fragen, was Sie bei den beiden anderen gut finden. Sie kennen diese Art zu arbeiten ja jetzt schon."

Sie wollen damit noch beginnen und einigen sich darauf, eventuell eine viertel Stunde dranzuhängen, um vor der Vierwochenpause damit fertig zu werden. Ihre **Liste von Fairness- und Gerechtigkeitsvorstellungen** sieht dann so aus:

Window I in den Fairnesskriterien

Christof	Rebecca	Sofia
• Gestaltungsfreiheit für mein eigenes Leben	• Dass wir uns noch in die Augen sehen können	• Gegenseitigkeit, niemand übervorteilt
• Kein Nachteil für mich wegen Dominique	• Gerechtigkeit für alle	• Bestand für die Zukunft
• Gleichbehandlung aller Geschwister	• Interessen aller berücksichtigt	• Andenken meines Mannes gewürdigt
• Verlässlichkeit	• Keiner zahlt drauf	• Berücksichtigung aller drei Kinder
• Neuerungen müssen möglich sein	• Gutes Gefühl haben	• Berücksichtigung meiner Altersvorsorge
• Wille des Vaters soll berücksichtigt sein	• Die anderen müssen die Vereinbarung auch fair finden	• Berücksichtigung der Enkel

Window II in den Fairnesskriterien

Bei der Frage nach den Kriterien der beiden anderen, die man selbst auch gut finden kann, stellt sich heraus, dass folgende Punkte von allen dreien wichtig gefunden werden und eventuell der neuen Vereinbarung vorangestellt werden sollen:

- Gegenseitigkeit – niemand soll übervorteilt werden
- Bestand für die Zukunft
- Die anderen zwei müssen die Vereinbarung auch fair finden
- Verlässlichkeit
- Gleichbehandlung aller Geschwister

Ich **würdige** ihre Arbeit und sage ihnen, dass ich ihnen wieder alle Ergebnisse, auch das Konfliktspiel-Bild und wie sie es verändern wollen, im **Protokoll** zuschicken werde. Sie sind einverstanden, dass sie in vier Wochen an den Veränderungsmöglichkeiten für den Verlag arbeiten wollen. Als **Hausaufgabe** gebe ich ihnen mit, darüber nachzudenken, welche Rolle sie dem Recht in Hinblick auf ihre Vereinbarung geben wollen, weil sie an dieser Frage beim nächsten Mal evtl. noch arbeiten werden, bevor sie dann ans Verhandeln gehen können.

5. Optionen/Rolle des Rechts (4. Sitzung)

Vorüberlegungen

Meine **Arbeits-Hypothesen** nach der letzten Sitzung sind:

- Die Optionenentwicklung wird möglicherweise zögerlich sein nach der letzten Sitzung und Ermutigung brauchen.
- Es könnte sein, dass hier Emotionen und Streit hochkommen – es wird Ernst mit den Entscheidungen für den Verlag.
- Die Ambivalenz von Sofia wird wahrscheinlich deutlicher werden.
- Möglicherweise muss die Optionenentwicklung auf zwei Sitzungen verteilt werden.
- Meine eigene Falle könnte sein, dass ich mich mit der Ambivalenz von Sofia verbünde und das Drängen der „Nachfolger" nicht genügend unterstütze.

Außerdem habe ich als **eigene Optionen** im Kopf: Zwei intern getrennte Verlagsabteilungen/Fusion mit dem Konkurrenzverlag/als **negative Option**: Verkaufen. Für die **Visualisierung** entscheide ich mich wegen der besseren Übersichtlichkeit für die gewohnte Arbeit mit den drei Spalten, obwohl mir persönlich die Arbeit mit bunten Karten oder der untereinander geschriebenen Liste mehr Spaß macht. Sicherheitshalber habe ich bunte Karten und verschiedenfarbige Punkte in Reserve. Für das **Verweisen an Fachleute** lese ich nochmals die Tipps meines Erbrechts-Anwalts durch (s. S. 6 ff.).

Ablauf

Alle drei kommen gemeinsam, offensichtlich in guter Verfassung. Ich frage jeden einzeln, ob es noch Reste vom letzten Mal gibt, es könne ja sein, dass in der vierwöchigen Pause sich etwas angesammelt hat. Sofia und Rebecca haben nichts, Christof teilt mit, dass seine Freundin Dominique nächste Woche bei ihm einziehen werde und er sich darauf sehr freue. Die Gesichter von Sofia und Rebecca werden reservierter. Meine nächste Frage geht wieder an alle drei mit wechselnden Blickkontakten zu jedem Einzelnen:

Optionen

- „Sie haben beim vorletzten Mal darüber nachgedacht, was Ihnen der Verlag bedeutet und viele Bedeutungen gefunden. Das wird Ihnen eine gute Grundlage sein für Ihr späteres Verhandeln. Beim letzten Mal haben Sie nachgedacht, welche Maßstäbe von Fairness und Gerechtigkeit Sie haben für gute Regelungen für den Verlag. Damit Sie dafür ein breites Spektrum und viele Wahlmöglichkeiten haben, könnte es heute darum gehen, mit viel Phantasie Ideen zu entwickeln, was Sie mit diesem Verlag alles machen könnten, positiv wie negativ. Ist bei Ihnen angekommen, was ich Ihnen damit vorschlagen möchte, Christof? Rebecca? Sofia?"
- „Wollen Sie sich heute darauf einlassen, Sofia? Christof? Rebecca?"

Alle drei nicken bei beiden Fragen, Sofia eher zögerlich. Ich werde also nicht mit ihr beginnen. Ich werde also auch nicht meine bunten Karten und Punkte verwenden. Ich schreibe die Ideen kodiert auf die Flipchart und verwende für die weiteren Fragen an jeden immer das Kürzel „Gibt es noch Ideen und Möglichkeiten?" Christof will beginnen und hat auch gleich zwei Ideen. Ich frage die beiden anderen, ob es für sie in Ordnung ist, wenn er beginnt. Sie bejahen.

Christof	Rebecca	Sofia
• Verlag ohne Sofia und Rebecca	• Verlag ohne Dominique	• Verlag durch Christof und Rebecca weitergeführt
• Mitarbeit Dominique	• Leitung Verlag ich	• Verlag ohne Dominique
• Zwei getrennte Abteilungen mit getrennter Geschäftsführung	• Auszahlen lassen, ich gründe eigenen Verlag	• Alles bleibt wie bisher bis zu meinem Tod

Nach Sofias Option stockt der Ideenfluss, keiner will weitermachen. Ich frage neu:

• „Sie haben bereits neun verschiedene Ideen. Welche Ideen hätten wohl Ihre Angestellten noch? Oder gibt es auch bei Ihnen noch weitere?"

Weitere Optionen

Christof	Rebecca	Sofia
• Verlag verkaufen	• Auszahlen lassen, zur Konkurrenz gehen	• Verlag mit meiner Freundin weiterführen
• Fusion mit der Konkurrenz	• Weltreise machen	• Fremder Geschäftsführer
• Anna geht mit 150 000 Euro wieder in den Verlag	• Zwei getrennte Verlage mit verschiedenen Konzepten	• Konzept vom Verlag neu machen
		• Noch 1 Jahr wie bisher, bis dahin neues Konzept
• …	• …	• …

Es kommen keine neuen Ideen mehr. Sie wirken ziemlich erschöpft. Sie haben aber ja auch viele Ideen entwickelt, auch negative. Sofia hat bei zwei von ihren Vorstellungen ihre Ambivalenz eingebracht, Christof seine Wut über die Ablehnung seiner Freundin, Rebecca ihre geheimen Wünsche. Das ist für mich genug Grund, W. II zu versuchen:

Window II bei den Optionen

- „Sie haben insgesamt 19 Ideen entwickelt, was Sie mit ihrem Verlag machen könnten. Den nächsten Schritt kennen Sie ja schon: Können Sie mal schauen, was Ihnen bei den beiden anderen gefällt – was Sie auch unterstützen würden – was Sie eventuell auch für Ihre Pläne gebrauchen könnten. Was würden Sie da unterstrichen haben wollen, vielleicht auch nur halb unterstrichen?"

- „Können Sie vielleicht sogar gleiche oder ähnlich ausgedrückte Ideen bei den beiden anderen entdecken?"

Sofia beginnt mit den Spalten der beiden anderen, dann macht Rebecca weiter, zum Schluss Christof. Bei allen dreien kommen folgende Ideen in Frage:

- Verlag durch Rebecca und Christof weitergeführt

- Zwei getrennte Abteilungen mit getrennter Geschäftsführung

- Zwei getrennte Verlage mit verschiedenen Konzepten

- Konzept vom Verlag neu machen

Jeweils zwei Nennungen bekommen:

- Verlag ohne Sofia und Rebecca

- Verlag unter Geschäftsführung von Rebecca

- Fusion mit der Konkurrenz

- Fremder Geschäftsführer

Ich habe diese Ergebnisse verschiedenfarbig unterstrichen und bin dann hinter die drei Medianden getreten, um die Ergebnisse aus der Entfernung besser überblicken zu können. Ich wiederhole ihnen ihr Ergebnis noch einmal und frage sie, ob sie noch etwas verändern oder hinzufügen wollen. Rebecca sagt, dass sie die Idee von Sofia mit dem fremden Geschäftsführer nur halb gut gefunden habe und sie das irgendwie gekennzeichnet haben möchte, sie fände das nicht wirklich gut. Ich mache unter diesen Punkt noch eine Wellenlinie in der gleichen Farbe. Sonst kann alles so bleiben. Ich würdige ihre Arbeit:

- „Jetzt haben Sie außer Ihren eigenen Ideen noch vier gemeinsame und viereinhalb Ideen, die zwei von Ihnen gut finden. Das wird Ihnen als Hintergrund für Ihr Verhandeln beim nächsten Mal helfen."

- „Wenn Ihnen noch weitere Ideen kommen, können Sie die nächstes Mal oder auch zu Hause natürlich noch nachtragen. Ich habe bei jedem ja noch Striche gemacht. Ich werde Ihnen diese Liste fotografieren und nachher ausgedruckt mitgeben."

Optionen durchsprechen mit Fachleuten, Freunden etc.

- „In den nächsten vier Wochen sollten Sie diese beiden Listen mit Ihren Freunden und Freundinnen, möglicherweise auch mit Anna, vielleicht auch mit Frau Bürger und Frau Müller durchsprechen, was die dazu meinen. Aber Sie sollten auch mit allen in Frage kommenden Fachleuten sprechen, also mit Ihren Anwälten, Ihrem Steuerberater, evtl. Ihren Banken, evtl. einem Organisationsberater, der sich auskennt mit den betriebswirtschaftlichen Aspekten in der Unternehmensnachfolge, vielleicht auch mit Verlagsfachleuten, wenn das nicht zu riskant ist in der Szene, das kann ich nicht beurteilen, aber Sie sicher. Sie sollten auch reden über Ihre bisherigen Zulieferer, Kunden und alle, die von einer Veränderung in der Leitung und Geschäftsführung noch betroffen wären. Vielleicht kommen Ihnen bei all diesen Fachrecherchen ja auch noch ganz andere neue Ideen. Sie werden das alles brauchen für Ihr Verhandeln beim nächsten Mal."

- „Sie haben jetzt noch eine halbe Stunde Zeit, in der Sie über die Rolle nachdenken könnten, die das Recht in Ihren Regelungen und in Ihrer Vereinbarung haben sollte. Wollen Sie eine kurze Pause machen und das noch versuchen? Was meinen Sie, Sofia? Rebecca? Christof? Ja? Also gut, dann kurz Pause und Luft."

Rolle des Rechts

Ich mache die Fenster auf und zeichne eine neue Flipchartseite mit den drei Spalten.

Ich hänge die Liste mit ihren eigenen Fairness- und Gerechtigkeitsvorstellungen gut sichtbar auf. Meine **Hypothesen** über das Recht bei ihnen sind:

- Sie werden das relativ einfach sehen.

- Sofia und Rebecca werden näher am Recht bleiben wollen als Christof.

- Sie werden wohl alle drei ihre eigene Gerechtigkeit für wichtiger halten.

- Auf meine Fallen mit der eigenen Einstellung zum Recht und meine eigenen Erfahrungen mit vorzeitigen Vererbungen in meiner eigenen Familie muss ich aufpassen, damit ich nichts überhöre oder falsch wahrnehme.

Sie kommen wieder und wirken alle drei ein wenig erschöpft. Ich frage jeden nochmals, ob sie diesen Schritt jetzt noch machen wollen. Sie antworten alle drei ähnlich, sie wollen das jetzt machen, um das nächste Mal wirklich ans Verhandeln gehen zu können. Christof meint, er glaube nicht, dass sie hier ernsthafte Unterschiede hätten.

25

Ich erkläre ihnen den Schritt nochmals:

- „Gerade wenn Sie jetzt auch zu Ihren **Beratungsanwälten** gehen und die nach den Gesetzen über Pflichterbteil und den sonstigen Regelungen beim vorzeitigen Vererben fragen, auch über Ihre eigenen persönlichen Vor- und Nachteile bei einer vorzeitigen Verlagsregelung und über die Prozessrisiken für Sie, dann sollten Sie nachdenken, was denn wäre, wenn Sie sich hier nicht einigen können und dann ohne gemeinsame Regelungen über den Verlag dastünden. Habe ich Ihnen den Sinn dieses Schrittes einigermaßen deutlich machen können? Christof? Rebecca? Sofia? Wollen Sie sich darauf einlassen?"

Alle drei nicken. Sofia bittet noch darum, dass ich ihr die **Fragen an den Beratungsanwalt**, die ich da gerade genannt habe, doch bitte aufschreiben solle. Sie fände es gut, wenn sie alle drei ihre Anwälte das Gleiche fragen würden. Ich sichere ihr zu, ihnen die Fragen mit dem Protokoll zu schicken, weil auch die beiden anderen sie haben wollen. Sie brauchen noch einige Zeit zum Nachdenken, aber dann kommen ihre Antworten prompt:

Window I bei der Rolle des Rechts

Christof	Rebecca	Sofia
• Rechtsgültigkeit der Vereinbarung	• Rechtsgültigkeit der Vereinbarung	• Bei ihrem Haus will sie geltendes Recht, beim Verlag mehr Spielräume
• schriftliche Form soll Normen entsprechen	• die Vereinbarung soll Vorrang vor Recht haben	• Annas Rechte sollen berücksichtigt sein
• Wahrung meines Pflichterbteils	• Vereinbarung soll rechtswirksam sein	• Vereinbarung soll Vorrang vor dem Recht haben

Window II bei der Rolle des Rechts

Bei meiner Frage nach dem Blick auf die Spalte der anderen kommt als **gemeinsame Vereinbarung über die Rolle des Rechts** heraus:

- Die Vereinbarung soll rechtswirksam sein und in ihrer schriftlichen Form den Normen entsprechen.

- Sie soll mit geltendem Recht vereinbar sein, aber auch ihren eigenen Gerechtigkeitsvorstellungen entsprechen.

- Die Rechte aller drei Geschwister sollen berücksichtigt sein.

Alle drei zeigen sich zufrieden mit dem Ergebnis. Ich bitte sie, dieses mit ihrer jeweiligen eigenen Spalte der Fairnesskriterien zu vergleichen. Sie tun das. Christof meint, ohne Verhandlungsergebnis sei das für ihn jetzt schwierig, er würde gern auf diese beiden Listen nochmals schauen, wenn das vorliege. Rebecca stimmt dem zu. Sofia meint, da sehe sie doch große Unterschiede, das sei doch eine ganz andere Ebene, aber sie sehe keine Widersprüche. Weil die zwei Stunden abgelaufen sind, lasse ich es dabei bewenden, auch wenn mir dieser Schritt zu wenig gründlich gemacht zu sein scheint. Ich verabschiede sie und würdige nochmals ihre Arbeit und ihre Anstrengungen, zu einer guten Vereinbarung über den Verlag zu kommen. Ich verspreche ihnen das **Protokoll** so schnell wie möglich zu schicken.

6. Angebotsverhandeln/Vorläufige Vereinbarungen (5. Sitzung)

Vorüberlegungen

Nach der vorigen Sitzung mit der Entwicklung von Optionen und dem Mediieren der Rolle, die das Recht in den Vereinbarungen haben soll, denke ich für die nächste – vielleicht schon letzte – Sitzung über folgende **Hypothesen** nach:

- Die Medianden werden vermutlich keine anderen Verhandlungsmodelle brauchen – sie sind mit dem Modell des Angebotsverhandeln bisher gut zurecht gekommen.

- Sofia wird einerseits zu Angeboten bereit sein, andererseits auch wieder zögern, weil der endgültige Rücktritt für sie noch schwierig zu sein scheint.

- Im Gegensatz zu Rebecca hat Christof mehr Druck zu baldigen Lösungen wegen seiner Freundin Dominique im Hintergrund.

- Beide Geschwister haben relativ wenig materielle Angebote zu machen.

- Es könnte sein, dass die Verhandlungssitzung noch zu früh ist, u. U. müsste die Mediatorin sogar nochmals zu den Bedeutungen zurückgehen.

- Meine Falle: Mir macht das Angebotsverhandeln immer sehr viel Spaß, so dass ich leicht ungeduldig werde, wenn es zögerlich läuft, wobei ich hier bei dieser Mediation mit Ambivalenz auf einer Seite rechnen muss.

Zur **weiteren Vorbereitung** besorge ich querformatige Karten in drei verschiedenen Farben und gute Stifte sowie genügend Papier und kleinere Stifte für alle drei zum Aufschreiben ihrer Angebote.

Hospitant

Ich nehme in diese Sitzung einen **Hospitanten** aus einer laufenden Mediations-Ausbildung herein, einen jungen Juristen, der gerade sein Referendariat macht und froh ist, dass er bei solch einer Sitzung hospitieren kann. Und ich bin froh, dass wenigstens für die letzten beiden Sitzungen das männliche Element in dieser Mediation verstärkt wird. Seine konkrete Aufgabe wird sein, die impliziten und expliziten Verhandlungsergebnisse auf der Flipchart aufzuschreiben, damit ich mich ganz dem Prozess zwischen den drei Medianden und dem Wahrnehmen von impliziten Ergebnissen widmen kann. Ich hatte im Lauf der letzten Woche bei jedem der drei angerufen und gefragt, ob ich den Hospitanten in die Sitzung mit hineinnehmen könnte, und habe ihnen erklärt, warum und dass er natürlich eine **Schweigepflichtserklärung** unterschreiben würde. Jeder von ihnen war einverstanden, wenn das keine Mehrkosten verursachen würde.

Außerdem überlege ich mir gute Sätze, wie ich ihre Optionenergebnisse vom letzten Mal würdige. Und als Letztes: Ich rechne gerade in dieser Sitzung mit Gefühlsausbrüchen und womöglich heftigen Emotionen. Jetzt wird es Ernst. Für die Sitzung selbst bereite ich auf einem Flipchartblatt noch meine Sicht eines **Wertebildes** für ihr Verhandeln vor (s. 265). Ich schreibe die **materiellen und immateriellen Werte** auf farbige große Postit-Zettel und klebe sie ungeordnet auf die Flipchart. Fünf der Zettel (s. nächste Seite) lasse ich leer.

Wertebild

Verlag	Villa/Wohnhaus 400 000 Euro
Kapitalstock 80 000 Euro	Grundschuld 50 000 Euro
Umsatz 200 000 Euro	Zinsen 800 Euro (Sofia)

28

Rebecca 3000 Euro	Wohnung Sofia
Christof 3000 Euro	Verlagsräume
Frau Bürger 1800 (2300) Euro	Künstlerische Leitung
Frau Müller 1800 (2300) Euro	Kaufmännische Leitung
Auszahlung Anna 150 000 Euro	Garten
Name des Verlags	Geschäftsanteile
Kundenstamm	Vermächtnis des Vaters
Familientradition	
Frieden in der Familie	
Tradition des Verlags	

Ablauf

Ich treffe mich eine viertel Stunde vorher mit dem Hospitanten, um ihm kurz die Ergebnisse der vorangegangenen Sitzungen anhand der Flipchartpapiere zu erklären. Ich hänge vor allem auf: Die ursprüngliche Themensammlung, die Optionenliste, die Fairnesskriterien und meinen Entwurf eines Wertebildes. Die anderen Papiere hängen auch, aber eher im Hintergrund an einer anderen Wand.

Christof und Rebecca kommen zusammen und berichten, dass Sofia sich etwa zehn Minuten verspäten werde, weil ihr Auto nicht angesprungen sei. Sie kommt dann aber doch eher. Ich stelle ihnen den Hospitanten vor und frage sie dann, ob die Überprüfungen und Recherchen in Bezug auf die Ideen und Phantasien vom letzten Mal noch andere oder neue Aspekte gebracht hätten.

29

Beratungsanwälte und andere Fachleute

Alle drei waren auch bei ihren Beratungsanwälten. Sofia berichtet, dass der Firmenanwalt, den sie nun doch als Beratungsanwalt hat, die entwickelten Optionen sehr kritisch bewertet hat, besonders die Option der zwei Verlagsteile mit getrennter Geschäftsführung. Er habe ihr geraten, unter diesen Aspekten doch noch mit ihrem Rücktritt zu warten. Christof und Rebecca haben sich gemeinsam mit einem befreundeten Organisationsberater besprochen, der die derzeitige allgemeine Verlagssituation genau kenne und sie wohl auch vor großen Veränderungen in ihrem Verlag gewarnt habe. Der Markt sei sehr angespannt, auch der für Kinderbücher. Von einer Fusion mit dem Konkurrenzverlag hat er wohl abgeraten, sie sollten ihn aber sehr gut im Blick behalten und sich diese Option eventuell für später merken. Er meinte auch noch, dass der Kapitalstock zu niedrig sei und dringend aufgestockt gehöre. Er fand eine Ausweitung auf Comics und elektronische Materialien gut. Er habe sie noch davor gewarnt, die beiden Angestellten, mit denen sie bisher zusammengearbeitet haben, zu übernehmen. Er schätzt es wohl so ein, dass sowohl Rebecca als aber besonders Christof es schwer haben dürften, als neue Chefs akzeptiert zu werden. Ein anderer Freund aus der Branche hat Christof geraten, sich lieber neue Mitarbeiter zu suchen, die sich besser auskennen mit Computertechnik im Verlagswesen. Die seien erfahrungsgemäß allerdings sehr viel teurer. Rebecca hat den Rat bekommen, die Fertigung der Bücher viel mehr auszulagern und mehr fremde Firmen zu beauftragen.

Weitere Möglichkeiten und aufflackernde Konflikte

Sie hat außerdem ein Angebot aus England bekommen von einer Freundin, an einer Modernisierung und Neuausgabe von „Shockheaded Peter" (Struwwelpeter) mitzuarbeiten, was sie sehr reizen würde. Christof erwähnt noch, dass seine Freundin bei ihm wohnen bleiben, sich aber erst mal lieber einen anderen Job suchen möchte. Er habe Mutter und Schwester übrigens mitgeteilt, dass sie von ihm schwanger sei. Sofia und Rebecca verziehen keine Mienen. Es gibt eine längere Pause. Dann reagiere ich mit einer Art **Paraphrase**:

- „Ich kenne das gut aus anderen Mediationen, wenn etwas in Bewegung gerät und neue Ideen und Möglichkeiten entwickelt werden, dass sich dann auch drum herum viel verändert. Ich sehe das jetzt auch bei Ihnen, und ich bin gespannt, was Sie damit machen und wie Sie das beim Verhandeln einbringen werden."

Ich frage sie noch, wie die Gespräche mit Anna und den beiden Mitarbeiterinnen ausgegangen seien. Mit den Letzteren hat keiner von den dreien
geredet, aber mit Anna. Sofia und Rebecca berichten übereinstimmend,
dass Anna die Idee mit den beiden getrennten Bereichen am besten fände
und angeboten hat, wenn Geld fehle, sei sie bereit, auch wieder Geld in
den Verlag zu stecken – zu vernünftigen Konditionen, habe sie gesagt,
was Christof zu einem tiefen Seufzer veranlasst. Aber er sagt nichts dazu.

- „Sie haben beim letzten Mal sehr viele verschiedene Möglichkeiten für den
  Schatz ihrer Familie, den Verlag, entwickelt. Ich habe Ihnen die Liste ja
  geschickt und hier auch noch mal aufgehängt. Ist bei Ihnen dazu noch etwas
  Neues aufgetaucht? Sofia? Rebecca? Christof?"

Emotionen beim Verhandeln

Sofia und Christof schütteln die Köpfe. Rebecca sagt, dass sie ihre Idee
„Weltreise" ausbessern möchte in „Verlag in England". Ich schreibe das
über die Weltreise und frage die beiden anderen, ob dieser veränderte
Punkt von ihnen jeweils angestrichen werden soll. Beide zögern, schließlich sagt Christof, dass er das ganz gut fände, dann wäre er wenigstens
alleiniger Chef im Verlag. Darauf reagiert Rebecca böse und laut, auch
Sofia empört sich. Meine Hypothese über die Emotionen beim Verhandeln stimmt also. Ich gehe in den beginnenden Streit mit meinem Kon-
fliktspielbild vom vorletzten Mal:

- „Sie sind gerade dabei, sich wieder den Deckel Ihrer Schatztruhe auf ihre Hände
  zu hauen – wollen Sie das jetzt? Brauchen Sie eine Pause, bevor Sie ans Verhandeln gehen können, was Sie sich ja für dieses Mal vorgenommen hatten?"

Christof lacht und entschuldigt sich bei Rebecca. Natürlich wolle er
heute verhandeln, er wolle endlich Ergebnisse. Ich schaue Rebecca und
Sofia an, sie nicken beide. Also starte ich einen neuen Versuch:

- „Sie hatten beim letzten Mal beschlossen, heute mit dem Verhandeln zu beginnen. Ich habe Ihnen dazu ein Bild all Ihrer Werte aufgehängt, die für mich erkennbar in den bisherigen Sitzungen vorgekommen sind, die materiellen
  Werte, wie ich Sie von Ihnen gehört habe, aber auch die immateriellen. Dazu
  habe ich noch einige leere Blätter gehängt, weil es vielleicht noch mehr Werte
  gibt. Können Sie sich dieses Bild mal anschauen, ob es für Sie auch stimmt, ob
  etwas fehlt oder etwas weggenommen werden muss. Christof? Rebecca? Sofia?"

Alle drei schauen konzentriert auf die Flipchart. Schließlich sagt Chris-
tof, er fände, dass eines der leeren Blätter noch heißen müsste „Vermögen
Sofia". Niemand reagiert. Es gibt wieder eine lange Pause. Dann sagt
Sofia: „Also gut, das kann drauf, aber keine Summe. Die bleibt bei mir. So

weit geht das Erben noch nicht." Also schreibe ich auf einen Zettel „Vermögen Sofia". Sofia möchte noch einen Zettel mit „Angebot Anna". Also noch einen Zettel. Ich schaue alle drei immer wieder an. Es bleibt offensichtlich dabei. Also mache ich weiter:

Angebote

- „Ich möchte Ihnen dann jetzt vorschlagen, zu diesen Werten Angebote an die beiden anderen zu machen. In vielen Mediationen, gerade in Erb-Mediationen, geht das Verhandeln besser, wenn möglichst viele Angebote von jedem gemacht werden. Und je mehr Angebote jeder macht, umso besser fürs Verhandeln. Ich habe Ihnen dafür diese Karten in drei verschiedenen Farben vorbereitet und werde Ihre Angebote darauf notieren. Wenn Sie etwas nicht gleich veröffentlichen möchten – da liegen weiße Zettel, wenn Sie etwas aufschreiben möchten. Ist Ihnen klar geworden, wie ich vorgehen möchte? Sofia? Rebecca? Christof? Wollen Sie sich darauf einlassen und das mal so versuchen?"

Alle drei nicken nachdenklich. Meine Frage:

- „Wer von Ihnen kann den beiden anderen Angebote machen? Mein Vorschlag wäre, erst einmal mehrere Angebote von jedem auf dem Tisch zu haben, bevor Sie sich überlegen, was Sie reizen würde, darüber zu verhandeln. Also, wer hat etwas anzubieten?"

Erwartungsgemäß beginnt Sofia. Sie nennt gleich zwei Angebote, die sie auf drei grüne Karten aufgeschrieben haben will:

- Sofia bietet an, zum 1. 1. 2004 aus der Leitung des Verlags auszuscheiden.
- Außerdem bietet sie an, 40 % ihrer Gesellschafteranteile je zur Hälfte an Rebecca und Christof zu übertragen.

Ich **fasse jedes Angebot fokussiert zusammen**, überprüfe, ob ich es richtig gehört habe, und schreibe es auf eine ihrer grünen Karten. Ich schaue die beiden anderen an. Sie scheinen sprachlos. Nach einer Weile sagt Rebecca, dass sie da natürlich nicht mithalten könne. Sie habe sich lange überlegt, was sie eigentlich überhaupt anbieten könne. Ihr seien erstmal nur zwei Sachen eingefallen:

- Rebecca bietet an, auf das Angebot von ihrer Londoner Freundin zu verzichten und für zwei Jahre garantiert weiter im Verlag mitzuarbeiten.
- Weiter bietet sie an, auf die Hälfte der Geschäftsleitung zu verzichten.

Ich fasse wieder zusammen, schreibe das erste Angebot auf blaue Karten (sie wollte blau haben), frage sie dann, was denn beim zweiten Angebot **das eigentliche Angebot** sei, mir käme es eher wie eine Forderung vor. Sie antwortet, das Angebot sei, dass sie auf die Hälfte der Geschäftsführung verzichte. Christof lacht höhnisch und sagt „Typisch". Ich frage ihn, was seine Angebote seien. Er nennt:

- Christof bietet an, sich fest für mindestens zwei Jahre zu verpflichten, für 4000 Euro im Verlag zu arbeiten.

- Weiter bietet er an, in dieser Zeit auf die Zusammenarbeit mit Dominique im Verlag zu verzichten.

- Weiter würde er auch eine geteilte Geschäftsführung akzeptieren.

Beim zweiten Angebot lacht Rebecca laut auf. Es passiert aber nichts weiter. Ich frage ihn, was denn beim ersten und beim dritten Angebot **das eigentliche Angebot hinter der Forderung** sei. Er präzisiert, sein Angebot hinter den 4000 Euro sei, für zwei Jahre keine weiteren finanziellen Forderungen zu stellen, und beim Dritten, sich die Geschäftsleitung mit Rebecca zu teilen. Das sei ja wohl Angebot genug. Sofia seufzt. Ich schreibe alle drei auf gelbe Karten und drehe alle acht Karten zu ihnen hin. Ich sehe eine **implizite Vereinbarung**:

- „Wenn ich mir Ihre acht Angebote so anschaue, sehe ich dahinter bereits Ihre erste vorläufige Vereinbarung. Sie müssen mir sagen, ob ich das richtig sehe und ob Herr M. die bereits als vorläufige Vereinbarung aufschreiben soll. Ich habe gehört, dass Ihr Verlag weiter existieren soll, und zwar in Ihrer Familie. Ist das so?"

Alle drei nicken, der Hospitant schreibt auf. Ich bitte ihn, die entsprechenden Zettel vom Wertebild wegzunehmen und neben die jeweiligen vorläufigen Vereinbarungen zu kleben. Während er schreibt und umhängt, mache ich gleich weiter:

- „Es klingt so, als ob hinter Ihren Angeboten die implizite Vereinbarung steht, dass sowohl Christof wie auch Rebecca weiter im Verlag arbeiten, jedenfalls für die nächsten zwei Jahre."

Wieder nicken alle drei, Sofia sichtlich erleichtert. Ich würdige ihre beiden ersten Vereinbarungen. Daraufhin sagt Sofia:

- „Wenn das so ist, habe ich noch ein weiteres Angebot: Ich tilge die Grundschuld auf dem Verlag – eigentlich liegt die ja sowieso auf meinem Haus –, der Verlag soll schuldenfrei übergeben werden."

Ich frage sie, ob ich „Tilgung der Grundschuld durch Sofia" aufschreiben könne auf eine grüne Karte. Ich kann, und jetzt liegen **viele Angebote auf dem Tisch**. Es läuft, und ich frage sie, ob sie bereits mit dem **Verhandeln** beginnen wollen bei so vielen Angeboten, oder ob jemand noch weitere machen wolle. Rebecca sagt, sie habe noch ein kleines Angebot, das wolle sie sich aber aufheben, sonst könne sie womöglich nichts mehr auf den Tisch legen. Christof nickt dazu, er habe auch nur noch ein kleines Angebot.

Verhandeln der Angebote

Er wolle jetzt erst mal anfangen zu verhandeln und sehen, wie das so laufe. Er würde gern mit den zwei Abteilungen beginnen. Ich frage Sofia, womit sie beginnen will. Sie will mit den Gesellschafteranteilen beginnen, Rebecca mit der Grundschuld, das sei doch das Leichteste. Ich fasse ihre unterschiedlichen Vorstellungen kurz zusammen und frage, ob sie das hinbekommen, sich zu einigen, womit sie beginnen wollen. Christof wirbt bei Sofia und Rebecca dafür, dass Sofias Angebot mit der Übernahme der Grundschuld als dritte vorläufige Vereinbarung von Herrn M. auf der Flipchart aufgeschrieben wird. Alle stimmen zu. Wenn sie so weitermachen, brauchen sie mich bald nicht mehr. Ich frage, was mit den beiden anderen Verhandlungspunkten sei, den Gesellschafteranteilen und den zwei Abteilungen. Rebecca meint, der letzte Punkt sei ein solch tolles Angebot von Sofia, das habe sie ihr gar nicht zugetraut, das solle doch gleich aufgeschrieben werden, bevor sie es sich anders überlege. Die Frage sei allerdings, was sie denn mit ihren restlichen 10 % machen wolle. Ein bisschen wolle sie ja wohl doch die Finger im Verlag behalten, oder? Ich schaue Sofia an, sie antwortet, dass sie damit keine Sperrminorität vorhabe, sondern sich überlege, diese 10 % an Annas Kinder zu vererben, aber da müsse sie noch nachdenken, jetzt wo Christof auch Vater werde. Ich frage alle drei, ob also die 45–45–10 %-Anteile vorläufig fest gehalten werden sollen. Offensichtlich. Herr M. schreibt auf. Ich frage nach den zwei Abteilungen und ob es dazu vielleicht noch Angebote gebe.

Weitere Angebote

- Sofia bietet an, dass sie zum November 2004 aus ihrer großen Wohnung im ersten Stock ausziehe, sie wolle nur das kleine Pförtnerzimmer im Erdgeschoss als Notabsteige behalten. Sie bietet an, den ganzen ersten Stock umzubauen und zu renovieren und diese Renovierung auch zu bezahlen. Anschließend könne man dann das Erdgeschoss umbauen. Auch das würde sie bezahlen. Dann hätte jeder der beiden Verlagsteile ein abgeschlossenes Stockwerk.

- Christof bietet an, dass sein berühmter Architektenfreund ihm zum Freundschaftspreis angeboten habe, Pläne für einen Umbau zu machen. Er bietet an, alle Pläne vorher den anderen vorzulegen. Er bietet an, in den etwas schwierigeren ersten Stock zu ziehen.

- Rebecca bietet an, sich mit Christof nicht um die Aufteilung zu streiten, er wolle ja sowieso die Comic- und Elektronikabteilung, sie sei zufrieden mit der konventionellen Kinderbuchabteilung wie bisher. Außerdem bietet sie an, sich in Sofias Abwesenheitszeiten um ihre „Pförtnerloge" und um den Garten zu kümmern.

Ich präzisiere die verschiedenen neuen Angebote, es gibt drei neue grüne Karten, zwei neue gelbe und zwei neue blaue. Ich habe wieder ein **implizites Verhandlungsergebnis** gehört und frage Herrn M., ob er es auch gehört habe. Er nickt. Ich benenne es „Umbau des Verlags in zwei Abteilungen" und frage, ob das stimmt. Alle nicken. Rebecca sagt, dass ich auch gleich die verschiedenen Sparten dazu aufschreiben lassen könne. Wieder nicken alle, und Herr M. schreibt. Es ist bereits die fünfte vorläufige Vereinbarung.

Allerdings ist die vereinbarte Zeit bereits überschritten. Meine **neuen Arbeits-Hypothesen** sind:

- Die Medianden sind in den wichtigsten Punkten zu vorläufigen Vereinbarungen gekommen.

- Es ist ganz gut, dass sie nicht fertig geworden sind. Das gibt ihnen die Chance, vielleicht den Rest selbst fertig zu verhandeln.

- Außerdem haben sie die Chance, die vorläufigen Ergebnisse mit ihren Beratungsanwälten und den anderen Fachleuten durchzusprechen.

- Das nächste Mal könnte das letzte Mal sein und die endgültige Vereinbarung könnte fertig werden.

- Sie müssten beim nächsten Mal vielleicht noch fertig verhandeln (oder auch nicht, wenn sie das zu Hause selbst schaffen), sie müssten noch über die offizielle Form dieser Vereinbarung reden, über eine gesamte juristische Überprüfung, über Lauf- und Überprüfungszeiten, eventuelle Sanktionen etc. Sie müssten die Vereinbarung dann noch an ihren eigenen Fairnesskriterien überprüfen, und dann wären sie fertig. In sechs Sitzungen.

Diese **meine Arbeits-Hypothesen formuliere ich in Würdigungen um**, sage ihnen, dass ich Ihnen alles wieder im **Protokoll** zuschicke und ihnen einen guten Heimweg wünsche. Sie hätten wirklich erfolgreich gearbeitet heute. Ich bedanke mich, auch in ihrem Namen, bei Herrn M. für seine aufmerksame Arbeit.

Die **vorläufigen Vereinbarungen** der Medianden an der Flipchart lauten:

1. Der Verlag wird weitergeführt, und zwar in der Familie.

2. Sowohl Rebecca wie Christof arbeiten weiter im Verlag, mindestens für die nächsten zwei Jahre.

3. Sofia übernimmt aus ihrem Vermögen die Grundschuld auf dem Verlagshaus. Der Verlag ist damit schuldenfrei.

4. Sofia überträgt 40 % ihrer Gesellschafteranteile am Verlag je zur Hälfte an Rebecca und Christof, so dass das Verhältnis jetzt 45 % : 45 % : 10 % ist.

5. Sofia scheidet zum 1. 1. 2004 aus der Leitung des Verlags aus.

6. Es wird zukünftig zwei Abteilungen im Verlag geben, die bisherige Kinderbuchabteilung übernimmt Rebecca, die neue Abteilung mit Kindercomics, elektronischen Angeboten etc. übernimmt Christof.

7. Verhandeln/Vereinbaren (6. Sitzung)

Vorüberlegungen

Der Abstand zur 5. Sitzung betrug nur eine Woche. Zu den **Arbeits-Hypothesen** der letzten Sitzung (s. S. 35) sind bei mir noch hinzugekommen:

• Diese wird die vorläufig letzte Sitzung sein.

• Die Medianden werden vermutlich zufrieden sein mit ihrer Arbeit in der letzten Sitzung.

• Nachdem sie bereits nach der Optionensammlung so viele Ratschläge von anderen Fachleuten und ihren Beratungsanwälten gesammelt haben, ist jetzt wohl nicht mehr mit vielen neuen Ideen und Fragen zu rechnen.

• „Abschluss-Emotionen" waren bereits beim letzten Mal heftig, in dieser letzten Sitzung wird es vermutlich sachlich zugehen.

• Die Themensammlung muss nochmals angeschaut werden, damit kein Punkt übersehen wird.

• Es könnte sein, dass ein „Abschieds- oder Übergabe-Ritual" mediiert werden muss, diese Frage ist allerdings von den Medianden nie angeschnitten worden.

• Meine Falle: Wenn eine Mediation gut läuft – und diese ist gut gelaufen –, passieren mir am Schluss manchmal Flüchtigkeitsfehler. Ich muss also aufpassen.

Vorbereitung

Zur weiteren Vorbereitung habe ich Herrn M., den Hospitanten vom letzten Mal angerufen, ob er bei der kommenden Sitzung wieder hospitieren möchte. Er hat gerne zugesagt und angeboten, seinen **Laptop** mitzubringen und die weiteren Vereinbarungen mitzuschreiben und dann alles gleich für die Medianden auszudrucken. Er habe die sechs ersten Vereinbarungen auch schon gespeichert. Ich rufe wieder alle drei Medianden an und bitte um ihr Einverständnis.

Zu Hause allein weiter verhandeln

Ich erfahre bereits am Telefon von jedem, dass sie sich an einem Abend letzter Woche getroffen und die Vereinbarung fast fertig haben. Christof fragt, ob ich sie vorher haben möchte. Ich möchte nicht. Aber ich bin gespannt. Ich bin eigentlich nicht überrascht, bei ähnlich verlaufenen Mediationen habe ich das bereits öfter erlebt, dass die Medianden allein weitergearbeitet und in einigen Fällen sogar die letzte ausgemachte Sitzung abgesagt haben. Sie wollen noch einmal kommen und alles fertig besprechen. Es sind eineinhalb Stunden vereinbart. Alle relevanten Flipchart-Papiere sind aufgehängt sowie die Liste der bisher getroffenen Vereinbarungen. Ich mache mir eine **Liste der noch offenen Fragen der Vereinbarung**:

- Juristische Form ihrer Vereinbarung
- Verfasser der Vereinbarung
- Lauf- und Überprüfungszeiten
- Evtl. Sanktionen
- Mediations- und Salvatorische Klausel
- Frage einer Präambel
- Überprüfung an den Fairnesskriterien jedes Medianden
- Juristische Überprüfung
- Evtl. notwendige notarielle Vereinbarung
- Unterschriften
- Evtl. Abschieds- bzw. Übergabe-Ritual

Ablauf

Die Medianden kommen zum ersten Mal pünktlich alle zusammen. Christof hat sie hergefahren. Sie wirken fast heiter. Ich **beglückwünsche** sie nochmals zu ihren Ergebnissen vom letzten Mal und zu ihren weiteren. Ich frage, ob diese jetzt auch auf die begonnene Liste der vorläufigen Vereinbarungen geschrieben werden sollen. Alle drei stimmen zu, sie haben das anscheinend bereits besprochen. Ich frage, wer sie für Herrn M. vorliest. Rebecca:

Weitere selbständig gefundene Vereinbarungen

6. Es wird ergänzt: ... zum 1. 1. 2004.

7. Jede Abteilung hat ihre eigene kaufmännische und künstlerische Leitung. Jede Abteilung hat eine eigene Sachbearbeiterin, zzt. ist das Frau Müller für Rebecca, Frau Bürger für Christof. Ihre Gehälter werden um 400 Euro aufgestockt.

8. Sofia stimmt zu, dass der Sitz des Verlages in ihrer Villa bleiben kann, sie wird testamentarisch festlegen, dass dies auch über ihren Tod hinaus möglich sein soll. Der Verlag zahlt keine Miete, sondern eine Summe von 5000 Euro für Instandhaltungen, Versicherungen etc. Dieses Konto übergibt Sofia ihrem Steuerberater zur Buchhaltung. Dieser veranlasst auch die notwendigen Veränderungen im Handelsregister.

9. Um die Zusammenarbeit der beiden Abteilungen zu gewährleisten und Fragen von Werbung und Kundenstamm, aber auch Organisatorisches besprechen zu können, wird eine monatliche Teamsitzung installiert, zu der auch Sofia und die beiden Sachbearbeiterinnen eingeladen werden, allerdings nur mit Beratungsrecht, ohne Stimmrecht.

10. Ein notwendiger Umbau des ersten Stocks nach den Plänen von Herrn Dipl.-Ing. H. H. ... soll umgehend in Angriff genommen werden, sodann die Renovierung des Erdgeschosses. Sofia übernimmt alle Kosten, auch die des Architekten. Die Pläne für den Umbau liegen bis zum 1. 10. 2003 vor.

11. Sofia übernimmt zusätzlich die Kosten für eine neue Computerausstattung für jedes der Stockwerke in Höhe von jeweils 10 000 Euro.

12. Sofia verpflichtet sich, bis zum 1. 11. 2003 auszuziehen. Sie wird ab dem 1. 1. 2004 die so genannte Pförtnerloge des Hauses beziehen. Nur sie und Rebecca werden einen Schlüssel zum Seiteneingang haben. Rebecca übernimmt während der Abwesenheit von Sofia die Pflege für die Wohnung und den Park. Sie wird dafür von Sofia monatlich 200 Euro bekommen.

13. Für die nächsten zwei Jahre vereinbaren Rebecca und Christof eine monatliche Entnahme aus dem Verlagskonto in Höhe von je 4000 Euro. Danach wird neu verhandelt.

Ich **würdige** ihre Arbeit:

- „Ich kann mir vorstellen, wie hart Sie gearbeitet haben. Und ich sehe, dass Sie zufrieden sind damit, sehe und höre ich das richtig, Sofia? Christof? Rebecca? Sollen alle Punkte so in die vorläufigen Vereinbarungen übernommen werden? Ja?"

Herr M. übernimmt alle von ihnen selbst gearbeiteten Punkte gleich in seinen Laptop, nachdem auf meine Frage nach Übereinstimmung alle drei genickt haben, und liest alles nochmals vor.

Vergleich mit der Themenliste

Ich frage weiter, ob es heute noch weitere Punkte gibt, die noch verhandelt werden müssen oder die von der Themensammlung her noch offen seien. Sie verneinen alle drei, sie hätten alles verglichen, und sie finden, alles sei vorläufig erledigt. Die Themen „Anna", „Sofias Erbe" und „Zukunft der Angestellten" müssten wahrscheinlich zu einem späteren Zeitpunkt in einer weiteren Mediation geklärt werden. Sie hätten sich allerdings nicht einigen können, wer denn diese Vereinbarung nun schreiben solle und wie das mit einer notariellen Vereinbarung und den anderen Punkten sei, die ich das letzte Mal genannt hätte. Christof sagt noch, er habe von einem Freund erfahren, der auch in Mediation gewesen sei, es gäbe so etwas wie eine **Mediationsklausel**. Sie wüssten nicht, was das sei und ob sie das sinnvollerweise auch bräuchten.

Mediieren der endgültigen Vereinbarung

- „Aus der Erfahrung mit anderen Erb-Mediationen macht es Sinn und trägt auch zur Haltbarkeit der Vereinbarungen bei, wenn Sie außer Ihren Inhalten auch noch hineinschreiben lassen, wie Sie vorgehen wollen, wenn etwas aus Ihren Vereinbarungen nicht klappen sollte. Haben Sie sich dazu Gedanken gemacht? Auch wie oft Sie die Vereinbarung überprüfen wollen. Und was sein soll, wenn einzelne Punkte vielleicht neu verhandelt und vereinbart werden sollen. Wollen Sie dazu etwas festlegen?"

Sofia will, dass wieder Mediation gemacht wird, wenn etwas nicht klappt oder sich anders entwickelt. Sie würde das gern mindestens jedes Jahr überprüfen wollen. Rebecca stimmt dem zu. Christof meint, er könne sich so etwas wie Sanktionen nicht vorstellen, dann wäre ja sowieso alles zu spät, ihm reiche als Sanktion, dass dann wieder Mediation gemacht werden müsse. Das sei wohl diese so genannte Mediationsklausel, oder? Ich nicke. Ich fasse zusammen und frage, ob diese Punkte in den Laptop sollen. Sie nicken.

Verfasser der endgültigen Vereinbarung

- „Wer soll die endgültige Vereinbarung eigentlich verfassen und schreiben? Ich erinnere Sie an Ihre Arbeit mit der Rolle des Rechts. Sie wollten eine rechtsgültige Form Ihrer Vereinbarung haben. Haben Ihre Beratungsanwälte Ihnen dazu etwas gesagt?"

Christof sagt, sein Anwalt hätte gesagt, das könne gut einer der Beratungsanwälte schreiben, es sollte dann von den beiden anderen Anwälten nochmals durchgesehen werden. Er schlage dafür Sofias Anwalt vor, das sei sowieso der Verlagsanwalt, der kenne sich am besten aus. Und sie würden die Vereinbarung ja noch überprüfen lassen. Ich schaue Sofia und Rebecca an, beide nicken. Ein weiterer Punkt im Laptop. Damit wäre auch die parteiliche juristische Überprüfung geklärt.

Salvatorische Klausel/Notar

Ich frage Herrn M., ob er kurz die Salvatorische Klausel erklären könne. Er kann es glücklicherweise und fügt hinzu, das sei meist sowieso klar, darauf würde auch der Notar achten. Die Medianden wollen diese Klausel also auch drin haben. Ich frage nach der Notwendigkeit eines Notars, ob die Beratungsanwälte dazu informiert hätten. Sofia antwortet, dass sie alle wissen, dass die Fragen des Verlags, der Gesellschafteranteile und der Grundschuld zum Notar sollten, und sie hätten sich schon im Vorfeld geeinigt, dass die ganze Mediationsvereinbarung zum Notar solle, auch wenn es teurer würde und sie wüssten, dass nicht alles notariell bestätigt werden müsse. Ihr persönlich sei es lieber, sie würde auch die Kosten übernehmen, Christof und Rebecca seien damit einverstanden gewesen.

- „Soll das auch in den Laptop? Im Grunde gehört das ja alles zur Vereinbarung."

Die Vereinbarung zum Notar zu geben und die Kostenübernahme dafür nimmt Herr M. also auch auf:

Schlussvereinbarungen

14. Dieses Protokoll mit den vorläufigen Vereinbarungen soll vom derzeitigen Anwalt des Verlages, der auch der Beratungsanwalt von Sofia ist, in eine **rechtsgültige Form** gebracht werden, die dann noch von den beiden anderen Beratungsanwälten überprüft wird.

15. Diese Fassung soll dann die Grundlage eines **Notarvertrags** sein. Die Kosten für diesen Notarvertrag übernimmt Sofia.

Ich fahre fort:

- „Wenn ich meinen Zettel so anschaue, was ich Sie noch fragen wollte, sehe ich jetzt nur noch vier Punkte. Zum Ersten die Frage, ob an den Anfang Ihrer Vereinbarung eine Art Vorwort oder **Präambel** kommen soll oder nicht. Dann die Frage, wie Sie die Unterschriften machen wollen, feierlich oder eher nicht so feierlich, ob es vielleicht eine Art **Übergabe-Ritual** geben soll. Ich kenne das aus einigen anderen Unternehmensnachfolge-Mediationen. Was denken Sie zu diesen Punkten?"

Sofia sagt, dass sie sich zu der Frage des Vorworts auch schon Gedanken gemacht hat und ihr sei das schon wichtig. Es sei schließlich so eine Art Familiendokument. Sie schlage einige der Sätze von der Flipchart über die Bedeutungen des Verlags vor. Ich fasse ihre Meinung zusammen und schaue auf Christof und Rebecca. Christof findet das unnötig und schwülstig, es sei schließlich ein rechtliches Dokument. Rebecca schließt sich der Meinung von Sofia an und schlägt vor, den Punkt mit dem Respekt voreinander, den mit der Familientradition und dass sie veränderbar und verlässlich sein solle, zu übernehmen. Christof sagt, ihm sei das letztlich egal, er wolle jetzt endlich fertig werden. Ich frage Sofia noch mal, was denn jetzt hinein soll, sie stimmt Rebeccas Vorschlägen zu, Christof nickt dazu. Herr M. sucht die Formulierungen aus der Interessenarbeit und der Rolle des Rechts, formuliert sie in den Laptop und liest sie dann vor:

Weitere Schlussvereinbarungen

16. Bei Nichteinhalten der Vereinbarungen oder bei Konflikten soll wieder Mediation in Anspruch genommen werden. Wenn ein Punkt neu verhandelt werden muss, verlieren die anderen nicht ihre Gültigkeit.

17. Als **Präambel** zu den Vereinbarungen soll aufgenommen werden, dass den Unterzeichnenden wichtig ist, dass der Verlag in der Familientradition weitergeführt wird und sie sich weiter mit Respekt begegnen können. Die Vereinbarungen sollen verlässlich sein und nach Bedarf verändert werden können. Sie sollen den Fairnesskriterien von Sofia, Christof und Rebecca nicht widersprechen.

18. Ein Exemplar dieser vorläufigen Vereinbarung soll zur Information an Anna M., geb. Schaller gehen.

Alle drei finden das so in Ordnung.

* „Und was ist mit den Unterschriften und einem eventuellen Übergaberitual? Wie wollen Sie das handhaben?"

Unterschriften und Übergaberitual

Christof drängelt wieder: **Unterschriften** ja, entweder hier oder beim Notar oder beides, aber endlich fertig werden. Übergaberitual? Nein.

Wieder viel zu schwülstig. Rebecca stimmt dem zu. Sofia bedauert, sie hätte gern etwas Feierliches gehabt, aber vielleicht sei das auch mit dem **Gang zum Notar** erledigt. Ich schaue nochmals alle an, wie sie das nun handhaben wollen. Schließlich schlägt Sofia vor, nach dem Gang zum Notar, zu dem ich ja mitkommen könnte – sie würde das auch bezahlen (das ist ihr immer wichtig) –, könnten sie sich ja noch mal hier treffen, sie würde einen Champagner mitbringen und sie könnten das damit hier beenden. Christof und Rebecca ist auch das zu viel, und so bleibt es bei dem Gang zum Notar. Ich sage ihnen, dass ich mir noch überlegen wolle, ob ich mitgehen wolle, im Moment hätte ich eher das Gefühl, ich möchte lieber eindeutig in meiner Mediatorenrolle bleiben, auch falls sie mich später in dieser Rolle wieder brauchen würden.

Ich bitte Herrn M., das ganze **Protokoll ihrer vorläufigen Vereinbarungen** noch einmal vorzulesen und dann viermal auszudrucken. Das macht er. Es dauert eine Weile, man hört nur den Drucker. Als dann alle ihre Exemplare haben, bitte ich sie, nochmals alle Punkte durchzuschauen und **mit ihren eigenen Fairnesskriterien zu vergleichen.**

Vergleich mit den eigenen Fairnesskriterien

Ich hänge ihnen das Blatt mit ihren Fairnesskriterien nochmals gut sichtbar hin. Aufmerksam gehen sie jeden Punkt durch und vergleichen.

- „Sind Sie zufrieden, oder gibt es Punkte, bei denen Sie kein gutes Gefühl haben, so wie die Vereinbarung jetzt vorläufig ausschaut. Sie werden Sie alle drei ja auch noch mit Ihren Beratungsanwälten durchgehen. Aber jetzt geht es erst einmal darum, die Vereinbarung mit ihren eigenen Gerechtigkeitsvorstellung zu vergleichen. Stimmt es so für Sie?"

Christof beginnt, dass er im Großen und Ganzen ein gutes Gefühl habe, nur in dem Punkt mit der Gleichbehandlung der Geschwister nicht. Er findet, dass Anna nicht so gut davon gekommen ist. Er würde sich da noch einen Ausgleich wünschen. Rebecca findet ihren Punkt „Keiner zahlt drauf" schwierig. Sie hat das Gefühl, dass Sofia kräftig draufgezahlt habe, das aber wohl auch so wolle. Sofia nickt. Sie könne die Vereinbarung aber trotzdem unterschreiben. Ich frage Sofia. Sie sagt, sie sei sehr froh über die Vereinbarung. Die Frage ihrer Altersvorsorge werde sie jetzt noch selbst klären, und die Frage der Berücksichtigung der Enkel sei mit ihrem 10 %-Anteil immerhin möglich. Und da könne sie aus ihrem Vermögen auch noch Sorge tragen. Übrigens auch was die eventuelle Benachteiligung von Anna angehe. Da könne man ja noch mal darüber reden, wenn sie vielleicht vorzeitige Erbregelungen über ihr Vermögen und das Haus überlege. Also – sie würde auch unterschreiben.

Abschluss

• „Ich gratuliere Ihnen zum Abschluss Ihrer Mediation. Sie haben gute Arbeit geleistet. Ich wünsche Ihnen noch gute Beratungen bei Ihren Beratungsanwälten und einen guten Notarvertrag. Und vielleicht sehe ich Sie ja zum Überprüfen in einem Jahr wieder. Ich würde mich freuen, wenn Sie mir eine **Kopie Ihres Notarvertrages** zuschicken würden, geht das?"

Sofia zieht aus ihrer großen Tasche eine Champagnerflasche und übergibt sie mir mit dem Versprechen, dass ich den Vertrag bekomme. Für Herrn M. hat sie eine Flasche Wein mitgebracht und dankt ihm damit für seine Hilfe. Es gibt einen herzlichen Abschied.

Protokoll der Vereinbarungen

1. Der Verlag wird weitergeführt, und zwar in der Familie.

2. Sowohl Rebecca als auch Christof arbeiten weiter im Verlag, mindestens für die nächsten zwei Jahre.

3. Sofia übernimmt die Grundschuld auf dem Verlagshaus. Der Verlag ist damit schuldenfrei.

4. Sofia überträgt 40 % ihrer Gesellschafteranteile am Verlag je zur Hälfte an Rebecca und Christof, so dass das Verhältnis jetzt 45 % : 45 % : 10 % ist.

5. Sofia scheidet zum 1. 1. 2004 aus der Leitung des Verlags aus.

6. Es wird ab dann zwei Abteilungen im Verlag geben, die bisherige Kinderbuchabteilung übernimmt Rebecca, die neue Abteilung mit Kindercomics, elektronischen Angeboten etc. übernimmt Christof.

7. Jede Abteilung hat ab dem 1. 1. 2004 ihre eigene kaufmännische und künstlerische Leitung. Jede Abteilung hat eine eigene Sachbearbeiterin, zzt. ist das Frau Müller für Rebecca, Frau Bürger für Christof. Ihre Gehälter werden um 400 Euro aufgestockt.

8. Sofia stimmt zu, dass der Sitz des Verlages in ihrer Villa bleiben kann, sie wird testamentarisch festlegen, dass dies auch über ihren Tod hinaus möglich sein soll. Der Verlag zahlt keine Miete, sondern eine Summe von 5000 Euro für Instandhaltungen, Versicherungen etc. Dieses Konto übergibt Sofia ihrem Steuerberater zur Buchhaltung. Dieser veranlasst auch die notwendigen Veränderungen im Handelsregister.

9. Um die Zusammenarbeit der beiden Abteilungen zu gewährleisten und Fragen von Werbung und Kundenstamm, aber auch Organisatorisches besprechen zu

können, wird eine monatliche Teamsitzung installiert, zu der auch Sofia und die beiden Sachbearbeiterinnen eingeladen werden, allerdings nur mit Beratungsrecht, ohne Stimmrecht.

10. Ein notwendiger Umbau des ersten Stocks nach den Plänen von Herrn Dipl.-Ing. H. H. ... soll umgehend in Angriff genommen werden, sodann die Renovierung des Erdgeschosses. Sofia übernimmt alle Kosten, auch die des Architekten. Die Pläne für den Umbau liegen bis zum 1. 10. 2003 vor.

11. Sofia übernimmt zusätzlich die Kosten für eine neue Computerausstattung für jedes der Stockwerke in Höhe von jeweils 10 000 Euro.

12. Sofia verpflichtet sich, bis zum 1. 11. 2003 auszuziehen. Sie wird ab dem 1. 1. 2004 die so genannte Pförtnerloge des Hauses beziehen. Nur sie und Rebecca werden einen Schlüssel zum Seiteneingang haben. Rebecca übernimmt während der Abwesenheit von Sofia die Pflege für die Wohnung und den Park. Sie wird dafür von Sofia monatlich 200 Euro bekommen.

13. Für die nächsten zwei Jahre vereinbaren Rebecca und Christof eine monatliche Entnahme aus dem Verlagskonto in Höhe von je 4000 Euro. Danach wird neu verhandelt.

14. Dieses Protokoll mit den vorläufigen Vereinbarungen soll vom derzeitigen Anwalt des Verlages, der auch der Beratungsanwalt von Sofia ist, in eine rechtsgültige Form gebracht werden, die dann noch von den beiden anderen Beratungsanwälten überprüft wird.

15. Diese Fassung soll dann die Grundlage eines Notarvertrags sein. Die Kosten für diesen Notarvertrag übernimmt Sofia.

16. Bei Nichteinhalten der Vereinbarungen oder bei Konflikten soll wieder Mediation in Anspruch genommen werden. Wenn ein Punkt neu verhandelt werden muss, verlieren die anderen nicht ihre Gültigkeit.

17. Als Präambel zu den Vereinbarungen soll aufgenommen werden, dass den Unterzeichnenden wichtig ist, dass der Verlag in der Familientradition weitergeführt wird und sie sich weiter mit Respekt begegnen können. Die Vereinbarungen sollen verlässlich sein und nach Bedarf verändert werden können. Sie sollen den Fairnesskriterien von Sofia, Christof und Rebecca nicht widersprechen.

18. Ein Exemplar dieser vorläufigen Vereinbarung soll zur Information an Anna M., geb. Schaller gehen.

Mediationsvereinbarung Schaller

Mediationsvereinbarung

Zwischen Frau Sofia Schaller, geb. am 31. 10. 1937, wohnhaft R. . . .

und Frau Rebecca Schaller, geb. am 2. 4. 1971, wohnhaft R. . . .

und Herrn Christof Schaller, geb. am 26. 3. 1972, wohnhaft R. . . .

Diese Mediationsvereinbarung soll ermöglichen, dass der von meinem Mann bzw. unserem Vater, Anton Schaller, geb. am 2. 9. 1932, verstorben am 1. 5. 1993, gegründete Kinderbuchverlag, der Anton-Schaller-Verlag, in unseren Familie und in unserer Familientradition verbleiben kann. Die am 6. 8. 1998 zwischen Frau Sofia Schaller und unserer Tochter bzw. Schwester, Frau Anna Kubitzky, geb. Schaller, geb. 4. 5. 1968, getroffene Vereinbarung über eine vorzeitige Auszahlung ihres Erbes an dem Kinderbuchverlag in Höhe von 150 000 Euro (nach der Umstellung von DM auf Euro aufgerundet) bleibt davon unberührt und bleibt von uns allen akzeptiert.

Wir wollen uns auf Grund dieser Mediationsvereinbarung weiterhin mit Respekt begegnen können, sie soll ausgewogen und verlässlich, trotzdem nach Bedarf abänderbar sein und Vorrang haben vor möglichen juristischen Schritten. Deshalb vereinbaren wir für einen möglichen Konfliktfall, zuerst wieder Mediation zu versuchen.

Wenn einzelne Punkte dieser Vereinbarung verändert werden müssen, soll nicht die ganze Vereinbarung hinfällig sein. Die Vereinbarung soll in den relevanten Teilen von einem Notar in eine juristisch gültige Form gebracht werden. Die Notarkosten trägt Frau Sofia Schaller.

Wir vereinbaren folgende Punkte:

1. **Der Verlag** soll im Besitz von Familienmitgliedern der Familie Schaller bleiben. Frau Sofia Schaller überschreibt zum 1. 12. 2003 40 % ihrer Anteile an der GmbH zu gleichen Teilen an Rebecca Schaller und Christof Schaller, so dass beide damit 45 % Anteile am Verlag halten. Mindestens zweimal im Jahr soll eine Verlagssitzung stattfinden, zu der Frau Sofia Schaller von K. nach R. kommen wird und zu der mindestens einmal jährlich auch die beiden Angestellten eingeladen werden sollen.

2. **Der Sitz des Verlags** bleibt im jetzigen Verlagshaus, das bis zu einer anderen, evtl. vorzeitigen Erbregelung im Besitz von Frau Sofia Schaller bleibt. Die Grundschuld auf dem Verlagshaus wird weiter von Frau Sofia Schaller aus ihrem Vermögen getragen, damit der Verlag durch Zinsen und Kapitaldienst nicht belastet wird.

3. **Die Geschäftsführung des Verlags** geht am 1. 12. 2003 zu gleichen Teilen auf Rebecca Schaller und Christof Schaller über. Frau Sofia Schaller scheidet zu diesem Zeitpunkt aus der Leitung des Verlags aus. Sie zieht nach K. . . . im Schwarzwald und wird im Verlagshaus das kleine ehemalige „Pförtnerzimmer" als Wohnmöglichkeit für ihre Aufenthalte in R. . . . behalten.

4. **Der Verlag soll in zwei Abteilungen** untergliedert werden, die mit jeweils eigener Geschäftsführung und künstlerischer Leitung arbeiten sollen. Den Teil mit dem bisherigen Kinderbuch-Programm des Verlags übernimmt Frau Rebecca Schaller. Dieser Teil des Verlags bleibt im unteren Teil des Hauses. Den neu zu entwickelnden Teil des Verlags mit Comic-Büchern, audiovisuellen Angeboten etc. übernimmt Herr Christof Schaller. Nach dem Auszug von Frau Sofia Schaller wird der erste Stock des Hauses renoviert und so umgebaut, dass der neue Teil des Verlags hier ab dem 1. 1. 2004 seine Räume haben kann. Danach wird der untere Teil des Hauses renoviert. Die Renovierungskosten trägt Frau Sofia Schaller. Als Gehaltssumme für Rebecca und Christof Schaller wird vorläufig für zwei Jahre eine Entnahme von 4000 Euro vereinbart.

5. **Die beiden langjährigen Angestellten des Verlags**, Frau A. Bürger und Frau C. Müller sollen gehalten werden. Ihnen soll zum 1. 1. 2004 eine Gehaltserhöhung von 400 Euro angeboten werden. Sie sollen weiterhin für beide Abteilungen des Verlags arbeiten bzw. sich gegenseitig vertreten können.

6. **Für die Regelungen dieser Mediationsvereinbarung** soll als Probezeit ein Jahr gelten. Die Überprüfung soll durch Mediation geschehen und auch stattfinden, wenn es keine Konflikte gibt.

R., den _____

Unterschrift   Unterschrift   Unterschrift

_____   _____   _____

Nummer . . . der Urkundenrolle für das Jahr 2003

Notarieller Vertrag

Vor mir, dem unterzeichnenden Notar

erschienen heute in meinen Amtsräumen:

1. Frau Sofia Schaller, geborene
geboren am 31. 10. 1937
wohnhaft

handelnd

a) für sich persönlich

b) als alleinvertretungsberechtigte Geschäftsführerin der

Anton Schaller Verlags GmbH
mit dem Sitz in
(Geschäftsadresse):

2. Frau Rebecca Schaller
geboren am 2. 4. 1971
wohnhaft

3. Herr Christof Schaller
geboren am 26. 3. 1972
wohnhaft

Die Erschienenen sind dem Notar von Person bekannt.

Der Notar befragte die Erschienenen nach einer Vorbefassung gemäß § 3 Abs. 1 Nr. 7 Beurkundungsgesetz, die sie verneinten.

I. Vorbemerkungen

Die Erschienenen erklärten:

Wir sind die alleinigen Gesellschafter der im Handelsregister des Amtsgerichts _____ in Abteilung B unter Nr. _____ eingetragenen Gesellschaft mit beschränkter Haftung „Anton Schaller Verlags GmbH" mit dem Sitz in _____.

An dem voll eingezahlten Stammkapital von 80 000 Euro ist die Erschienene zu 1. mit einem Geschäftsanteil von 40 000 Euro, die Erschienene zu 2. mit einem Geschäftsanteil von 20 000 Euro und der Erschienene zu 2. mit einem Geschäftsanteil von 20 000 Euro beteiligt.

II. Schenkungs- und Abtretungsvertrag über Teil-Geschäftsanteile an einer Gesellschaft mit beschränkter Haftung mit Zustimmung der Gesellschaft

Sodann erklärten die Erschienenen:

(1) Die Erschienene zu 1. verschenkt von ihrem in Ziffer I. genannten Geschäftsanteil einen Teilbetrag im Nennbetrag von 16 000 Euro an die Erschienene zu 2. und einen Teilbetrag im Nennbetrag von 16 000 Euro an den Erschienenen zu 3.

(2) Die Teilgeschäftsanteile werden mit sofortiger dinglicher Wirkung den dies annehmenden Beschenkten übertragen. Das Recht auf den Gewinnbezug geht mit dem 1. 1. 2004 auf die Beschenkten über.

(3) Die Erschienene zu 1. leistet dafür Gewähr, dass ihr die übertragenen Teilgeschäftsanteile ohne Einschränkungen gehören, insbesondere weder an einen Dritten abgetreten noch belastet oder gepfändet sind.

(4) Nach § 17 GmbH-Gesetz ist zur Veräußerung eines Teilgeschäftsanteils die Genehmigung der Gesellschaft erforderlich. Diese wird hiermit von der Erschienenen zu 1. in ihrer Eigenschaft als zur alleinigen Vertretung berechtigten Geschäftsführerin namens der Gesellschaft gegenüber den Erschienenen zu 2. und 3. erklärt. Diese nehmen die Erklärung entgegen.

(5) Die Erschienenen beauftragen den beurkundenden Notar, den Gesellschafterwechsel der Gesellschaft anzuzeigen und dem Registergericht eine beglaubigte Abschrift dieses Vertrages zuzusenden.

(6) Der Notar wies die Erschienenen darauf hin, dass

a) die Erschienene zu 1. für die Volleinzahlung eines noch nicht voll eingezahlten Geschäftsanteils neben den Beschenkten gesamtschuldnerisch haftet (§ 22 GmbH-Gesetz);

b) die Erschienene zu 1. und die Beschenkten auch für die Volleinzahlung der übrigen Geschäftsanteile dann haften, wenn von den primär verpflichteten Gesellschaftern keine Zahlung zu erlangen und der Fehlbetrag nicht durch Verkauf des betreffenden Geschäftsanteils zu decken ist (§ 24 GmbH-Gesetz);

c) die Erschienenen zu 2. und 3. der Gesellschaft gegenüber erst dann als Gesellschafter gelten, wenn ihr Erwerb unter Nachweis des Übergangs bei der Gesellschaft angezeigt ist (§ 16 GmbH-Gesetz).

III. Gesellschafterversammlung

Als alleinige Gesellschafter der im Handelsregister des Amtsgerichts _____ _____ in Abteilung B unter Nr. _____ eingetragenen Firma Anton Schaller Verlags GmbH halten wir hiermit unter Verzicht auf die Beachtung aller in Gesetz und Satzung vorgeschriebenen Formen und Fristen eine Gesellschafterversammlung ab und beschließen mit allen unseren Stimmen:

1. Frau Sofia Schaller ist nicht mehr Geschäftsführerin.

2. Zu neuen Geschäftsführern werden Frau Rebecca Schaller und Herr Christof Schaller bestellt. Sie vertreten die Gesellschaft gemeinschaftlich und sind von den Beschränkungen des § 181 BGB befreit.

3. In jedem laufenden Halbjahr des Geschäftsjahres soll mindestens eine Gesellschafterversammlung stattfinden, in der die Geschäftsführer über die Entwicklung des Geschäftsverlaufs berichten.

4. Die Geschäftsführung und die zustimmungspflichtigen Geschäfte regelt ein gesonderter Geschäftsführungsvertrag. Verantwortlich für die Kinderbuchsparte ist die Erschienene zu 2. Verantwortlich für den neu zu entwickelnden Bereich Comics ist der Erschienene zu 3. Beide Verlagsbereiche sind eigenständig im Bereich der kaufmännischen Geschäftsführung und künstlerischen Leitung.

5. Wir bestimmen, dass das Geschäftsführergehalt bis zum 31. 12. 2005 für jeden Geschäftsführer monatlich 4 000 Euro betragen soll. Nach Ablauf dieser Zeit ist über die Geschäftsführervergütung neu zu verhandeln.

6. Frau Sofia Schaller hat der Gesellschaft ein Gesellschafterdarlehn unverzinst zur Verfügung gestellt. Dieses Darlehen ist durch eine Grundschuld in Höhe des Darlehens im Grundbuch des Amtsgerichts _____ _____ von _____ Blatt, in dem Frau Sofia Schaller als Eigentümerin eingetragen ist, abgesichert. Frau Schaller erklärt, dass sie der Anton Schaller Verlags GmbH die Rückzahlung des Darlehens erlässt und die alleinige persönliche Haftung übernimmt.

7. Frau Sofia Schaller räumt die von ihr bislang innegehaltenen Räume im ersten Obergeschoss des in ihrem Eigentum stehenden Verlagsgebäudes, die ab dem 1. 1. 2004 der Anton Schaller Verlags GmbH zur Verfügung stehen sollen. Die Kosten des Umbaus und der Renovierung trägt Frau Sofia Schaller.

8. Den Gesellschaftern ist bekannt, dass die gefassten Beschlüsse nicht der Beurkundung bedürfen.

IV. Sonstiges

Die Erschienenen haben am _____ die anstehenden Fragen, die Gegenstand dieser Beurkundung sind, im Rahmen eines Mediationsverfahrens vereinbart und hierüber eine Mediationsvereinbarung getroffen, die als Anlage 1 zu dieser Urkunde genommen wird. Die Mediationsvereinbarung ist von dem Notar verlesen worden.

Die Mediationsvereinbarung soll ergänzend zur Auslegung der vorstehend getroffenen Vereinbarungen herangezogen werden, und die Parteien vereinbaren, dass bei Unstimmigkeiten weiterhin eine Konfliktregelung im Wege der Mediation gesucht werden soll.

Bei Unwirksamkeit einer oder mehrerer Bestimmungen dieses Notarvertrages soll nicht der ganze Vertrag unwirksam werden. Die unwirksamen Bestimmungen sollen für diesen Fall so ausgelegt werden, wie dem Gesetz und dem Parteienwillen am ehesten entspricht.

V. Kosten

Die Kosten für dieser Urkunde trägt die Erschienene zu 1.

Grundbesitz hat die Gesellschaft nicht.

Dieses Protokoll wurde den Erschienenen vorgelesen, von ihnen genehmigt und eigenhändig von ihnen und auch von mir, dem Notar, wie folgt unterzeichnet.

B. Werkstattmethoden

I. Hintergrundwissen

1. Mediatives Verständnis von Konflikten, Konfliktreaktionen und Konfliktinteraktionen

---

Übung für Mediatoren

Mit welchen Botschaften über Konflikt und Streit sind Sie aus Ihrer Herkunftsfamilie in Ihr Erwachsenenleben entlassen worden – welche Botschaften leben Sie heute, geben Sie vielleicht an Ihre Kinder weiter? Welches Konfliktverhalten könnte Sie in einer Mediation aus Ihrer Balance bringen?

Konflikt und Konfliktlösungsstrategien

Zum Thema Konflikt und Konfliktlösung gibt es inzwischen viel Literatur, die fast immer von der problemorientierten Sicht von Konflikt ausgeht, weniger von der ressourcenorientierten Sicht. Viele Autoren beschäftigen sich fast ausschließlich mit der Systematisierung und der Kategorisierung von Konflikten. Für eine noch ausstehende Evaluation der Wirksamkeit von Mediation sind diese Kategorien sicher wichtig (etwa Kategorisierungsversuche wie produktiv, unproduktiv, echt, nahe liegend, verlagert, vermischt, offen, falsch zugeordnet, latent, falsch, außen gesteuert, destruktiv, zentral, dezentral, real, kalt, heiß, mikrosozial, meso-sozial, makro-sozial, formgebunden, formlos). Diese Kategorisierungen bringen nicht allzu viel für das Konfliktverständnis und die Notwendigkeit von Konfliktlösungsstrategien in der Mediation, auch die Unterscheidung von Konflikttypen und Konfliktquellen nicht. Katalogisierungen einer **ressourcenorientierten Konfliktsicht** – wie sie in der Mediation geübt wird – stehen noch aus.

Es fehlt bisher weitgehend eine positive, ressourcenorientierte Theorie und Philosophie von Konflikt in der Mediation, etwa im Sinne von **E. De Bono**:

- Konflikt als Weiterentwicklung und Veränderung

- Konflikt als kreativer Prozess

- Konflikt als Musterveränderung

- Konflikt als Methode des Wettbewerbs

- Konflikt als Auseinandersetzung von Interessen

Konfliktreaktions- und Interaktionsmuster

Hilfreich für die Wahrnehmung des eigenen Konfliktverhaltens und das der Medianden ist das Modell der Konfliktreaktionen und der Konfliktinteraktionsmuster, hinter dem eine ressourcen-orientierte Sicht von Konflikt steht. Es kann Mediatoren helfen, auch bei schwierigem Konfliktverhalten von Medianden ihre Neutralität und innere Balance zu behalten. Dieses Modell geht von der Beobachtung aus, dass sich Konfliktpartner – als Einzelne oder auch in Gruppierungen – in etwa **drei Konfliktmustern** verhalten (oft allerdings nicht eindeutig in einem der Muster, sondern meist mit Anteilen auch aus den jeweilig anderen):

- Die „Anpasser" (= Die Flexiblen)

- Die „Vermeider" (= Die Toleranten)

- Die „Kontrolleure" (= Die Konstruktiven)

Anpasser

Die **Anpasser** (= Die Flexiblen) haben als **Stärke** im Konflikt: Sie können Zeit lassen – sie machen keine voreiligen Festlegungen – sie halten Distanz – sie können beobachten – sie können anderen eine Chance lassen – sie benutzen die Zeit, um Informationen zu gewinnen. Ihre **Schwäche** im Konflikt ist: Sie verlieren manchmal die eigene Kompetenz – sie verpassen manchmal ihre Chance – sie lassen sich fremdbestimmen – sie sind für die anderen oft nicht richtig erkennbar – sie geraten leicht in Abhängigkeiten.

Die **Interaktionsmuster der Anpasser** im Konflikt sehen folgendermaßen aus: Mit anderen Anpassern gibt es häufig kreative Prozesse – es gibt viel Zeit, Ruhe und wenig Verletzungen – es gibt auch Rollenwechsel im Konflikt – manchmal passiert aber auch zu wenig.

Mit **Vermeidern** braucht es häufig viel Zeit und Geduld, bis sich etwas bewegt – oft auch viel Kraftaufwand –, und oft bewegt sich überhaupt nichts. Mit **Kontrolleuren** gibt es es im guten Fall konstruktives Verhandeln, im schlechten Fall entsteht viel Druck und Widerstand im Konflikt – die Kontrolleure wirken häufig einschüchternd auf die Anpasser.

Vermeider

Die **Vermeider** (= Die Toleranten) haben als **Stärke** im Konflikt: Sie empfinden weniger Stress im Konflikt – sie haben oft das größere Harmoniebedürfnis – sie können besser Distanz halten – sie haben dadurch eine Machtstellung – sie sind manchmal aber auch nicht gut erkennbar in ihrer Haltung – manchmal ignorieren sie die Konflikte. Ihre **Schwäche** im Konflikt ist: Sie bleiben oft in der Defensive – sie sammeln ihren Ärger an – sie vermeiden Nähe, was ihre Beziehungen zum Konfliktpartner schwächt – sie sind oft schwer einschätzbar – sie verbrauchen ihre Kräfte mit ihrer Vermeiderhaltung.

Die **Interaktionsmuster** der Vermeider im Konflikt sehen folgendermaßen aus: Mit anderen **Vermeidern** haben sie oft verdeckte Machtkämpfe – es gibt wenig Nähe im Konflikt und auch bei den Lösungen – häufiger brechen die Konflikte dann doppelt aus – es gibt kurze oder „ewige" Konflikte. Mit **Anpassern** können sie gut agieren – manchmal werden sie in dieser Konstellation auch zum Kontrolleur – sie übernehmen gerne für die Anpasser die Verantwortung – häufig ignorieren sie die Anpasser aber auch einfach. Mit **Kontrolleuren** können sie manchmal Konflikte regelrecht aushebeln, weil die Kontrolleure ihnen nicht gewachsen sind – es gibt wenig Zusammenspiel, oft auch Patt-Situationen.

Kontrolleure

Die **Kontrolleure** (= Die Kreativen) haben als **Stärke** im Konflikt: Sie haben viel Mut und Initiative – sie können Klärung schaffen – sie sind einschätzbar – sie bestimmen gut ihre und anderer Grenzen – sie können gut handeln – sie geben Sicherheit und haben damit auch Macht. Ihre **Schwäche** im Konflikt liegt in eben diesen Stärken: Sie verwickeln sich in Machtkämpfe – sie machen sich angreifbar und kommen in Rechtfertigungszwänge – sie sind manchmal stur und unflexibel – sie kleben an Konzepten – sie entwickeln Härte gegenüber sich selbst, aber auch den anderen Konfliktpartnern gegenüber – hin und wieder enden sie paradoxerweise auch in Hilflosigkeit.

53

Die **Interaktionsmuster** der Kontrolleure sind: Mit anderen **Kontrolleuren** können sie sehr kreativ sein – durch die gleiche Kampfhaltung entsteht häufig Entspannung, aber es können auch „die Fetzen fliegen". Mit **Anpassern** haben die Kontrolleure ein gute, manchmal aber auch eine langweilige Zusammenarbeit – es gibt oft viel Einsamkeit im Konflikt und wenig Kontakt. Mit **Vermeidern** verlieren sie häufig ihre Macht – sie werden hilflos – manchmal werden sie im Konflikt dann bequem – meistens bleiben sie aber die immer Aktiven.

Konfliktlösungsstrategien

Konflikte und Streit ziehen sich oft durch den gesamten Mediationsprozess, sie können aber auch nur an bestimmten emotional aufgeladenen Stellen auftauchen, besonders bei „**Herzblut-Themen**" – und die gibt es in fast allen Mediationen, auch in so vermeintlich sachlichen Mediationsfeldern wie Wirtschaft, Verwaltung oder Arbeitsrecht.

Nicht selten tauchen Streit und Konflikt am Ende der Mediation auf, also kurz vor dem oder beim Verhandeln – manchmal sogar nach einer bisher harmonisch verlaufenen Mediation. Das ist auch erklärlich – jetzt wird es Ernst, und die Konfliktparteien müssen sich entscheiden und die Vereinbarungen treffen. Auch bei Überprüfungsterminen kommen die emotionalen Konflikte häufig wieder hoch. Die Falle für Mediatoren – besonders für jene mit therapeutischen Zusatz-Ausbildungen – kann dann sein, selbst therapeutisch oder beraterisch zu agieren statt zu mediieren, wie die Medianden evtl. diese Konflikte bearbeiten könnten. Vor allem aber ist wichtig, dass Mediatoren an solchen Stellen Acht geben müssen auf die verschiedenen Konfliktreaktionsmuster und deren Interaktionen – bei den Medianden und auch bei sich selbst.

- So gab es bei den Schallers einen heftigen Gefühlsausbruch an der Stelle, wo sie eigentlich an den Interessen arbeiten wollten (s. S. 17). Sowohl Christof als auch Rebecca geraten in Wut und reagieren mit ihren Konfliktmustern (Christof als Kontrolleur, Rebecca als Anpasserin). Auch Sofia reagiert mit ihrem Muster als Kontrolleurin. Sie will die Mediation abbrechen. Die Mediatorin reagiert nicht mit ihrem eigenen Muster (sie ist auch Kontrolleurin und damit in der besonderen Gefahr, mit den beiden anderen Kontrolleuren in einen Machtkampf zu gehen), sondern versucht, auf der Sachebene zu bleiben und auch die drei anderen nicht in ihre Konfliktreaktionsmuster fallen zu lassen. Sie versucht, sie auf die Sachebene zurück zu holen (hier mit der Einführung eines Konfliktspiel-Bildes und der Arbeit an der Veränderung der Spielregeln im Konflikt).

Methoden

Methodisch ist wichtig, auch im Streit und im Konflikt immer im **Grundmuster der Mediation** (s. S. 83) zu bleiben, um hier nicht als Mediatorin die Balance zu verlieren. Sonst werden die Konfliktpartner, die auf die Ebene der Gefühle und Emotionen geraten sind, plötzlich zu den „schwierigen Medianden", die die Mediation „stören" oder sich „verrückt" verhalten. Hier müssen Mediatoren auf jeden Fall mit **Arbeitsannahmen (Hypothesen)** (s. S. 91) arbeiten und sie besonders gut überprüfen, um auch im Streit und Konflikt wieder die Ressourcen sehen zu können. Meist hilft Schweigen und Zuhören, den Streit auslaufen lassen, ihn würdigen oder auch an die für diesen Fall ausgemachten Regeln zu erinnern. Das heißt, alle Konfliktpartner müssen auch hier in ihrer Selbstbehauptung unterstützt werden, jeder Einzelne muss wieder auf die Sachebene geholt werden.

Techniken

Als Techniken für die Mediationsarbeit im Streit und Konflikt taugen: Zusammenfassen, Fokussieren, Paraphrasieren, positives Umformulieren, evtl. Zukunftsorientieren, Konfliktpunkte unterteilen durch Partialisieren, reflektives und zirkuläres Fragen, Prozess verlangsamen, Würdigen des Streits, Schweigen und Zuhören, vielleicht auch mit einem produktiven Konfliktspiel-Bild und eine Veränderung der Konflikt-Spielregeln arbeiten (s. S. 18 ff.).

Beispielsätze und Fragen im Erbfall Schaller

* „Ich habe gemerkt, dass der Verlag wirklich ein Herzstück Ihres gemeinsamen Erbes ist. Ich kenne das gut aus anderen Erb-Mediationen, dass da dann manchmal Gefühle und Erinnerungen hochkommen. Es war gut, dass Sie sich eine Pause gegönnt haben. Denken Sie, dass Sie nun trotzdem weiterarbeiten können? Sofia? Christof? Rebecca?"

* „Gibt es vielleicht Konfliktthemen, die sich nicht ganz so heiß anfühlen, mit denen Sie erst einmal weitermachen könnten?"

* „Ich kenne das gut aus anderen Erb-Mediationen, wenn es Ernst wird. Dann passieren unvorhergesehene Dinge und neue Konflikte. Das bringt dann meist Bewegung in das Ganze."

55

- „Sie haben feste Spielregeln, wie Sie mit Konflikten umgehen. Es könnte sein, dass Sie diese Spielregeln verändern müssen, damit Sie Ihre Vereinbarungen über den Verlag und das Haus besser hinbekommen."
- „Gibt es bei dem Punkt Verlag vielleicht Unterpunkte, die es Ihnen leichter machen könnten, erst einmal aus dem jetzigen Streit herauszukommen und vielleicht eine kurzfristige Lösung zu finden?"

Praxisanregungen

▷ Die Haltung von Mediatoren im Streit und bei emotionalen Konflikten bestimmt sich häufig durch das eigene Konfliktmuster und die **eigenen gelernten Konfliktbotschaften** (s. Übung zu Beginn dieses Kapitels), „Streiten reinigt die Luft", „Streiten führt zu nichts", „Der Klügere gibt nach", „Streiten macht Spaß". Wenn Mediatoren hier in Verwirrung geraten, ist vielleicht **Mediations-Supervision** oder Co-Arbeit mit einem Mediator mit anderem Konfliktreaktionsmuster und einer anderen Einstellung zu Konflikt angesagt.

▷ Es scheint für die ausbalancierte Mediationstätigkeit wichtig zu sein, dass Mediatoren ihre **eigenen Konflikt- und Konfliktinteraktions-Muster** gut kennen und diese Muster auch bei Medianden wahrnehmen können. Ein brauchbares Indiz für eine mögliche Falle im Umgang mit Konflikt, Streit sowie mit den Konfliktreaktionsmustern sind **eigene Körperempfindungen** (Verspannen, Kopfschmerzen, Schwitzen, Unruhe etc.). Wenn das in Mediationen immer wieder und an den gleichen Stellen passiert, ist auch hier vielleicht der Gang in die Supervision angesagt.

▷ Mediatoren werden dann ihre Neutralität besser halten können, wenn sie die „normalen" Reaktionsmuster von Anpassern, Vermeidern und Kontrolleuren in Konflikten kennen und sie **ressourcenorientiert gegensteuern** können. Ihre eigene innere Balance und Neutralität wird dann nicht so leicht gefährdet, z. B. durch Koalitionen und Bündnisse mit den Medianden, die die gleichen oder auch die entgegengesetzten Konfliktmuster haben. Mit dieser Wahrnehmungshilfe über die Reaktions- und Interaktionsmuster bei Konflikten wird das Gegensteuern im Konflikt leichter. Mediatoren kommen weniger leicht in die Gefahr, Medianden in ihrem Konfliktverhalten verändern zu wollen.

▷ Das Wissen um die verschiedenen Konfliktreaktionsmuster hilft auch bei der manchmal notwendigen Suche nach einem **Co-Mediator oder**

einer Co-Mediatorin: Man sollte möglichst nicht nach einem Vertreter des gleichen Konfliktmusters suchen, sondern wegen der Ausgewogenheit und Balance in der Mediation nach einem anderen.

▷ Die beste Hilfe im hoch emotionalen Konflikt ist neben den vorher genannten Methoden und Techniken meiner Erfahrung nach immer noch das **empathische Schweigen und Zuhören**. Viele Medianden brauchen diese Sachverständigen-Bühne und genießen oft auch die Darstellung ihres Dramas auf dieser Bühne – oft können sie danach besonders gut arbeiten. Dafür ist aber wichtig, dass **Streit und Konflikt gewürdigt** und die Konfliktparteien nicht gerügt oder beschämt werden.

2. Rechtliche Implikationen

Übung für Mediatoren

Welche der rechtlichen Grundlagen für Mediation ist für die Tätigkeit als Mediator für Sie selbst am wichtigsten? Auf welche rechtlichen Implikationen und rechtlichen Probleme achten Sie in Ihren Fällen normalerweise immer?

Rolle des Rechts

Zur allgemeinen Rolle des Rechts, wie sie diesem Buch zugrunde liegt, ist im Kapitel „Rolle des Rechts" (s. S. 130 ff.) einiges gesagt worden. Hier soll es jetzt mehr um die Implikationen, vielleicht auch um mögliche Komplikationen gehen, die durch die Verortung der Mediation im Auffangnetz des Rechts entstehen, das einerseits den Absturz von Medianden bei Misslingen einer Mediation auffängt, andererseits aber auch Schlingen und Haken hat, in denen sich eine Mediation, die Medianden oder der Mediator verfangen kann.

Privatautonomie

Zur Frage der **Legalität und Legitimität** von Mediation im deutschen Rechtsraum hat als Erster bereits 1992 B. Haffke die entscheidenden Begründungen beschrieben. In dieser frühen Phase der deutschen Mediation bezogen sich seine Aussagen zunächst auf das damals einzige Feld der Mediation, auf die Trennungs- und Scheidungs-Mediation. Inzwischen ist viel zu dieser Frage der Legitimation (und ihrer Einschränkungen) veröffentlicht worden, auch in der Erweiterung der Begründungen für die Legitimation in den vielfältigen weiteren Felder der Mediation. Für mich bleibt nach wie vor Haffkes Aussage entscheidend: „**Privatautonomie**, deren sinnfälligster Ausdruck die Vertragsfreiheit ist, ist aber nicht nur, wie schon der Name sagt, selbst-gesetztes Recht der Parteien, sondern auch objektives Recht; denn sie wird von Verfassungs wegen garantiert; sie ist grundrechtlich gewährleistet." Für mich ist damit das Prinzip der Selbstbestimmung, wie es von Artikel 2 Abs. 1 GG garantiert ist, also die Privatautonomie, die grundsätzliche **rechtliche Grundlage für Mediation** und für die Tätigkeit von Mediatoren. Noch deutlicher hat das Bundesverfassungsgericht bereits 1990 in seinem damaligen Beschluss formuliert: „Auf der Grundlage der Privatautonomie, die Strukturelement einer freiheitlichen Gesellschaftsordnung ist, gestalten die Vertragspartner ihre Rechtsbeziehungen eigenverantwortlich. Sie bestimmen selbst, wie ihre gegenläufigen Interessen angemessen auszugleichen sind, und verfügen damit über ihre grundrechtlich geschützten Positionen ohne staatlichen Zwang. Der Staat hat die im Rahmen der Privatautonomie getroffenen Regelungen grundsätzlich zu respektieren."

Offene Fragen

Auf dem Hintergrund dieser rechtlichen Legitimation und Legitimität der Mediation gibt es allerdings etliche „werkstattrelevante" Frage- und Problemstellungen, die es im Einzelfall regelmäßig zu stellen und zu beantworten gilt, und zwar in der Praxis zunächst ohne Unterschied für anwaltliche oder nichtanwaltliche Mediatoren. Dazu gehören (ohne Anspruch der Vollständigkeit) insbesondere:

- **Grenzen der Privatautonomie** (z. B. Bereiche, die der Privatautonomie und damit auch der Mediation entzogen sind)

- Fragen der **Rechtsberatung** und der **Beratungsanwälte** (sowohl für die nicht anwaltlichen wie für die anwaltlichen Mediatoren)

- Juristische Implikationen der Neutralität (z. B. die Fragen von möglichem **Parteiverrat**)

- Rechtliche Implikationen des **Mediationskontrakts** (z. B. Fragen der Bezahlung, der Haftung, der Aussetzung von Rechtsstreitigkeiten, Fragen der Freiwilligkeit, der Vertraulichkeit, der Ergebnisoffenheit, der Offenlegung von Daten und Fakten etc.)

- **Datenschutz** (z. B. Aufbewahrung von Unterlagen während des Mediationsprozesses; Vernichtung aller Unterlagen der Mediation nach Beendigung; Probleme bei Wiederaufnahmen der Mediation etc.)

- Rechtliche Implikationen von **Vertraulichkeit** (z. B. die Folgen bei Misslingen der Mediation; Vertraulichkeit bei Caucusing und anderen Formen der Einzelarbeit in der Mediation; Umgang mit Mediationsdaten und -informationen zu Werbe-, Wissenschafts- oder Schulungszwecken; Vertraulichkeit bei Co-Mediatoren aus verschiedenen Herkunftsberufen etc.)

- **Schweigepflicht** (z. B. über das Ende der Mediation hinaus; unterschiedliche Schweigepflicht der verschiedenen Herkunftsberufe von Mediatoren wie Lehrern, Betriebswirten, Sozialpädagogen, Ärzten, Umweltberatern u. a.)

- **Zeugnispflicht**/Zeugnisverweigerungspflicht und -recht

- Freiwilligkeit und **Kündigungsrecht** der Medianden

- **Rechtliche Durchsetzbarkeit** von Mediationsvereinbarungen (z. B. bei den immer häufigeren Mediationen in Gebieten mit unbestimmten Rechtsbegriffen oder Ermessensspielräumen oder bei geltenden Satzungen, Vorschriften, Rechtsverordnungen, Bauleitplanungen; Durchsetzbarkeit im Ausland etc.)

- Probleme bei **Kombinationen von Mediation und Schiedsverfahren**

- Umgang in der Mediation mit **Verjährungsfragen**, prozessualen **Ausschlussfristen** etc.

- Fragen der **Haftung**

- Probleme bei **Vereinbarungen** über Bürgschaften, Bankgarantien, illegalen Geldern und Konten etc.

- Probleme des Schutzes von Betriebs-, Geschäfts- oder **Privatgeheimnissen** (z. B. auch bei Pressemitteilungen oder anderen Arten der Veröffentlichung von Mediationsergebnissen)

- **Kostenregelungen** (z. B. auch Probleme der anwaltlichen Mediatoren mit der RVG, Zeithonoraren, der Zusammenarbeit mit nicht anwaltlichen Mediatoren etc.)

- Schwierigkeiten von **rechtlich relevanten Abreden** bei Mediationen, die auf den ersten Blick wenig oder nichts mit rechtlichen Implikationen zu tun haben (z. B. Schul-Mediation, Sport-Mediation, Nachbarschafts-Mediation)

- **Abreden** über Sanktionen, Trainingsphasen, Überprüfungen, Neufassungen, Mediationsklausel, Salvatorische Klausel etc.

Viele dieser nicht nur werkstatt- und praxisrelevanten Fragen gilt es zu klären, damit die Einstellung und die Werbung zugunsten der Mediation nicht durch ungeklärte rechtliche Implikationen erschwert wird.

Praxisanregungen

▷ S. hier auch die Praxisanregungen bei der Rolle des Rechts (s. S. 136), insbesondere was die eigene Einstellung zum Recht betrifft.

▷ Mediatoren sollten für die Probleme mit den rechtlichen Implikationen und insbesondere mit den möglichen rechtlichen Komplikationen in ihren Mediationen **eigene Beratungsanwälte** haben, besonders wenn sie beginnen, in neuen Feldern zu arbeiten (s. auch die Vorarbeit im Fall Schaller S. 6).

▷ Aus unserer Erfahrung bestehen Gefahren, diese **rechtlichen Implikationen in manchen Feldern** zu übersehen, besonders bei Schul- und Nachbarschafts-Mediationen, aber auch bei der besonderen Setting-Formen (z. B. der Kurz-Mediation oder der Team-Mediation).

▷ Für diese Fragen der rechtlichen Implikationen und der damit verbundenen Gefahren empfiehlt es sich, regionale und **themenzentrierte Arbeitskreise** – möglichst interdisziplinär gemischt) zu bilden, um sich in den bisher ungeklärten Fragen und Bereichen gegenseitig zu informieren und zu unterstützen.

▷ Wer **grenzüberschreitende Mediation** macht oder anbieten will, wird sich mit den Fragen der unterschiedlichen rechtlichen Implikationen in den verschiedenen Ländern besonders auseinander setzen müssen, zumal bei der zunehmenden Europäisierung der Mediation (z. B. mit unterschiedlichem Prozessrecht; mit der Frage der Vollstreckbarkeit von Mediationsvereinbarungen im Ausland etc.).

3. Systemischer Ansatz

Übung für Mediatoren

Denken Sie an eine Ihrer kompliziertesten Mediationen. Wenn Sie zwei der Grundsätze aus der Systemtheorie darauf anwenden sollten (1. Alle Konfliktpartner konstruieren sich ihre Konflikte selbst. 2. Einzelne, Gruppen und Systeme haben die Fähigkeit zur Veränderung) – was würde sich in Ihrer eigenen Sicht verändern?

Theoretisches Grundgerüst

Mediatoren brauchen für ihre Arbeit in allen Feldern der Mediation ein theoretisches Grundgerüst, mit dem sie arbeiten, mit dem sie ihre Praxis überprüfen und reflektieren können. Bisher tun sich sowohl Praktiker wie Mediationstheoretiker schwer, sich auf ein derartiges Grundgerüst zu einigen. Bei manchen Mediatoren scheint es sich eher um eine analytische oder auch neurolinguistische Mediation zu handeln, bei anderen eher um eine humanistische oder auch juristische Mediation. Von der Entstehungsgeschichte der Mediation ausgehend bietet sich die **systemische Mediation** an – davon geht im Wesentlichen auch dieses Buch aus. Fast alle amerikanischen Mediatoren, besonders aber John M. Haynes, haben sich in ihren Anfängen auf Systemtheoretiker oder Konstruktivisten wie die Mailänder Schule, besonders auf M. Selvini Palazzoli, S. de Shazer, G. Bateson, P. Watzlawick, L. Boscolo, H. Maturana u. a., berufen und vieles von deren theoretischem Denken und von deren Praxis übernommen. Viele Mediatoren arbeiten heute mit **systemischen Methoden und Techniken**, oft ohne zu wissen, welche Wirkungsweisen und Möglichkeiten sich dahinter verbergen.

Systemische Thesen

Die meisten Mediatoren, die bei **John M. Haynes** Mediation gelernt haben, legen ihrer Mediationsarbeit wichtige **systemische Thesen** zugrunde und entwickeln sie weiter:

- Jeder Konfliktpartner ist **Teil eines oder mehrerer Systeme** oder Subsysteme.

- Alle Systeme, mit denen Mediatoren zu tun haben, **konstruieren** sich ihre **Wirklichkeit** und ihre Konflikte selbst.

61

- Alle Systeme haben grundsätzlich die **Fähigkeit zur Selbstregulierung** und zur Selbstheilung.

- Bei Konflikten reagieren soziale Systeme immer mit Starrheit, können aber durch eine **Person mit Katalysatorfunktion** von außen mit systemischen Methoden und Techniken zur Veränderung angestoßen werden, so dass sie selbst neue Lösungen, Regeln und Strukturen entwickeln können.

- Die **Veränderungen** geschehen sowohl innerhalb eines Systems als auch zwischen verschiedenen Systemen bzw. zwischen einem oder mehreren Subsystemen und einzelnen Personen.

In fast allen Mediationsfeldern haben es Mediatoren mit **Systemen oder Subsystemen** zu tun. Alle Konfliktparteien bewegen sich mit ihren Konflikten in mindestens einem oder mehreren Systemen, oft auch in Mischungen aus Systemen, Subsystemen und Einzelpersonen. Bekannte Systeme in Mediationen sind z. B. Elternsystem und Kinder-Subsystem, verschiedene Gruppensysteme in einer Nachbarschaft, Schule oder Bürgergruppierung, verschiedene Subsysteme in Erbengemeinschaften, Firmen, Verwaltungen, Krankenhäusern, bei Umwelt- und politischen Konflikten etc. Selbst in der aus der Familien-Mediation bekannten Zweiparteien-Mediation handelt es sich – wenn man es genau betrachtet – um eine Systeme-Mediation.

Die Mediatoren können mit einzelnen Konfliktpartnern, mit Gruppen oder mit ganzen Systemen im Vertrauen auf die oben genannten **Thesen** arbeiten:

- Alle Konfliktpartner konstruieren sich ihre Wirklichkeit und ihre Konflikte selbst.

- Einzelne, Gruppen und Systeme haben die **Fähigkeit zur Veränderung**, zur eigenen Konfliktlösung und zu neuen Strukturen.

- Diese Veränderungen, Konfliktlösungen und neuen Strukturen können durch systemische Methoden und Techniken angestoßen werden, so dass die **Systeme sich selbst weiter entwickeln**.

Konsequenzen

Die Sicherheit, dass jedes System oder Subsystem in der Mediation Selbstheilungskräfte und die Fähigkeit zur Selbstregulation hat, gibt den

Mediatoren die Grundlage für ihren Arbeitsansatz, mit Autonomie und Selbstbehauptung der einzelnen Konfliktpartner bzw. der verschiedenen Systeme zu arbeiten, in der Gewissheit, dass jedes System sich **autopoietisch** (**„selbst erhaltend"**) verhält. Diese Gewissheit erspart Mediatoren alle Versuchungen, „Helfer" oder „Berater" sein zu müssen. Wenn sie sich Gedanken machen und Kenntnisse sammeln über das Funktionieren und die Ressourcen von Systemen und über Einzelne in Systemen, können sie sich auf ihre **Katalysatorenfunktion** beschränken, nämlich Veränderung in Gang setzen für neue Regelungsprozesse, z. B. durch systemische Frage- und andere Techniken.

Die Systemtheorie geht sogar so weit zu sagen, dass auch die Kommunikationsprozesse unabhängig von den Systemen und oder von den einzelnen Konfliktparteien gefunden werden, so dass Mediatoren **nicht Helfer und Berater** für eine bessere Kommunikation sein müssen. Sie können darauf vertrauen, dass die Kommunikation einer systemischen Mediation als **Modell** angenommen oder eben abgelehnt wird. Mediatoren brauchen keinerlei Druck auszuüben auf Medianden, sondern können mit Neugier auf das warten, was passiert. Die Systemtheoretiker nennen diese Haltung **„Veränderungs-Neutralität"** und **„Methoden-Neutralität"**.

Auch die Haltung der **Allparteilichkeit** kommt ursprünglich aus der Systemtheorie und ist bis heute ein von allen Schulen unbestrittener Faktor in der Haltung von Mediatoren. Wobei hier (ähnlich wie bei G. Friedman und J. Himmelstein mit ihrem Begriff der parteilichen Allparteilichkeit) Allparteilichkeit verstanden wird als Aushalten der Unterschiedlichkeit der verschiedenen Konfliktpartnern oder der beteiligten Systeme. Analog zur Mediationspraxis ist diese Allparteilichkeit nicht eine feste, einmal erworbene Haltung, sondern muss im Prozess immer wieder neu erworben und überprüft werden.

Auch das Verständnis von Konflikt ist in der systemischen und der Mediations-Theorie analog: Die Lösungskompetenz für Konflikte liegt bei den Konfliktparteien, die als autonome Systeme und sich selbst regulierende (autopoietische) Systeme handeln, wenn sie zur Veränderung angestoßen werden. Manche Krankheits-, Konflikt- und Kommunikations-Theorien blockieren eine solche Sicht und Erwartung von Veränderung.

Systemische Methoden und Techniken

Vieles in der Begrifflichkeit der Systemtheorie und in den Grundbegriffen der Mediation, aber auch in Methodik und Technik zeigt die gegenseitige Nähe und **Analogie** (z. B. Autonomie, Arbeit mit Hypothesen, Ressourcen- statt Problem-Orientierung, Arbeit mit Regeln und neuen Ordnungen, Zukunftsorientierung, Zirkularität, Feedbackprozesse, Möglichkeitserweiterung und Optionalität, Neutralität, Allparteilichkeit, Konflikte als Lösungsversuche, Arbeiten mit Skulpturen und Stellen von Systemen, Arbeiten mit Sozio- und Genogrammen, mit Methaphern und Symbolen etc.).

Fast alle in diesem Buch beschriebenen Methoden und Techniken der Mediation kommen aus der systemischen Arbeit und sind kreative und **mächtige Interventions- und Anstoß-Techniken für Veränderung**, besonders das reflektive und zirkuläre Fragen, aber auch das Zusammenfassen und Fokussieren (besonders der Unterschiede), Partialisieren, Paraphrasieren, das Arbeiten mit Bildern und Metaphern, mit Feedbackprozessen und Optionen.

Mit der Gewissheit der Autonomie und Selbstregulation von Systemen müssen Mediatoren nicht mehr auf die Konflikte und die Kommunikationsprobleme der Medianden starren, sondern können mit Hypothesen über das Funktionieren und die **Ressourcen der beteiligten Systeme** die Options- und Veränderungsmöglichkeiten mit ihrem gelernten Handwerkszeug anstoßen und mit Spannung erwarten, was sich entwickelt. Allerdings brauchen sie dafür die Fähigkeit, womöglich in mehreren Systemen bzw. Subsystemen gleichzeitig und allparteilich arbeiten zu können und die angestoßenen Veränderungen und Konflikt-Lösungen wahrzunehmen und wertzuschätzen.

Systemisches Hintergrundwissen in der Erb-Mediation Schaller

- Da es sich um eine Mehrgenerationen-Mediation handelt, sind systemische Hypothesen zu den **beiden Systemen in dieser Erbengemeinschaft** nützlich, um jedes System unterstützen und auch, um die jeweils unterschiedlichen Ressourcen wahrnehmen und wertschätzen zu können.
- Es gibt neben den beiden in der Mediation vertretenen Systemen noch mindestens zwei weitere, die möglicherweise z. B. bei der Entwicklung von Optionen eine Rolle spielen können: einmal das **Geschwister-Subsystem** von Christof, Rebecca und Anna, zum anderen das **Mitarbeiter-Subsystem** des Verlags mit Rebecca, Christof, Frau Müller und Frau Bürger.

- Das Wissen um die **eigenen Regulationsmöglichkeiten** aller dieser beteiligten Systeme gibt der Mediatorin die Sicherheit, keinem Konfliktpartner besonders helfen zu müssen, auch Sofia nicht, die im **Familiensystem** und im **Verlagssystem** allein zu stehen scheint. (Sie hat bereits begonnen, sich mit ihrer Freundin ein neues System aufzubauen!)

- Die Mediatorin muss wachsam bleiben, ob es in den verschieden Konflikt-Ebenen einen Zeitpunkt gibt, wo vielleicht ein System (z. B. das Geschwister-Subsystem mit Anna) in eine **eigene Mediation** (evtl. bei einem anderen Mediator) gehört.

- Bei der Anwendung der **systemischen Techniken** im Mediationsprozess wird die Mediatorin darauf achten, dass sie bei ihren Hypothesen zirkulär denkt und die jeweiligen noch dazu gehörenden Personen direkt oder indirekt miteinbezieht. (Sie wird vielleicht an manchen Stellen, z. B. bei der Optionen-Entwicklung, zusätzlich fragen „Welche Ideen hätte Ihr verstorbener Mann wohl, wenn er hier wäre, oder welche hätten Frau Bürger oder Frau Müller?")

- Bei mehreren beteiligten Systemen in einer Mediation ist die besondere Unterstützung der Selbstbehauptung und das besonders sorgfältige Zusammenfassen für jede einzelne Person im jeweils gerade agierenden System wichtig, insbesondere für die Personen, die sich in mehreren Systemen befinden (hier also z. B. Rebecca und Christof). Das kann allerdings ein Handikap für die notwendige Allparteilichkeit werden und würde im Problemfall in eine **systemische Mediations-Supervision** gehören.

Praxisanregungen

▷ Es lohnt sich für die Hypothesenbildung und die gezielte Arbeit mit den hier beschriebenen Methoden und Techniken, sich um das **systemtheoretische Hintergrundwissen** zu bemühen.

▷ Manchmal ist es auch hilfreich, sich einen **Systemiker als Co-Mediator** zu suchen, wenn man selbst aus einer anderen Richtung kommt (so wie es hilfreich und bereichernd sein kann für einen systemischen Mediator, sich z. B. einen analytischen Co-Mediator zu suchen).

▷ Es lohnt sich auch, bei komplizierten Mediationen (z. B. aus der Verwaltung, Wirtschaft, Umwelt, aber eben auch bei Erb-Mediationen) sich eine Art „**Systembild**" aufzumalen mit den jeweils dazugehörigen Personen – auch um zu sehen, wer von den Medianden sich in mehreren Systemen bewegen muss. Für die Arbeit z. B. mit Misch-Mediationen (s. S. 218 ff.) ist dies unabdingbar.

▷ Bei Problemen mit **komplizierten Systemen** in der Mediation empfiehlt es sich, einen systemtheoretisch orientierten Mediations-

Supervisor zu suchen, damit man sich und dem womöglichen Systemwirrwar besser auf die Spur kommen kann.

4. Ambivalenz und Polyvalenz

Übung für Mediatoren

Denken Sie an einen zurückliegenden Konflikt, bei dem Sie das Gefühl hatten, dass Sie eigentlich keine klaren Entscheidungen und Regelungen haben wollten, weil Sie nicht wussten, was Sie an die Stelle dieser Konflikte hätten setzen können.

Hintergrundwissen

Für die Arbeit mit Konflikten in der Mediation ist besonders ein Hintergrundwissen wichtig, das bisher in der Literatur kaum beschrieben wurde, nämlich das Wissen um die Ambivalenz oder auch die Polyvalenz von Konfliktparteien. Allenfalls wird beschrieben, dass in der Trennungs- und Scheidungs-Mediation die Phase der Ambivalenz, d. h. die Zeit, in der für einen oder für beide Partner nicht klar ist, ob der weitere Weg die Trennung sein wird oder die Fortführung der Beziehung, eine wichtige Rolle für die Mediation spielt.

Weniger bekannt und beschrieben ist die Tatsache, dass es in fast allen Feldern der Mediation diese Phase von Wagheit, von Unentschiedenheit, von **zwei möglichen Wegen der Entscheidung (Ambivalenz) oder auch von mehreren Wegen (Polyvalenz)** gibt. Praktiker der Mediation kennen diese Phasen, die sich manchmal durch die ganze Mediation hindurchziehen und methodisch schwer in den Griff zu bekommen sind, wenn sie nicht als normales Konfliktverhalten eingestuft werden können und kein solides Handwerkszeug für den Umgang damit zur Verfügung steht. Manche Mediatoren behelfen sich damit, die Mediation zu unterbrechen, bis klar ist, wohin die Reise gehen soll. Manche schicken die Medianden in Therapie oder Beratung und erklären auf diese Weise ein an sich normales Konfliktverhalten möglicherweise für krankhaft.

Auftreten von Ambivalenz

Die Phase der Ambivalenz tritt nicht bei allen Konfliktparteien und dementsprechend auch nicht in allen Mediationen auf, aber doch häufiger, als im Allgemeinen wahrgenommen wird. Erfahrungen aus Supervisionen zeigen, dass Mediatoren relativ selten damit rechnen, dass die Bereitschaft zu bestimmten Entscheidungen oder Veränderungen bei einer oder allen Konfliktparteien zum Zeitpunkt der Mediation **noch nicht reif** ist, vielleicht auch in der näheren Zukunft nicht reif sein wird, weil der Konflikt notwendig ist, um die **Leere zu füllen**, die ohne diesen Konflikt auftreten würde. Für manche Konfliktpartner würde vielleicht ein psychischer Absturz drohen, wenn es diesen Konflikt nicht mehr gäbe. Der einzige Ausweg scheint dann, den Konflikt fortzuführen. Die Konfliktparteien kennen sich in ihrer eingespielten Dynamik aus, sie verschafft ihnen vielleicht sogar **Nähe mit ihrem Konfliktpartner**, die anders nicht herzustellen wäre und von der sie nie zugeben würden, dass sie diese überhaupt wollen. (Viele Richter und Anwälte können aus ihrer langjährigen Prozesserfahrung ein Lied über dieses für sie sehr lästige und mit juristischem Handwerkszeug nicht handhabbare Phänomen singen, dass Parteien immer weiter prozessieren, eigentlich keine Lösung wollen und sich oft „verrückt" verhalten).

Ambivalenz in den verschiedenen Mediationsfeldern

Erfahrungsgemäß kommen Ambivalenz-Mediationen häufiger in **Beziehungs-Mediationen** vor als in **Institutionen-Mediationen**. Aber auch in Letzteren sollten Mediatoren immer mit diesem Phänomen rechnen und sich durch Hypothesenbildung und Überprüfung Klarheit verschaffen. Auch in **Schul-, Verwaltungs- oder Mobbing-**Mediationen kann es vorkommen, dass die Betroffenen eigentlich Lösungen für ihre Konflikte wollen, aber „uneigentlich" doch nicht, weil sie Angst vor der Leere oder vor dem Neuen haben, das dann an die Stelle der Konflikte treten müsste.

Wenn in Mediationen durch Hypothesenbildung und Überprüfung Klarheit über eine derartige Ambivalenzsituation eintritt, kann manchmal der zurzeit einzig mögliche Weg eine Verlagerung des Konflikts auf eine andere Ebene oder ein anderer Umgang damit sein. In manchen **Erb- oder Familien-Mediationen** kann es sein, dass eine Entscheidung für Veränderung (oder für Erblassung bzw. für Trennung) noch nicht reif ist.

Aber auch in **Mobbing- oder Wirtschafts-Mediationen** ist dieses Phänomen zu beobachten, und wahrscheinlich bleiben manche **politischen Mediationen** deshalb ohne wirkliche „Lösungen", weil es sich im Grunde um eine zurzeit nicht auflösbare Ambivalenz oder Polyvalenz handelt.

Folgen von Ambivalenz

Für von Ambivalenz Betroffene kann eine längere Phase einer derartigen Entscheidungs-Wagheit quälend bis schädigend sein, sei es für Kinder und Jugendliche in einer Familien-Mediation, Kollegen in einer Mobbing- oder Wirtschafts-Mediation oder Partner bzw. andere Verwandte in einer Erb-Mediation.

Da zudem viele Erwachsene in ihrem Verhalten während einer solchen Ambivalenzzeit **regredieren**, d. h. in ihrer eigenen **Entwicklung Rückschritte** machen, wird die Konfliktsituation manchmal unerträglich und oft erst durch in der Mediation entwickelte Übergangsregelungen wieder lebbar. Übrigens tritt die Regression bei Ambivalenz besonders auch bei Kindern und Jugendlichen auf – manche Schul-Mediatoren bestätigen dies. Dies regressive Verhalten in Konflikten ist normal – damit regulieren manche Menschen gewissermaßen ihren Energiehaushalt. Es ist nicht gleich ein Grund für eine Therapie und vergeht im Allgemeinen wieder, wenn sich eigene lebbare Entscheidungen entwickeln. Übrigens ist **regressives Verhalten in Konflikten** eine gute Möglichkeit für Mediatoren zu überprüfen, ob es sich hier nicht um eine Ambivalenz-, sondern um eine Polyvalenz-Mediation handelt.

Mediativer Umgang mit Ambivalenz

Wenn Mediatoren eine solche Ambivalenz- oder Polyvalenz-Situation erkannt haben, können sie sich mit ihrem **Zeitmanagement** und mit ihrer **Methodenwahl** besser darauf einstellen und müssen nicht immer gleich an Abbrüche denken, sondern können mit einer solchen Mediation als normaler Sonderform in der Mediation umgehen.

Relativ einfach ist die Situation, wenn beide oder alle Parteien ambivalent oder polyvalent sind – schwieriger sind für die Mediation die Fälle, in denen nur eine oder einige der Konfliktparteien in der Ambivalenz- oder Polyvalenz-Phase und der damit zusammenhängenden Befindlichkeit sind. Viele im Grunde ambivalente Mediationen werden als **macht-**

ungleiche beschrieben – was sie im Grunde auch sind, denn Konflikt-parteien mit festen Entscheidungen zum Loslassen des Konflikts sind oft die Stärkeren, meist auch die psychisch Stärkeren. Diese Un-gleichheit macht die Mediation nicht leichter und fordert die **Neutrali-tät- und Balance-Fähigkeit** von Mediatoren besonders.

Methodenauswahl

Neben diesem grundsätzlichen Hintergrundwissen ist es wichtig, eine Methodenauswahl zur Verfügung zu haben, mit der Mediatoren auch in dieser Situation gut arbeiten können. In der systemischen Therapie gibt es inzwischen einen Zweig, der sich intensiv mit dem konstruktiven Umgang mit Ambivalenz befasst. Manche der dort verwandten Techni-ken wären zu überprüfen, ob sie nicht auch in Ambivalenz-Mediationen verwendet werden können.

Für unseren Zusammenhang seien die Methodik und Techniken der **„Mehrwege-Mediation"** (s. S. 225 ff.) empfohlen, besonders das Arbeiten mit zwei oder mehr Themensammlungen, zweifacher Interessenarbeit, zwei oder mehreren Optionenentwicklungen und vor allem einem optionalen Sprachgebrauch, der immer mehrere Möglichkeiten offen lässt. Besonders die Arbeit an den Interessen und tieferen Bedeutungen ist hier wichtig, wobei es manchmal nicht ganz leicht ist, eine gute „Be-deutungsfrage" zu finden, die eine vorhandene Ambivalenz mit einbe-zieht, aber nicht abwertet. In manchen Ambivalenz-Mediationen ist die schwierigste Aufgabe für den Mediator, **die eigentliche Ambivalenz** zu finden und zu benennen, ohne dass die Mediation therapeutische Arbeit wird. Sehr oft geht es tatsächlich um dieses „Noch nicht", häufig aber auch um „Offen halten" und „Sich festlegen" oder um „Chaos" (besser: Kreativität) und „Ordnung". Auch für diese **inhaltliche Ambivalenz** in den Mediationen empfiehlt es sich, zwei oder mehrere Themensamm-lungen, Interessen- und Optionenlisten zu entwickeln.

Die **Rolle des Rechts** sollten Mediatoren in solchen Mediationen gar nicht oder erst ganz am Schluss arbeiten, um nicht eine Seite der Ambi-valenz zu verstärken und womöglich festzuschreiben (z. B. die Seite des „jetzt festlegen", der „Ordnung", was vielleicht in einem Unternehmen, in einer Gruppe oder in einer Familie die kreative Seite vorzeitig aus den möglichen Lösungen aussperrt).

Beispielsätze im Erbfall Schaller

- „Ich kenne viele Mediationen, in denen lange nicht klar ist, **welcher Weg für die Zukunft** beschritten werden soll ..."

- „Es kommt in Erb-Mediationen häufiger vor, dass Leute etwas vorzeitig **vererben und alles aber auch behalten wollen**. Wäre es für Sie, Sofia, eine Hilfe, wenn es zwei Themensammlungen gäbe, eine für den ersten, eine für den zweiten Fall?"

- „Wenn **der zukünftige Weg noch nicht klar** ist und **mehrere Lösungen möglich** scheinen, ist es manchmal hilfreich, auch für mehrere Wege Optionen und Veränderungsmöglichkeiten zu entwickeln, auch wenn das vielleicht für denjenigen in der Mediation mühsam ist, für den oder für die bereits alles klar ist. Können Sie sich trotzdem darauf einlassen?"

- „Manchmal klärt sich im Laufe einer Mediation, **welche Entscheidung die momentan richtige** ist. Und manchmal hilft dazu eine möglichst fantasievolle Entwicklung von vielen Optionen und Alternativen. Wollen Sie sich darauf mal einlassen, Sofia? Rebecca? Christof?"

Praxisanregungen

▷ Am wichtigsten in der Arbeit mit ambivalenten oder polyvalenten Medianden ist für mich die **eigene positive Einstellung zu Ambivalenz,** sonst führt das für die Arbeit notwendige Maß an Geduld, Toleranz und Durchhaltevermögen unweigerlich sehr schnell zu psychischen Verschleißerscheinungen. Was solche Medianden am wenigsten gebrauchen können, ist Druck und Ungeduld.

▷ Manchmal ist es sinnvoll und für sehr ambivalente Medianden hilfreich, der Ambivalenz mit besonders starker Strukturierung des Prozesses (z. B. mit eigenen Vorschlägen, selbst gesetzten Regeln, einem guten eigenen Zeitmanagment etc.) **gegenzusteuern.** Hier ist Hypothesenbildung und Überprüfung wichtig, damit Mediatoren das richtige Maß finden zwischen Wertschätzung und Gegensteuerung.

▷ Ambivalenz-Mediationen sind meistens **Langzeit-Mediationen,** was nicht unbedingt eine hohe Anzahl von Sitzungen meint, sondern eher eine lange Laufzeit der selbst bestimmten Entwicklung zur Entscheidungsfähigkeit.

▷ Ambivalenz-Mediationen sind eine besondere **Herausforderung der Neutralitätsfähigkeit** von Mediatoren, besonders wenn nur eine Konfliktpartei oder eine der Gruppierungen ambivalent ist. Manchmal braucht man dann einen **Co-Mediator,** der hilft, die verschiedenen Aspekte der Ambivalenz besser auszuhalten, oder auch hilft, die entschiedenere Konfliktpartei zu unterstützen.

▷ Anwälte lieben ambivalente Mandanten meist nicht besonders. Deshalb ist es für Mediatoren sinnvoll, auch solche **Beratungsanwälte** auf ihrer Liste zu haben, die ein gutes Verhältnis zur Ambivalenz haben und bereit sind, ambivalente Medianden immer wieder zu beraten und ihnen ihre verschiedenen Lösungswege durchzurechnen.

▷ Bei der Ambivalenz- oder Polyvalenz-Mediation brauchen Mediatoren zum einen eine ressourcenorientierte und wertschätzende Grundhaltung sowie zum anderen ein reflektiertes und bearbeitetes Bewusstsein über **das eigene Ambivalenzverhalten in Konfliktsituationen.**

▷ In der Ambivalenz-Mediation sind klare und **knappe Ergebnisprotokolle** der Sitzungen (besonders über die zwei oder mehr Wege und Möglichkeiten) meiner Erfahrung nach besonders wichtig und hilfreich.

5. Materieller und immaterieller Kontenausgleich

Übung für Mediatoren

Denken Sie an einen Ihrer privaten Konflikte. Welche materiellen oder ideellen Werte wären Sie bereit, für die Lösung dieses Konflikts einzusetzen? Was würden Sie dafür haben wollen, oder was würden Sie wohl dafür bekommen?

Maßstäbe für eigene Gerechtigkeit

In einer Zeit, in der neu über „Gerechtigkeit" nachgedacht und gestritten wird (z. B. über Generationengerechtigkeit, über Frauen-Männer-Gerechtigkeit, über Gerechtigkeit von Arbeit und Nichtarbeit, über Gesundheitsgerechtigkeit), lohnt es sich, über neue **Austauschmodelle für Gerechtigkeit** nachzudenken und die alten auf ihre Tauglichkeit zu überprüfen.

Es gibt verschiedene Modelle für die Gerechtigkeit beim Austausch von Werten in Beziehungen. Es gibt Modelle über den Austausch von ökonomischen Werten, aber es gibt kaum Modelle für Gerechtigkeit im **Austausch von materiellen und immateriellen Werten.** Es scheint, dass eine Philosophie des Austausches und der Gerechtigkeit zwischen diesen beiden Ebenen noch gedacht und geschrieben werden muss.

Erbgerechtigkeit

Diese Lücke wird manchmal bei der Vorbereitung von Mediationen schmerzhaft spürbar, besonders beim Nachdenken über **Erbgerechtigkeit** wie zu Beispiel in der in diesem Buch beschriebenen Erb-Mediation. Das relativ junge egalitäre Erbrecht, das allen Erben ein Pflichterbteil zuspricht, aber keinen Austausch von materiellen und immateriellen Werten vorsieht, ist keine ausreichende Antwort auf die Frage nach Erbgerechtigkeit. Mediation kann hier Antworten finden, weil Medianden in der Mediation in einem **Austauschprozess von Geben und Nehmen** (oder auch anderen Verhandlungsmodellen mit anderen „Währungen") ihre eigene Gerechtigkeit entwickeln können.

Kontenausgleich in Beziehungs-Mediationen

In Beziehungs-Mediationen, besonders in der Trennungs- und Scheidungs-Mediation, können Mediatoren das von **I. Boszormenyi-Nagy** entwickelte Modell der **inneren Buchführung und des Kontenausgleichs von Geben und Nehmen** zwischen Paaren und oder zwischen Generationen als Hintergrundwissen für ihre Arbeits-Hypothesen nehmen. Besonders für die Dynamik von Trennungen ist dieses Modell hilfreich, weil es offen ist für die Einbeziehung von immateriellen und materiellen Werten, die gerade bei Trennungen häufig eine Rolle spielen. Viele Medianden haben hier ein Bedürfnis nach Kontenausgleich und Gerechtigkeit und gerade nicht nach Gewinnen bzw. Verlieren, einem Modell, das ihnen vom juristischen System angeboten wird.

Modell des Kontenausgleichs

Das Denkmodell von Boszormenyi-Nagy geht (vereinfacht) davon aus, dass lebendige Systeme vom **Ausgleich zwischen Geben und Nehmen** leben. Derjenige, der etwas genommen hat, verliert seine Unabhängigkeit und will etwas geben, um einen Ausgleich zu schaffen und wieder unabhängig zu werden. Geglückte Beziehungen oder auch geglückte Trennungen hängen nach diesem **Modell vom geglückten Umsatz** und

Kontenausgleich von Geben und Nehmen ab. „Böse" oder unauflösbar wird ein Konflikt immer dann, wenn der Ausgleich nicht hergestellt werden kann, z. B. dann, wenn einer immer nur gibt und damit den oder die anderen in der Abhängigkeit hält, oder wenn einer sich weigert, etwas zu nehmen und den oder die Geber am Austausch hindert. Dadurch kann keine neue Ordnung entstehen, es wird keine **neue „Währung" für Gerechtigkeit** gefunden, und es findet kein Kontenausgleich statt, sondern es gibt meist nur noch Gewinner und Verlierer vor Gericht.

Kontenausgleich von materiellen und immateriellen Werten

Das Modell der Ökonomie von Geben und Nehmen taugt nicht nur für Trennungs- und Scheidungs-Mediationen, sondern auch für Mediationen aus anderen Feldern, weil es in fast allen Mediationen um materielle und immaterielle Werte und um **Verrechnung und Ausgleich** dieser Werte geht. Die „Währung" dafür ist nicht in allen Mediationen gleich, manchmal heißt sie „Fairness", manchmal „Respekt", „Verlässlichkeit", „Sicherheit" oder noch ganz anders. Viele Mediatoren kennen das Bedürfnis nach Ausgleich von Konten bei ihren Medianden, das manchmal skurrile Formen annehmen kann (aus meiner eigenen Praxis z. B.: Schuld gegen Geld oder gegen ein teures Segelschiff/Kontakt zu Pflegekindern gegen juristisch nicht notwendigen Unterhalt/Eine relativ „wertlose", aber mit Erinnerungen besetzte Grünpflanze gegen die Möglichkeit, in einem geerbten Bauernhaus Seminare abhalten zu dürfen).

Mediation als Börse

Für dieses Bedürfnis nach **Verrechnung** von materiellen und immateriellen Werten und Konten ist Mediation eine besonders **adäquate Börse**, weil hier mit einer eigenen „Währung" und mit dem Interessenausgleich von Werten gehandelt wird, die in unserer juristisch geprägten Welt normalerweise nicht tauschbar oder verrechenbar sind. In manchen Erb-Mediationen und in manchen Wirtschafts-Mediationen wird das sehr auffällig, wenn beim Verhandeln klar wird, dass die „**Währung**", mit der da verhandelt wird, eine innerfamiliäre oder eine innerbetriebliche ist und keine juristisch oder ökonomisch übliche. Deshalb ist es aber auch so wichtig, dass für die **Fairnesskontrolle dieses Austausches** eigene Kriterien und Maßstäbe entwickelt werden, denn am üblichen Erbrecht z. B. lässt sich die Gerechtigkeit dieser Vereinbarungen oft nicht messen.

Methodische Hilfen

Aus diesen Vorüberlegungen wird deutlich, wie wichtig in der Mediations-Methodik die Schritte der Arbeit an den hinter den Positionen liegenden Interessen und Bedürfnissen, die Arbeit an den **Fairness- und Gerechtigkeitskriterien** so wie die Erstellung und die Arbeit mit **Wertebildern der materiellen und immateriellen Werte** ist. Nur so kann in einer Mediation die „Währung" für den Austausch von materiellen und immateriellen Werten gefunden werden und im Angebotsverhandeln dann die Börse für diesen Austausch eröffnet werden.

Austausch von materiellen und immateriellen Werten in der Erb-Mediation Schaller

- Die **Währung** für den Austausch ist: „Verlässlichkeit", „Bestand für die Zukunft", „Wille des Vaters" (s. Arbeit an den Interessen, S. 15 ff.), so wie „Respekt" und „Familientradition" (s. Präambel, S. 41).

- Der eigentliche **Austausch** ist z. B.: andere Zukunftsperspektiven und Angebote (z. B. bei Rebecca von ihrer Londoner Freundin, bei Christof von seiner Freundin D.) gegen Geschäftsleitung und festes Gehalt; z. B. bei Sofia: Weiterarbeit der Kinder im Verlag gegen Tilgung der Grundschuld, Veränderung der Aktienanteile, Übernahme von Umbau- und Renovierungskosten, einer neuen Computerausstattung und Erlass der Miete fürs Verlagshaus.

- Es wird klar: Es gibt jetzt eine **neue „Währung"** und **neue Verrechnungsmöglichkeiten**, die nicht den juristisch und ökonomisch üblichen entsprechen. Es gibt eine **neue Bewertung von Arbeit, von Geld und Besitz** in dieser Familie. Und es gibt eine **neue Generationengerechtigkeit** – denn geprüft und für gut befunden wurde alles an den von jedem und gemeinsam entwickelten Fairness- und Gerechtigkeitskriterien.

Beim Angebotsverhandeln stellt sich heraus, ob es eine neue „Währung" und **neue Verrechnungsmöglichkeiten** in dieser Mediation gibt oder geben wird oder ob doch mit **„antagonistischer Währung"** verhandelt und vereinbart werden muss (was entweder in einem normalen juristischen Verfahren oder auch in einer juristischen Mediation geschehen kann). Von den Mediationstechniken eignen sich für die Erarbeitung und Überprüfung der „Währungen" und der Tauschwerte am meisten das Zusammenfassen (s. S. 169 ff.) und das Paraphrasieren (s. S. 180 ff.).

74

Praxisanregungen

▷ Sehr wichtig ist es, Hypothesen in der Mediation zu entwickeln und zu überprüfen, ob ein **Austausch über Geben und Nehmen** überhaupt möglich ist, ob also alle Konfliktparteien geben und nehmen können (oder ob ein Konfliktpartner z. B. zurzeit eine schwere Depression hat, die ihn daran hindert, etwas anzunehmen. Nach dem Modell von B.-N. würde ein Kontenausgleich dann nicht zu erzielen sein).

▷ Genau so wichtig scheinen die Hypothesen darüber zu sein, was in dieser Mediation die **eigentliche „Währung"**, die Tauschwerte und die „Wechselkurse" sind (s. z. B. die bei Schallers).

▷ Geduld und Zuversicht sind gefragt, wenn Medianden dabei sind, ihre eigene „Währung" für den Austausch zu entwickeln. Drängen oder gar Vorschläge würden sie in ihr **altes „Währungssystem"** zurückwerfen.

▷ Für uns Mediatoren ist weiter wichtig, dieser „Währungen" und diese Konten nicht zu bewerten, auch wenn uns das auf Grund **unserer eigenen „Währungen"** und unseres durch unseren Herkunftsberuf geprägten Verständnisses von materiellen und immateriellen Werten vielleicht schwer fällt.

▷ Wir sollten mit oft skurrilen oder sogar **grotesken Austauschmöglichkeiten** und Kontenbewegungen rechnen und dürfen keine Miene verziehen, wenn wir sie nach Prüfung ihrer Gerechtigkeit für jeden aufschreiben.

▷ Bei großen Mediationen ist das **Aufspüren der gemeinsamen „Währung"** für den Austausch von materiellen und immateriellen Werten oft schwierig, zumal wenn man keinen Co-Mediator zum Überprüfen der Hypothesen hat. Manchmal hilft in solchen Situationen Mediations-Supervision in einer Gruppe, weil sich dort durch die vielfältigere Sicht der Gerechtigkeitskriterien meist auch die **geeignete „Austauschwährung"** herausarbeiten lässt (Supervision s. S. 242 ff.).

▷ Besonders bei **interkulturellen Mediationen** müssen wir uns in Acht nehmen: Hier sind die „Währungen" und die Tauschwerte oft sehr weit von unseren eigenen Vorstellungen entfernt. In diesen Fällen macht die Co-Arbeit mit einem Mediator mit einem ähnlichen Tauschwertdenken oder wenigstens die Besprechung der Mediation mit einem anderskulturellen Fachmann (s. S. 141 ff.) besonders viel Sinn.

6. Indikation und Kontra-Indikation

Übung für Mediatoren

Überlegen Sie, welche Kriterien für oder gegen eine Mediation bei Ihnen selbst sprechen würden, wenn Sie sich entscheiden würden, mit Ihrem letzten aktuellen beruflichen oder privaten Konflikt in Mediation zu gehen?

Indikation für Mediation

In der deutschsprachigen Mediationsliteratur gibt es bisher relativ wenig Veröffentlichungen zur Frage der Indikation oder Kontra-Indikation von Mediation. Für die Familien-Mediation sind einige Kriterien entwickelt worden, allerdings eher bezogen auf die Frage der Kontra-Indikation. Ungeklärt ist, ob diese Frage für jedes Mediationsfeld eigens untersucht werden muss. Für eine Erb-Mediation wie im vorliegenden Fall der Erbengemeinschaft Schaller ist das Problem der Indikation relativ leicht zu beschreiben. Es soll hier versucht werden, die Kriterien so zu fassen, dass sie auch für andere Mediationsfelder abgewandelt werden können.

Indikationskriterien

Mit einem nicht problemorientierten, sondern ressourcenorientierten Ansatz lassen sich die Indikationskriterien für oder gegen eine Mediation im konkreten Fall in vier Kategorien unterteilen:

- Positive Indikation bei Medianden

- Eingeschränkte Indikation bei Medianden

- Mögliche, aber vielleicht verwandelbare Kontra-Indikation bei Medianden

- Indikationskriterien bei Mediatoren

Positive Indikation bei Medianden

Bei der Anmeldung und in der Vorlaufphase (s. S. 96 ff.) einer Mediation werden Mediatoren mit ressourcenorientiertem Ansatz zunächst davon ausgehen, dass Mediation in Frage kommt, wenn alle beteiligten Konfliktparteien dies wollen und auch bereit sind, einen Mediationskontrakt (s. S. 257) zu unterschreiben. Wichtig ist allerdings bereits in der Vorlaufphase und im Erstkontakt, dass Mediatoren sich Hypothesen zur Frage der Indikation machen und diese auch im Laufe der Mediation immer wieder überprüfen (in schwierigen Fällen auch in Supervision). Dabei sind z. B. folgende Hypothesen wichtig:

- **Alle beteiligten Medianden wollen Mediation** und nicht etwas anderes (z. B. psychologische oder juristische Beratung, Therapie, ein schiedsrichterliches Verfahren o. Ä.).

- **Alle beteiligten Medianden können sich vorstellen, mit diesem Mediator (bzw. mit diesen Mediatoren) zu arbeiten**, und sind auch bereit, den Mediationsvertrag zu unterschreiben.

- Alle Medianden sind in der Lage, **sich selbst zu vertreten**, oder sind bereit, jemand mitzubringen, der ihnen dabei behilflich ist (Dolmetscher, Double o. Ä.).

- Der **Mediator kann sich vorstellen, mit diesen Medianden zu arbeiten.**

Hypothesen für eine positive Indikation bei der Erbengemeinschaft Schaller

- Alle an der Erb-Mediation Beteiligten wollen die Mediation und sind auch bereit, den Mediationskontrakt zu unterschreiben. Ob Sofia Schaller wirklich Mediation will oder doch auch psychologische Beratung, muss evtl. geprüft werden.
- Alle Beteiligten können sich vorstellen, mit dieser Mediatorin zu arbeiten.
- Auch die Mediatorin kann sich vorstellen, mit dieser Erbengemeinschaft zu arbeiten.
- Alle Beteiligten scheinen in der Lage zu sein, sich selbst vertreten zu können.

Eingeschränkte Indikation bei Medianden

Die Frage der eingeschränkten Indikation entscheidet sich daran, ob die auftretenden Probleme in Ressourcen oder in Arbeitsfähigkeit verwandelt werden können. Auch hier sind wieder Hypothesenbildung und Überprüfung notwendig, z. B. bei folgenden Kriterien bzw. **Indikations-Hypothesen:**

- Es gibt ein **Machtungleichgewicht** zwischen den Medianden.
- Es gibt sehr starke und die Mediation **störende Emotionalität** bei allen (oder bei einigen) Medianden.
- Es gibt **Drohungen und Erpressungen**, evtl. Androhung von Gewalt.
- **Daten und Fakten** werden nicht von allen Medianden gleichermaßen veröffentlicht.
- Die Medianden sind **nicht oder nur eingeschränkt in der Lage, miteinander zu reden.**
- Es gibt **Sitzungsabbrüche**, ständiges Zuspätkommen oder Nichteinhalten von Terminen.
- Die Medianden **agieren mit juristischen** (oder je nach Feld mit anderen maßgebenden) **Fachleuten** im Hintergrund während der Mediation.
- Die Medianden sind **nicht bereit, juristische Beratung einzuholen**, wenn sie erforderlich ist.
- Die Mediation ist eine „**Zwangs-Mediation**".

Hypothesen für eine eingeschränkte Indikation bei der Erbengemeinschaft Schaller

- Es scheint ein Machtungleichgewicht zwischen der Mutter und jetzigen Geschäftsführerin Sofia und den beiden Kindern Rebecca und Christof zu geben. Die Mediation wird nur gelingen, wenn dieses Ungleichgewicht aufgehoben werden kann.
- Es scheint starke Emotionen in Bezug auf den verstorbenen Vater zu geben. Die Mediatorin muss damit rechnen, dass die Mediationsarbeit davon beeinträchtigt werden kann. Sie braucht ein methodisches Instrumentarium, um damit umgehen zu können.
- Daten und Fakten werden nicht von allen Beteiligten gleichermaßen veröffentlicht. Sofia veröffentlicht nicht die Höhe ihres Vermögens. Dies könnte jedoch eine Ressource für die Optionenentwicklung bedeuten und stellt zunächst keine Kontra-Indikation für die Mediation dar.
- Die Beteiligten sind zunächst nur sehr zögernd bereit, juristische Beratung einzuholen. Die Mediatorin wird achtsam sein müssen, dass dieses trotzdem im Laufe der Mediation geschieht, spätestens vor Abfassung der Vereinbarungen.
- Es könnte sein, dass die Mediatorin mindestens Supervision als Hilfsmöglichkeit im Auge behalten muss, da sie selbst schlechte Erfahrungen hat mit einer Erbfolgeregelung in ihrer eigenen Familie.
- Es könnte sein, dass die Mediatorin achtsam sein muss in Bezug auf Bündnisse mit Sofia, da diese im gleichen Alter wie sie selbst ist. Dies muss keine einschränkende Indikation sein.

Eingeschränkte, aber vielleicht verwandelbare Kontra-Indikationen

Viele der **problemorientierten und eingeschränkten Indikationen** bei den Medianden sind für manche Mediatoren bereits Kontra-Indikationen, z. B. die Frage von Erpressungen und Gewaltandrohung oder im Hintergrund der Mediation agierenden Anwälte. Für andere Mediatoren liegt die Grenze zur Kontra-Indikation vielleicht weiter, und sie versuchen erst einmal, trotzdem zu arbeiten. Auch werden sie versuchen, herauszufinden, warum sie selbst bestimmte Konstellationen nicht oder schlecht aushalten können, warum diese für sie selbst zu Fallen und zur Kontra-Indikation werden und sie selbst arbeitsunfähig machen – z. B. im Fall von Machtungleichgewicht, starken Emotionen, mit Drohungen und Erpressungen, massiven Kommunikationsschwierigkeiten etc.

Absolute Kontra-Indikation

Einigkeit in der Frage der **absoluten Kontra-Indikation** bei Medianden besteht in fast allen Schulrichtungen der Mediation jedoch in folgenden Fällen:

• Schwere Suchtabhängigkeit

• Schwere psychische Krankheiten

• Physische Gewaltanwendung

Methodische Hilfen

Dem Prozessgedanken, der Veränderbarkeit und der Optionalität in der Mediation entspricht es, eingeschränkte Indikationen oder auch mögliche Kontra-Indikationen mit Hilfe von methodischen Möglichkeiten **in positive Indikationen zu verwandeln**, mit denen sich weiterarbeiten lässt. Möglicherweise wird es dann nur eine eingeschränkte Mediation, vielleicht gehen einige Teile der Mediation ins juristische System, vielleicht haben die Medianden aber gelernt, wie sie mit Problemen und Konflikten weniger starr umgehen können.

Methodische Versuche, diese Starrheiten aufzubrechen, sind z. B.:

• **Bei Machtungleichgewicht**
Die Mediatoren können versuchen, mit mediierten Regeln für mehr Machtausgleich zu sorgen, evtl. Einzelgespräche (Shuttle-Mediation)

mit jedem Konfliktpartner zu führen, Doubles zur Stärkung jeder Partei vorzuschlagen, einen Co-Mediator einzubeziehen etc.

• **Bei hoher Emotionalität**
Auch hier können Regeln mediiert werden, wie z. B. mit Gefühlsausbrüchen, Verletzungen, Schreien etc. umgegangen werden soll. Manchmal nützt es auch, alles einfach zuzulassen und dann zu fragen, ob sie jetzt weiterarbeiten können – auf der Sachebene.

• **Bei Drohungen und Erpressungen**
Das Gleiche gilt für Drohungen und Erpressungen. Gut ist hier auch zu normalisieren („Ich kenne das gut aus anderen Mediationen, wenn man unter Druck steht, kommt umso mehr Druck"). Auch Übergangs- oder zeitlich begrenzte Teillösungen nehmen oft den Erpressungsdruck.

• **Bei Nichtveröffentlichung von Daten und Fakten**
Es lohnt sich, trotzdem so zu arbeiten, als sei es normal, dass diese Informationen noch fehlen, aber immer wieder darauf hinzuweisen, dass sie fehlen, und dies evtl. zu visualisieren, z. B. im Wertebild mit leeren Blättern (s. S. 190 ff.). Manchmal schränkt sich die Mediation dadurch auf die Punkte ein, für die vollständige Offenlegung vorliegt. Mediatoren können aber auch hoffen, dass sie spätestens bei der Optionenentwicklung offenbart werden oder durch Nennung eines anderen Konfliktpartners (z. B. Nebenverdienste oder andere Konten bei der Bekanntgabe von Informationen aus anderen beruflichen Beziehungen o. Ä.).

• **Bei Kommunikationsschwierigkeiten**
Hier lohnt es sich, jeden der Partner – auch den, der weniger oder keine Schwierigkeiten hat – in seiner Selbstbehauptung zu unterstützen, evtl. auch hier mit Shuttle-Mediation, mit Doubles oder mit Ombudsleuten zu arbeiten oder auch einen Co-Mediator einzubeziehen.

• **Bei Abbrüchen, Terminboykotts etc.**
Bei Abbruchdrohungen ist es hilfreich, zu mediieren, welche schlechtesten Alternativen (die WATNA aus dem Harvard-Konzept) es denn zur Mediation gibt und welche mittelguten und wie diese dann aussehen könnten, wenn sie die besten (die BATNA) nicht wollen. Manchmal hilft aber schon, das Zeitmanagement neu zu mediieren (s. S. 201 ff.) – manchmal kommt der zeitliche Druck auch aus anderen Zusammenhängen und muss ausgesprochen und neu geregelt werden.

• **Bei im Hintergrund agierenden Anwälten oder anderen Fachleuten**
Für viele Mediatoren ist dies eine absolute Kontra-Indikation für die Mediation – sie brechen ab. Auf jeden Fall sollte ein solcher Abbruch

erst nach einer Supervision erfolgen. Vielleicht hat der Mediator nicht oder nicht genügend die Rolle des Rechts mediiert und den Medianden die Chance genommen, darüber eine verbindliche Vereinbarung zu treffen (evtl. mit einer Vereinbarung über die Sanktionen, wenn diese Vereinbarung nicht eingehalten wird). Auch hier ist es notwendig, dass der Mediator überprüft, welche Rolle er selbst bereit ist, dem Recht in der Mediation zu geben – vielleicht muss er es mehr in die Mediation hereinlassen oder einen anwaltlichen Mediator als Co-Mediator hinzuziehen.

- **Bei Nichteinholung von notwendiger parteilicher Beratung (durch Juristen oder auch andere Fachleute)**
  Auch hier gilt, erst einmal zu prüfen, ob der Mediator selbst von der Notwendigkeit der parteilichen Hintergrundberatung überzeugt ist, sei es durch Anwälte oder andere maßgebliche Fachleute (Immobilienfachleute, Steuerberater, Pädagogen, Ärzte etc.). Ein Abbruch sollte immer erst nach einer gründlichen Supervision erfolgen.

- **Bei „Zwangs-Mediation"**
  Immer häufiger werden Medianden von Gerichten in Mediation verwiesen, auch wenn die Gesetzeslage dafür zzt. noch nicht eindeutig gegeben ist. Mediatoren wollen oft mit diesen „fremd motivierten" Medianden nicht arbeiten und betrachten diese Mediationen als kontra-indiziert. Die Erfahrung zeigt allerdings, dass sich auch die Fremdmotivierung von Medianden oft in eigene Motivation verwandeln lässt, z. B. durch saubere Arbeit an der Selbstbehauptung und der Wechselseitigkeit und manchmal mit der sich selbst erfüllenden Prophezeiung, dass die eigene Motivation der Medianden im Laufe der Mediation schon kommen wird durch das „Tun".

Indikationskriterien bei den Mediatoren

Häufig liegen die Gründe für eine Kontra-Indikation bei den Mediatoren selbst – sie sind oft das größte Hindernis in der Mediation. Um das herauszufinden, gehört Praxis begleitende Supervision (s. S. 242 ff.) zum unabdingbaren Handwerkszeug von Mediatoren. Die **biographischen oder beruflichen Fallen** sind oft die größten Kontra-Indikationen in einer Mediation (z. B. eine aussichtslose eigene Erbstreiterei bei einer Erb-Mediation; eigenes ungelöstes oder aktiv betriebenes berufliches Mobbing bei einer Arbeitsrechts-Mediation, in der es u. a. auch um Mobbing geht; ein tiefer Hass auf die eigene Schulzeit bei einer Schul-Mediation etc.). Auch eigene Betroffenheiten zur Zeit der Mediation können zu Kontra-Indikationen werden (z. B. Krankheit, starke psychische Belastungen) – dann braucht es oft Mut und Ehrlichkeit mit sich selbst, die Mediation an Kollegen abzugeben.

Mediation scheidet manchmal aber auch aus anderen Gründen für den betreffenden Mediator aus – diese Gründe werden immer noch nicht von allen Mediatoren ernst genommen. Kontra-indiziert ist eine Mediation nämlich dann, wenn Mediatoren **in anderen Rollen oder Zusammenhängen** mit einem oder allen Medianden befasst waren, sei es als Freunde, Nachbarn, Verwandte oder als Berater, Sachverständige, Anwälte, Kollegen, Therapeuten oder in ähnlichen Situationen. In Zweifelsfällen sollten sich Mediatoren immer für die klare Rollentrennung entscheiden. Alles andere ist meist kontra-indiziert.

Praxisanregungen

▷ Für die Fragen von Indikation und Kontra-Indikation empfiehlt es sich, gute Mediationskollegen oder einen Arbeitskreis zu haben, wo solche Fragen besprochen werden können. Gut ist daran, für kritische Fälle **fachliche Unterstützung** zu haben, u. U. auch juristische Beratung und Unterstützung bei Haftungsfragen.

▷ Auch Supervision ist für manche Entscheidungen notwendig, wobei man sich nicht jemand mit der gleichen Einschätzung von Indikation oder Kontra-Indikation als Supervisor suchen sollte, sondern eher **jemanden mit einer anderen Einstellung**. Das Gleiche gilt auch bei der Suche nach einem Co-Mediator in solchen problematischen Fällen.

▷ Manchmal sehen die Mediationen, bei denen sich die Indikationenfrage stellt, sehr nach engen oder „**kärglichen**" Mediationen aus, weil sie sich eng an die rechtlichen oder andere normative Rahmen halten. Durch positive unterstützende und ressourcenorientierte Arbeit sind aus diesen Mediationen oft Voll-Mediationen geworden. Aber auch der umgekehrte Weg kommt in der Praxis vor, so dass Mediatoren Mut haben sollten, immer ihre jeweiligen **Indikations-Hypothesen neu zu bilden und zu überprüfen**. Meist sind die Blockaden auflösbar.

II. Methodische Grundbausteine

1. Autonomie und Selbstbehauptung (Window I)

Übung für Mediatoren

Warum will ich als Mediator, dass Leute in der Mediation sich selbst besser verstehen und behaupten?

(Übung v. G. Friedman und J. Himmelstein)

Selbstbehauptung als Grundlage der Mediation

Warum Menschen in Konflikten oft ihre Autonomie und Selbstbehauptung verlieren, ist bisher wenig überzeugend begründet worden. Die Lehrer des hier beschriebenen Methodikansatzes (Friedman, Himmelstein, Haynes) sind von der Erfahrung und dem Wissen ausgegangen, dass bei jedem Konflikt in der Mediation zuerst die Selbstbehauptung der Medianden neu installiert werden muss. G. Friedman und J. Himmelstein nennen diese Arbeit **„Das erste Fenster des Verstehens: Window I"**. Erst dann kann auch der Kommunikationsprozess der Wechselseitigkeit und der Gemeinsamkeit in Gang kommen. Friedman und Himmelstein nennen diesen Schritt **„Das zweite Fenster des Verstehens: Window II"**. Autonomie und Selbstbehauptung müssen in der Mediation meist neu installiert werden, ohne dass dabei die Mediaton zur Therapie wird. Gleichwohl hat diese Arbeit oft verändernde und heilende Wirkung. Am deutlichsten ist dies in der Trennungs- und Scheidungs-Mediation zu beobachten, aber auch in anderen Mediationsfeldern wie Täter-Opfer-Mediation, Mobbing-Mediation oder in einer Erb-Mediation wie in dem hier beschriebenen Fall.

Selbstbehauptung statt Definition über andere

Oft definieren sich Konfliktpartner in den Mediationen über andere, schieben Verantwortung und Schuld an den Konflikten auf andere, in Familien-Mediationen definieren sie sich oft über Partner, Eltern oder Kinder, in anderen Mediationen über Kollegen oder Geschäftspartner. Erst wenn die Medianden von diesen **Projektionen und Definitionen über andere** wegkommen, haben sie eine Chance, von den Forderungen und Positionen zu ihren **eigenen Interessen und Bedürfnissen** zu finden. Erst dann wird ein **Interessenausgleich** – und damit Mediation – überhaupt möglich.

Jeder Konfliktpartner (oder in größeren Mediationen jede Konfliktgruppe) braucht Raum, um ausführlich über die eigenen Interessen und Bedürfnisse nachzudenken und sie zu formulieren. Jeder Konfliktpartner muss Zeit bekommen, sich auf die eigenen Wünsche zu konzentrieren und auf das, was jeder (oder jede Gruppe) wirklich will, und dies auch möglichst unkontrolliert und ohne Gegenargumente sagen zu können. Dazu braucht jeder (oder jede Gruppe) Zeit und positive Wertschätzung. Das sind die Voraussetzungen, die helfen können, dass Konfliktpartner ihre Autonomie und Selbstbehauptung wieder – oder manchmal erstmals – leben und erfahren und dann in Lösungen umsetzen können, die dieser eigenen Autonomie entsprechen.

Selbstbehauptung im Mediationsprozess

Die Arbeit an der Autonomie und Selbstbehauptung der verschiedenen Konfliktpartner (Window I) zieht sich **durch alle Stufen der Mediation**, beginnt also im Erstgespräch, ist wichtig bei der Sammlung der Konfliktpunkte, hat einen besonders hohen Stellenwert bei der Erarbeitung der tieferen Bedeutungen der verschiedenen Themen und Konfliktpunkte, ebenso bei der Entwicklung von Optionen und der Maßstäbe von Fairness und Gerechtigkeit sowie beim Verhandeln und Vereinbaren.

Mediatoren, die mit diesem Ansatz der Unterstützung von Selbstbehauptung arbeiten, werden in der Mediation nicht in die Vergangenheit oder nach Gefühlen fragen, auch nicht nach Ängsten oder Befürchtungen, sondern sie werden eher **zukunftsorientiert** und **ressourcenorientiert** fragen, eher nach Wünschen, Bedeutungen, Zusammenhängen, Unterschieden als nach Ursachen, Positionen und Lösungen. Sie werden hier besonders mit Hypothesenbildung und Überprüfung arbeiten (s. S. 91 ff.). Auch werden sie die Unterstützung der Selbstbehauptung lange zu trennen versuchen vom zweiten Schritt dieses Verstehensprozesses, nämlich der Entwicklung von Wechselseitigkeit und Gemeinsamkeit (Window II), um den Prozess der Selbstbehauptung nicht zu gefährden. Dabei ist diese Unterstützungsarbeit besonders wichtig bei angepassten und harmonisierenden Medianden, vielleicht mehr als bei den schwierigen und laut streitenden – die können sich meist ganz gut selbst behaupten.

Hilfreiche Techniken für die Unterstützung der Selbstbehauptung

Als Mediationstechniken zur Unterstützung der Arbeit an der Selbstbehauptung kommen besonders in Frage: Reflektives Fragen, Fokussieren, Zusammenfassen, Zukunftsorientieren, Partialisieren, Visualisieren. Man kann auch z. B. zur Unterstützung dieser Arbeit an der Selbstbehauptung der einzelnen Konfliktpartner eine Gestaltübung einbauen („Stellen Sie sich vor, Sie hätten einen doppelseitigen Spiegel zwischen sich und könnten immer nur sich selbst sehen, wenn Sie auf die anderen sehen wollen").

Beispielsätze zur Unterstützung der Selbstbehauptung im Erbfall Schaller

- „Es ist hilfreich für jeden von Ihnen, wenn Sie ihre **eigenen Bedürfnisse** in dieser Frage um den Verlag und das Haus kennen. Nur dann können Sie später auch wirklich hinter Ihren Entscheidungen stehen."
- „Wie sieht das genau für Sie aus, Sofia. Können Sie das unabhängig von dem, was Rebecca will, **für sich selbst ausdrücken?**"
- „Wenn jeder von Ihnen die **eigenen Interessen** kennt, können Sie diese auch vertreten, ohne Angst zu haben, über den Tisch gezogen zu werden."
- „Ich höre, dass Sie, Christof, und Sie, Rebecca, sich in diesem Punkt unterstützen. Trotzdem möchte ich Sie ermutigen, dass jeder von Ihnen die Bedeutung des Verlags **für sich selbst** noch einmal formuliert."
- „Angenommen, Christof, Sie müssten auf nichts und niemanden in der Familie Rücksicht nehmen, welche Themen und Punkte würden Sie dann noch nennen wollen, die **Ihnen selbst wichtig** sind?"

Praxisanregungen

▷ Die Arbeit an der Autonomie und Selbstbehauptung der Konfliktparteien braucht meiner Erfahrung nach in der Regel **viel Zeit**, besonders in den Stufen, in denen diese Arbeit mehr Platz einnehmen sollte, also insbesondere in der Stufe der Interessenentwicklung und der Konfliktarbeit. Aber auch in den anderen Stufen kann es notwendig sein, dieser Unterstützungsarbeit **mehr Raum** zu gönnen. Die Medianden brauchen Zeit, die Fragen zu verstehen, sich auf sie einzulassen, nachzudenken und evtl. Veränderung zuzulassen und dann erst die Antwort zu finden. Wer den Medianden – besonders den angeblich „Schwachen" – dauernd helfen will, ihre Antworten zu finden, stört sie nur und hält den Prozess auf.

85

▷ Bei der Arbeit an der Selbstbehauptung **in großen Mediationen** mit mehreren Systemen oder Gruppierungen empfiehlt es sich, die Teilnehmer in den Gruppen untereinander reden und **sich gegenseitig in ihrer Selbstbehauptung unterstützen** zu lassen. Manchmal ist es förderlich, das jeweilige Gruppenergebnis dann von Sprechern der jeweiligen Gruppierung im Mediationsplenum vertreten zu lassen.

▷ Im Sinne der Selbstbehauptung kann es z. B. auch hilfreich sein, bei sprachlichen oder anderen Ausdrucksproblemen mit **Dolmetschern** oder anderen **Unterstützungspersonen** der jeweiligen Konfliktpartei zu arbeiten. Auch die Einbeziehung von Anwälten in die Mediationen kann die Selbstbehauptung fördern.

▷ Die Arbeit an der Autonomie und Selbstbehauptung ist manchmal in der Gefahr, über die **therapeutische Grenze** zu geraten. Das ist nicht der Auftrag der Mediation. Wenn das Mediatoren öfter passiert, sollte Supervision in Anspruch genommen werden, besonders auch in den Fällen, wo wir als Mediatoren selbst Ängste entwickeln vor der Autonomie und Selbstbehauptung von Medianden.

▷ Manchmal kann es in besonders schwierigen Mediationen sinnvoll und hilfreich sein, mit jedem Konfliktpartner (oder mit jeder Gruppierung) einzeln zu arbeiten (so genannte „**Shuttle-Mediation**" oder „**Caucusing**") und erst beim nächsten Schritt wieder zusammenzukommen. Hierbei müssen Mediatoren jedoch noch sorgfältiger als sonst auf ihre Neutralität und innere Balance achten.

2. Wechselseitigkeit und Gemeinsamkeit (Window II)

> **Übung für Mediatoren**
>
> Stellen Sie sich eine Situation oder einen Konflikt aus Ihrem Leben vor, in der/dem Sie etwas gegeben haben, um das zu bekommen, was Sie gern haben wollten.

Gegenseitiges Verstehen: Wechselseitigkeit und Gemeinsamkeit

Es wurde bereits bei der Beschreibung der methodischen Arbeit mit Autonomie und Selbstbehauptung gezeigt, dass mit Wechselseitigkeit und Gemeinsamkeit in der Mediation erst gearbeitet werden kann, wenn die

Selbstbehauptung gestärkt worden ist. Erst dann kann der zweite Schritt im **Verstehensprozess** (bei Friedman und Himmelstein „Window II" genannt) funktionieren. Viele Mediatoren versuchen trotzdem oft den zweiten Schritt vor dem ersten in der Mediation zu machen, d. h. sie beginnen mit der Arbeit an der Gemeinsamkeit und wundern sich, warum die Medianden als Konfliktparteien in den Widerstand gehen, wenn sie nach Gemeinsamkeiten suchen sollen.

Dieser zweite Arbeitsschritt mit der Wechselseitigkeit („mutuality") kann **mehrere Bedeutungen** haben:

• Wechselseitige oder gegenseitige Problemdefinition

• Wechselseitigkeit im Sinne von wechselseitigem oder gegenseitigem Verstehen

• Wechselseitiger Nutzen für jeden der Konfliktpartner

• Beidseitigkeit und/oder Gemeinsamkeit

Wechselseitigkeit und Gemeinsamkeit im Mediationsprozess

Die Unterstützung des **wechselseitigen und gegenseitigen Verstehens** ist der zweite wichtige methodische Schritt **in allen Stufen der Mediation**. Interessenaustausch und faire Lösungen können nur entstehen, wenn die Interessen und Bedürfnisse aller Konfliktpartner entweder **gegenseitig verstanden und akzeptiert** worden oder aber **gemeinsam oder ähnlich** sind. Auch bei den Fairnesskriterien, den Optionen und beim Verhandeln ist dieser zweite Schritt des Verstehensprozess notwendig, wenn dabei Lösungen herauskommen sollen, die für alle fair und gerecht sein sollen. Manchmal geht dieses Verstehen über wechselseitige oder ähnliche Definitionen, manchmal über eine nutzenorientierte Betrachtungsweise oder eben über Gemeinsamkeiten. Alle Schulrichtungen der Mediation sind sich einig, dass hier eine der wichtigen **Wirkungsweisen der Mediation** liegt.

Dieser zweite Schritt im Verstehensprozess **unterscheidet die Mediationsarbeit von juristischen Konfliktlösungen**. Bei den Schritten der Selbstbehauptung und der Wechselseitigkeit werden oft eigene Ängste und Schwächen gezeigt bzw. die der anderen akzeptiert. Sie sind die Grundlagen für ein gegenseitiges Verstehen und für ein faires mediatives Verhandeln und damit eine Voraussetzung für das Gelingen einer Mediation überhaupt. Das Benennen und Aufzeigen von **Ängsten und Schwächen** machen diesen Schritt in der Mediation aber auch juristisch gefährlich, wenn die Mediation nämlich scheitert und die Gefahr besteht, dass diese Veröffentlichungen in einem eventuellen streitigen juristischen Prozess verwendet werden.

Hypothesen zur Wechselseitigkeit

Das Wichtigste für diesen Arbeitsschritt ist hier wieder die Bildung von Hypothesen und deren Überprüfung (s. S. 91 ff.), um zu vermeiden, dass diese Arbeit zu früh im jeweiligen Prozessschritt gemacht wird und die Konfliktpartner in den Widerstand gehen. Sehr zerstrittene Konfliktpartner wollen sich oft nicht mehr miteinander beschäftigen, die anderen verstehen oder gar nach Gemeinsamkeiten suchen. Deshalb ist es im Sinne der oben genannten vier verschiedenen Bedeutungen von Wechselseitigkeit wichtig, sich **Arbeitsannahmen** für diesen Schritt zu bilden, etwa mit folgenden Fragen:

- Kann sich jeder der Konfliktpartner gut selbst behaupten und sein Eigeninteresse selbst vertreten?

- Kann einer oder können mehrere der Konfliktpartner tiefere Bedeutungen, Ängste, Schwächen oder gar Nachteile nennen?

- Gibt es ähnliche oder wechselseitige Problemdefinitionen?

- Gibt es Gemeinsamkeiten?

Von diesen Kriterien sollten **mindestens zwei** erfüllt sein, bevor man als Mediator den Schritt in die Wechselseitigkeit macht. Dabei gibt es aber immer noch die Möglichkeit, dass man mit den Medianden wieder zurück in die Selbstbehauptung (Window I) gehen kann, wenn die Medianden Widerstand zeigen, sich mit der anderen Seite auseinander zu setzen (etwa mit dem Satz „Entschuldigen Sie, ich glaube, jetzt war ich zu schnell bei Ihnen.").

Wichtig ist beim Übergang von der Arbeit an der Selbstbehauptung zu der an der Wechselseitigkeit eine Erklärung des Mediators an die Medianden, warum man diesen Schritt macht (z. B. „Für das Gelingen einer Mediation ist es meiner Erfahrung nach wichtig, nicht nur die Hintergründe seiner eigenen Interessen zu verstehen, sondern auch die der anderen Konfliktpartner. Nur dann werden Sie später gut verhandeln können.").

Hilfreiche Techniken für die Arbeit an der Wechselseitigkeit

Als Fragetechniken kommen hier besonders in Frage: reflektives und insbesondere auch zirkuläres Fragen (s. S. 162 ff.), fokussierte und zukunftsorientierte Fragen, Partialisieren, Normalisieren, Zusammenfassen und Positives Umformulieren. Auch hier ist es wichtig, die Fragen wegen der Balance immer an alle Konfliktpartner gleich lautend zu stellen und nicht ganze Gruppen zusammenfassend zu fragen („Sie als Erben der zweiten Generation ...", „Ihr Geschwister ..." etc.). Das heißt: Auch bei der Arbeit mit der Wechselseitigkeit und Gemeinsamkeit muss **immer wieder die Selbstbehauptung jeder Konfliktpartei unterstützt** werden.

Bei der Arbeit mit der Wechselseitigkeit scheint in fast allen Stufen wichtig zu sein, mit **Visualisieren** auf einer Flipchart oder anderen großen Bögen zu arbeiten, weil dieser wichtige Schritt sonst relativ abstrakt bleibt oder aber wesentliche Gemeinsamkeiten übersehen oder überhört werden (s. S. 183 ff.). Ob Mediatoren dies mit farbigen Kennzeichnungen machen bei den Selbstbehauptungen der anderen Konfliktpartner oder aber z. B. farbige Punkte an alle für diese Kennzeichnung verteilen, hängt sehr ab von der Intensität des Prozesses, der Anzahl von Medianden, dem Umgang des Mediators mit Visualisieren etc.

Beispielsätze und Fragen zur Unterstützung der Wechselseitigkeit und Gemeinsamkeit im Erbfall Schaller

- „Ich habe von jedem von Ihnen gehört, dass Sie ein für Sie alle befriedigendes Ergebnis für den Verlag und Ihr Elternhaus haben wollen. Dafür ist es notwendig, dass Sie nicht nur die Bedeutungen kennen, die Sie selbst diesen wichtigen Schätzen geben, sondern auch die Bedeutungen **hören und verstehen**, die die anderen ihnen geben."

- „Können Sie mal versuchen, auf die beiden anderen Seiten zu schauen, nicht um da etwas zu streichen, was Ihnen nicht gefällt, sondern um nach etwas zu suchen, das Sie **verstehen und akzeptieren** können."

- „Was auf den anderen Seiten können Sie **für Ihre eigenen Planungen gebrauchen**, ganz oder vielleicht auch nur teilweise?"

- „Können Sie **Gemeinsamkeiten** mit einem oder beiden anderen entdecken?"

- „Sehen Sie etwas, das **so ähnlich ausgedrückt** ist wie bei Ihnen?"

Am Ende dieser Arbeit sollten Mediatoren – gleich in welcher Stufe sie diese Wechselseitigkeit und Gemeinsamkeit herausgearbeitet haben, den Medianden immer noch sagen, was mit dieser Arbeit nun passiert.

Also etwa bei den Interessen und Bedürfnissen oder auch bei den Fairnesskriterien:

- „Sie haben jetzt Ihre eigenen Interessen und Bedürfnisse (bzw. Fairnesskriterien) jeweils auf Ihrer Seite stehen und auch die, die Sie mit den anderen evtl. teilen können. Damit haben Sie ein gutes Raster, mit dem Sie später Ihre Vereinbarungen überprüfen können, ob Sie diese fair finden und unterschreiben können."

Praxisanregungen

▷ Grundsätzlich gilt hier wie bei allen methodischen Bausteinen in der Mediation: Optionalität, Ressourcenorientierung und Wertschätzung, wobei bei dieser Arbeit an der Wechselseitigkeit und Gemeinsamkeit die Wertschätzung und die Würdigung der gemachten Schritte fast das Wesentlichste ist. Für Menschen in Konflikten ist der **Schritt auf ein gegenseitiges Verstehen hin der schwerste** – und der gehört wertgeschätzt und gewürdigt.

▷ Eine Anregung besonders für die Mediatoren mit ausgeprägtem Hang zum Harmonisieren und auf der konstanten Suche nach Gemeinsamkeiten: Auch in der Arbeit an der Wechselseitigkeit und Gemeinsamkeit ist es ratsam, immer wieder auch dort die **Selbstbehauptung jedes Einzelnen** zu unterstützen.

▷ Auch bei einer **geringen Anzahl von Selbstbehauptungen** (z. B. nur eine oder zwei auf jeder Seite) kann der Schritt in die Wechselseitigkeit gemacht werden, wobei der Mediator sich immer wieder fragen sollte, ob er selbst optional geblieben ist. Manchmal geschieht es auch, dass dieser Schritt in einer Stufe kärglich bleibt, in einer anderen hingegen sehr gut funktioniert.

▷ Wenn in der Selbstbehauptung z. B. **mit Bildern oder Gestaltvorstellungen** gearbeitet worden ist (z. B. „Stellen Sie sich vor, Sie hätten einen doppelten Spiegel zwischen sich, in dem Sie sich nur selbst sehen."), ist es natürlich notwendig, diesen Spiegel jetzt wieder wegzunehmen.

▷ Manche Mediatoren machen den **Fehler**, diesen Schritt in die Wechselseitigkeit und Gemeinsamkeit entweder **zu schnell zu machen oder überhaupt nur mit diesem Schritt zu arbeiten** (also ohne die vorherige sorgfältige Arbeit mit der Selbstbehauptung) – dann sind Arbeitsannahmen über Autonomie und Selbstvertretung der Medianden umso wichtiger, um drohende Abbrüche der Mediation zu verhindern.

3. Hypothesen

Übung für Mediatoren

Denken Sie an Ihren letzten Mediationsfall, und versuchen Sie herauszufinden, welche Vorurteile Sie gegenüber den einzelnen Konfliktpartnern hatten. Versuchen Sie, diese Vorurteile in produktive und ressourcenorientierte Arbeitsannahmen umzuwandeln, mit denen Sie in der Mediation hätten arbeiten können.

Arbeit mit Hypothesen (Arbeitsannahmen)

Eine der wichtigsten methodischen Arbeitsweisen in der Mediation, jedenfalls in der systemischen Mediation, ist meines Erachtens die Arbeit mit Hypothesen. Sie wird nicht von allen Schulen der Mediation praktiziert und gelehrt. Diese **Methode des systemischen Denkens und des Überprüfens** wurde von **John M. Haynes** in die Mediation eingebracht. Er war der Auffassung, dass eine der wichtigsten methodischen Arbeitsweisen in der Mediation sei, Arbeitsannahmen und Hintergrund-Hypothesen zu bilden, sie zu überprüfen, sie zu verändern und erst dann weiterzuarbeiten, wenn sie durch die jeweiligen Konfliktpartner verifiziert worden sind. Das Ziel dieser Arbeit mit Hypothesen war für ihn zunächst die Unterstützung der strukturierten und direktiven Arbeit in der Mediation und der **Klarheit und Ordnung im Prozess**, um die Möglichkeiten des Fortschreitens im Prozess abzuschätzen. Schließlich werden die Hypothesen als Kriterium für die Wahl der jeweiligen Methoden und Techniken eingesetzt.

Unterschiedliche Hypothesen

Haynes hat dabei unterschieden zwischen Hintergrund-Hypothesen und Mediations-, d.h. Arbeits-Hypothesen. Je nach Feld der Mediation sehen die Hintergrund-Hypothesen anders aus. In der Familien-Mediation sind das z.B. eher juristische, ökonomische, psychologische und pädagogische Hypothesen, in einer Wirtschafts-Mediation eher ökonomische, betriebs- oder absatzspezifische Hypothesen, z.B. über eine Firma oder eine Gesellschaft.

91

Beispiele für Hintergrund-Hypothesen in der Erb-Mediation Schaller

Psychologische Hypothesen

- Es gibt Bündnisse zwischen der Mutter und Rebecca einerseits und den Geschwistern andererseits.
- In der Erbengemeinschaft gibt es große künstlerische Rivalität und Konkurrenz.
- Die ausgezahlte Schwester wird von Rebecca und Christof abgelehnt und beneidet zugleich wegen ihrer Unabhängigkeit in dieser Familie.
- Sofia Schaller lebt immer noch in der Trauer um ihren Mann.

Juristische Hypothesen

- Bei einem juristischen Streit ständen alle Beteiligten wahrscheinlich schlechter.
- Beide Kinder haben wenig Chancen, auf juristischem Wege zu einem vorzeitigen Erbe zu kommen.
- In einem Arbeitsgerichtsprozess haben die Mitarbeiter der Firma keine Chance, eine Mitbestimmung über die Zukunft ihrer Firma zu erlangen.

Ökonomische Hypothesen

- Sofia Schaller hat große ökonomische Interessen – sie will mit ihrer Freundin ein freies unabhängiges Leben beginnen.
- Beide Kinder haben gleich große finanzielle Interessen, sie müssen zurzeit von ihrer Arbeit im Verlag leben.
- Der tatsächliche Wert des Verlags und des Hauses ermöglichen wahrscheinlich eine faire Lösung.
- Sofia Schaller ist auf die finanzielle Absicherung ihrer Altersversorgung angewiesen.

Auch wenn die Mediatoren mit diesen **Hintergrund-Hypothesen** nicht konkret arbeiten, so sind sie doch wichtig als fachliches Wissen. So könnten fast alle der oben genannten psychologischen, juristischen und ökonomischen Hypothesen in Mediations-Hypothesen umgewandelt werden (z. B. „Die Mediation kann gelingen, wenn die Sachebene wichtiger wird als die emotionalen Bündnisse aus der alten Familienstruktur").

Die **eigentlichen Arbeits-Hypothesen sind die Mediations-Hypothesen**, d. h. Annahmen über die Ressourcen bei den Konfliktpartnern bzw. bei den verschiedenen Systemen oder in den Subsystemen, mit denen in der Mediation gearbeitet wird. Das Wichtigste bei der Hypothesenbildung ist die **Ressourcen- und die Zukunftsorientierung**. Die Problem- und die

Vergangenheitsorientierung führen dagegen eher in therapeutische, beraterische oder supervisorische Arbeit.

Beispiele für Mediations-Hypothesen im Erbfall Schaller

- Die finanziellen Ressourcen reichen voraussichtlich für die Bedürfnisse aller Mitglieder der Erbengemeinschaft.
- Sofia Schaller ist am meisten zum Verhandeln bereit.
- Die ausgezahlte Tochter und Schwester Anna könnte eine Ressource für diese Mediation sein.
- Es können wahrscheinlich nur zufrieden stellende Vereinbarungen gefunden werden, wenn sie auch zufrieden stellend für die Mitarbeiter des Verlags sind.
- Es könnte sein, dass diese Mediation eine Misch-Mediation ist, nämlich eine Mediation der Erbengemeinschaft und eine weitere zwischen der Erbengemeinschaft und den Mitarbeitern.
- S. auch S. 5.

Hypothesen im Mediationsprozess

Die Arbeit mit Hypothesen und deren Überprüfung soll in der Vorlaufphase einer Mediation beginnen und sich dann **durch alle Stufen** ziehen. Hypothesen sind besonders wichtig bei den **Übergängen von einer Stufe in die nächste**, z. B. von der Themensammlung in die Arbeit an den Interessen und tieferen Bedeutungen hinter den Positionen, für den Übergang von der Entwicklung der Optionen zum Verhandeln oder generell für den Übergang von Selbstbehauptung zu Wechselseitigkeit und Gemeinsamkeit und für die Wahl der jeweiligen Techniken für diese Übergänge.

Je nach Feld der Mediation und den Schwerpunkten im Mediationsprozess können die Hypothesen anders aussehen, so sollten z. B. bei einer Erb-Mediation Hypothesen entwickelt werden über die Kriterien von Fairness und Gerechtigkeit, während man bei einer Wirtschafts-Mediation vielleicht mehr Hypothesen über die ökonomischen Ressourcen braucht. In einer schwierigen Schul-Mediation sind vielleicht eher Hypothesen über die Chancen des gegenseitigen Verstehens und darüber, mit welchen Methoden und Techniken die spezielle Stufenarbeit optimiert werden kann, notwendig. Immer jedoch brauchen Mediatoren für die Unterstützung und Förderung des Mediationsprozesses:

Dreierschritt der Hypothesenbildung

- Hypothesen **zum Fall** (d. h. zu den Personen bzw. den Systemen und Gruppierungen im Fall)

- Hypothesen **zum Prozess**, den jeweiligen Stufen und den dazu gehörigen Methoden und Techniken

- Hypothesen **zur eigenen Person als Mediator** (oder auch zum System der Co-Mediatoren)

Hilfreiche Techniken zum Überprüfen der Hypothesen

Mediatoren sollten sich für alle Konfliktparteien, für alle Gruppen oder Systeme, mit denen sie arbeiten, Hypothesen bilden, sie jeweils getrennt bei jedem der Konfliktpartner (bzw. bei den Systemen oder Gruppen) überprüfen, modifizieren und so lange austesten, bis der jeweilige Konfliktpartner oder die Gruppe zustimmt und den Mediatoren gewissermaßen die Erlaubnis gibt weiterzumachen.

Als **Techniken** eignen sich für die Überprüfung der Hypothesen: Zusammenfassen, Fokussieren, reflektives, manchmal auch zirkuläres Fragen, Rückspiegeln des Verstandenen. Im Allgemeinen werden Mediatoren ihre Hypothesen nicht veröffentlichen, aber die Medianden nehmen sie indirekt durch die Art des Fragens und Zusammenfassens wahr. Je gründlicher Mediatoren dies machen, umso mehr werden sie für alle Konfliktparteien bzw. für alle Systeme ihre Balance und Neutralität halten können.

Praxisanregungen

▷ Streitereien und Konflikte in der Mediation sind gute **Gelegenheiten zum Sammeln von Hypothesen**.

▷ Für die Arbeit mit Hypothesen ist es nützlich, wenn Mediatoren ihre eigenen Wertvorstellungen, Normen und Vorurteile besonders gut kennen, um **allparteilich und ressourcenorientiert Hypothesen bilden** und überprüfen zu können.

▷ Besonders Mediatoren aus beraterischen Berufen müssen die sonst ja nützlichen, **problemorientierten Hypothesen** aus ihren Köpfen verbannen, damit sie nicht in die Versuchung geraten, beraterisch oder therapeutisch zu arbeiten (ein verräterischer Indikator sind alle Fragen, die mit „Warum ..." beginnen).

▷ Mediatoren sollten sich angewöhnen, nie in Sitzungen zu gehen, ohne zwei bis **drei Arbeits-Hypothesen im Kopf** zu haben – sie können sicher sein, dass sie bei Müdigkeit oder Nicht-mehr-weiter-Wissen im Prozess garantiert keine ressourcenorientierten Arbeitsannahmen parat hatten. Bei einer solchen eigenen Wahrnehmung ist es immer nützlich, sich einige Minuten Auszeit zu nehmen, um gezielt weiterarbeiten zu können.

▷ Für die **Co-Arbeit** in der Mediation empfiehlt es sich, die jeweiligen Arbeits- und Hintergrund-Hypothesen zum Fall, zum Prozess und zur Co-Arbeit auszutauschen und gegebenenfalls zu modifizieren, damit die Co-Mediatoren nicht mit ihren Arbeitsannahmen gegeneinander arbeiten statt miteinander.

III. Prozess-Bausteine

1. Grundbauplan einer Mediation

Vorlaufphase

Einführung und Kontrakt

Themensammlung

Interessen und Bedürfnisse hinter den Positionen

Optionen

Angebots-Verhandeln

Vereinbaren

95

2. Vorlaufphase

Übung für Mediatoren

Denken Sie an eine Ihrer letzten Mediationen, bei der Sie direkt mit dem Erstgespräch mit allen Beteiligten ohne Vorgespräche begonnen haben. Phantasieren Sie, was Sie hätten tun können, wenn Sie sich eine Vorlaufphase für diese Mediation gegönnt hätten.

Die Stufe vor Beginn der eigentlichen Mediation

Unter der Vorlaufphase einer Mediation wird hier die Arbeit eines oder mehrerer Mediatoren verstanden, die vor dem eigentlichen Beginn einer Mediation notwendig und nützlich sein kann. Diese Vorlaufphase ist nicht identisch mit der Werbungsphase für Mediation in einem bestimmten Feld, sondern meint die **Vorarbeit** einer bereits angekündigten oder vereinbarten Mediation. Solange unter Mediation weitgehend Familien-Mediation oder sogar nur Trennungs- und Scheidungs-Mediation verstanden wurde, wurde diese Vorlaufphase als weniger wichtig erachtet, wohl auch, weil sich alle Mediatoren im Feld von Familienkonflikten mehr oder weniger gut auskannten – entweder als psychosoziale oder juristische Fachleute. Seit sich die Mediation aber auch auf unbekannte und z. T. fachfremde Felder erstreckt, hat sich die Einstellung zu einer solchen **Vorphase der Mediation** verändert. Die Erfahrungen mit Supervisionen von Fällen ohne eine solide und sorgfältige Vorarbeit zeigen, dass diese oft über das Zustandekommen oder Gelingen einer Mediation entscheidet.

Inzwischen wird zunehmend auch in Lehre und Praxis der Familien-Mediation über die **Notwendigkeit einer systematischen Vorarbeit** nachgedacht, besonders in der erweiterten Familien-Mediation und bei komplizierteren Fällen wie Pflege-, Adoptiv-, Inseminations-, Sandwich-, Zweit-Familien- und Erb-Mediationen. Besonders aber Schul-, Wirtschafts-, Verwaltungs-, Krankenhaus-, Umwelt- und die verschiedenen Formen der politischen Mediationen verlangen mit ihrer Komplexität nach einer **sorgfältig geplanten und durchstrukturierten Vorarbeit.** Ebenso kommen Kurz-Mediationen in vielen neuen Feldern ohne diese Vorarbeit nicht aus.

Anregungen für die Vorlaufphase

Die Vorlaufphase kann je nach Mediationsfeld oder Setting umfassen:

- **Zusendung von mediationsrelevantem Material** an alle an der Mediation Beteiligte.

- **Telefonkontakte mit allen an der Mediation Beteiligten**, evtl. sogar persönliche Einzelgespräche. Diese sollten nur Informationsgespräche sein und den oder die aktuellen Konflikte, um die es in der Mediation gehen wird, ausklammern.

- Evtl. **Einsatz einer „Vor-Mediation"** zur Abklärung von Setting, Räumen, Teilnehmern, Zeiten, Pausen, Verpflegungsfragen, Visualisierungs-, Kopier- und sonstigen Möglichkeiten.

- **Ortsbesichtigungen** (können z. B. bei einer Fabrik in einer Erb-Mediation, bei einer Mülldeponie in einer Umwelt-Mediation oder bei einer geschlossenen Abteilung in einer Krankenhaus-Mediation eminent wichtig sein – wie gesagt, ohne auf den oder die Konflikt einzugehen, um die erforderliche Neutralität nicht zu gefährden).

- **Erstellung oder Übersendung von Sozio-, Geno- oder Organigrammen** (sie sind in den meisten Betrieben, Verwaltungen, Firmen etc. heute üblicherweise vorhanden).

- Genaue **Abklärung des Auftrages**, besonders wenn der Auftraggeber auch der Bezahler der Mediation ist.

- Informationen über die sonst in diesem Feld üblicherweise angewandten **Konfliktregelungsalternativen** (oft sind einige davon vorher bereits angewandt worden, und die Mediatoren werden mit den Nachwirkungen oder Scherben dieser Konfliktregelungsversuche konfrontiert).

- Informationen über die **„eigentlichen" Entscheidungsträger** in diesem Feld – sie sind häufig nicht identisch mit den Auftraggebern.

- Speziell in diesem Fall aber auch generell ist die **Klärung der Ergebnisoffenheit** wichtig, und u. U. ist es sinnvoll, einen besonderen Kontrakt, in dem die Ergebnisoffenheit mit der Unterschrift des Auftragsgebers (z. B. Chefärzte, Firmenleitungen, Gewerkschaftsbosse, Erblasser etc.) zugesichert wird, an alle Teilnehmer der Mediation zu versenden. Manchmal müssen Mediatoren zusätzlich unterschreiben lassen, dass die Teilnahme an der Mediation keinerlei arbeitsrechtliche Sanktionen oder andere Konsequenzen hat (bes. wichtig bei Mobbing-, Krankenhaus-, Firmen-, Gewerkschafts- oder ähnlichen Mediationen).

- **Erarbeitung eines speziellen Mediationskontrakts** für diese Mediation mit ihren besonderen Bedingungen. Vorherige Zusendung an alle Beteiligte ist sinnvoll.

Hilfreiche Methoden und Techniken

Für die Arbeit in der Vorlaufphase einer Mediation gilt wie immer auch hier das **Grundmuster der Mediation**, d. h. die grundsätzliche Balance zu allen Konfliktpartnern, die Ressourcenorientierung und die Unterstützung der Selbstbehauptung und Autonomie aller Beteiligten. Von daher scheinen – wenigstens in Mehrparteien- und anderen komplexen Mediationen – Einzelkontakte und Kenntnisse über das jeweilige Umfeld notwendig, **ohne** allerdings als Mediator mit einer der Konfliktparteien **in den Konflikt näher einzusteigen**. Es ist wichtig, dies allen Beteiligten bei den Einzelkontakten mitzuteilen und ihnen allen die gleiche Zeit für das Vorgespräch zur Verfügung zu stellen.

Checkliste für Telefonate

Es empfiehlt sich, für diese einzelnen – meist **telefonischen – Vorgespräche** eine Checkliste vorzubereiten und in brisanten Fällen sich evtl. sogar Protokolle darüber anzufertigen. Eine derartige Checkliste könnte umfassen:

- Eigene **Kurzvorstellung**.

- **Informationen über den Gesprächspartner** und seine Stellung im Organisationsgefüge.

- Versicherung, **nicht in den eigentlichen Konflikt zu gehen** – auch mit den anderen Medianden nicht, Zusicherung, dass es nur um das eigene Verstehen des Konfliktumfeldes geht.

- Evtl. **Kurzinformation über Mediation** (in drei Sätzen! Nicht, was Mediation ist, sondern wie sie abläuft), alles andere zuschicken (Adressen klären!).

- Evtl. **Kostenklärung**, wenn Unklarheiten, Verweis dieses Punktes in die eigentliche Mediation.

- Klärung von **Teilnahme anderer Beteiligter** oder Gruppierungen an der Mediation (oder in der ersten Sitzung).

- Klärung von evtl. **notwendigen Fürsprechern**, Unterstützern, Dolmetschern, Fachleuten, Beratungsanwälten etc. außerhalb oder innerhalb der Sitzungen.

- Klärung der **Dauer der Mediation** (oder Verweis in die erste Sitzung).

- **Sicherheitsbedürfnisse**, eigene Schweigepflicht etc.

- Klärung von **Freiwilligkeit, Informiertheit, Ergebnisoffenheit.**

- Informationen der **Übermittlungswege für die Vereinbarungen.**

- Art der **Protokollierung** von Zwischenergebnissen oder der endgültigen Abfassung der Vereinbarung (evtl. Verweis in erste Sitzung).

- Genaue **Orts- und Zeitbeschreibung** für die angesetzte Mediation.

Die Techniken für die einzelnen Schritte der Vorlaufphase unterscheiden sich im Wesentlichen nicht von denen der folgenden Stufen. Sie werden in den weiteren Kapiteln dieses Buches beschrieben.

Praxisanregungen

▷ Es empfiehlt sich, bereits in der Vorlaufphase diese anstehende Mediation für sich einmal **mental durchzuspielen**, um mehr Sicherheit für das Zeitmanagement, die notwendigen Methoden und Techniken und für die Hypothesenbildung zu gewinnen.

▷ Unabdingbar ist ein eigenes **Zeitmanagement** für diese Mediation – besonders wenn es sich um eine Mediation mit zeitlicher Begrenzung durch den Auftraggeber handelt – sowie die Entscheidung, ob die Mediation unter solchen zeitlichen Bedingungen zu schaffen ist und überhaupt angenommen werden kann.

▷ Auf Grund der einzelnen Vorgespräche sollten sich Mediatoren **Hypothesen** gebildet haben über den Fall, das Setting und den Ablauf der Mediation, und auch zur Frage, ob sie die Mediation allein durchführen oder sich einen oder mehrere Co-Mediatoren suchen.

▷ Wichtig ist auch die Entscheidung, ob die notwendigen **Regeln** für die Mediation vom Mediator vorher gesetzt werden (z.B. aus Zeitgründen) oder aber in der ersten Sitzung mediiert werden.

▷ Es lohnt sich, in der Vorlaufphase einen **Beratungsfachmann für dieses Feld** der Mediation zu suchen, um sich selbst kundig zu machen

(z. B. einen Organisationsberater in diesem Gebiet; einen Anwalt, der sich in diesem Rechtsgebiet auskennt).

▷ Es lohnt sich ebenfalls, über einen möglichen **Co-Mediator** nachzudenken, ebenso über einen möglichen Mediations-Supervisor, falls man als Mediator in Schwierigkeiten gerät.

▷ Es lohnt sich, alle Zeitstunden der Vorlaufphase aufzuschreiben, um sie in die **Kostenkalkulation** einfließen zu lassen. Erfahrungsgemäß nimmt diese Arbeit mindestens die gleiche Zeit in Anspruch wie die eigentliche Mediation, meistens sogar mehr. D. h. das Stundenhonorar für diese Mediation ist u. U. doppelt so hoch anzusetzen. Die Protokollierung dieser Arbeit kann wichtig sein, weil sie manchmal nachgewiesen werden muss.

▷ Es ist hilfreich, für die Arbeit der Vorlaufphase **bestimmte Bausteine im PC** zu haben, z. B. Variationen für Mediationskontrakte, Variationen von Checklisten für die Vorgespräche, Anforderungen für Räume, in denen die Mediationen stattfinden können, etc.

▷ Mediatoren sollten auch prüfen, ob sie sich in dieser Vorlaufphase eine **Prae-Vision** (eine Supervision, bevor die Mediation begonnen hat), gönnen, besonders wenn sie eine wie auch immer geartete Befangenheit in diesem Fall oder für dieses spezielle Mediationsfeld spüren.

3. Einführungsgespräch

Übung für Mediatoren

Stellen Sie sich Ihren letzten gravierenden privaten oder beruflichen Konflikt vor, in dem Sie Schwierigkeiten hatten, ohne Hilfe von außen zu einer Lösung zu finden. Angenommen, Sie würden sich für Mediation entscheiden. Was würden Sie einerseits brauchen, um sich in einem solchen Setting wohl zu fühlen? Und was hätten Sie gern in einer ersten Sitzung geklärt und besprochen? Schreiben Sie die Punkte auf, und vergleichen Sie diese mit der unten angegebenen Checkliste.

Voraussetzungen

Bei den Vorüberlegungen zum Erstkontakt in einer Mediation sollte – neben den Fragen nach den Notwendigkeiten einer gründlichen Vorlaufphase – die Frage nach einer **guten Arbeitsatmosphäre** stehen. Hier entscheiden sich oft bereits Erfolg oder Misserfolg der Mediation. Darüber ist in der Mediationsliteratur viel geschrieben worden. Deshalb soll an dieser Stelle mehr auf die methodisch-technische Seite eines Erstgesprächs eingegangen werden, aber auch eine perfekte Abarbeitung dieser sachlichen Aspekte ist noch keine Garantie für das Gelingen. Die Fragen von Haltung, Einstellung, Körperhaltung und nach einer guten Arbeitsbeziehung müssen sich Mediatoren bei jeder Mediation wieder neu stellen.

Erstgespräch

Das Erstgespräch findet in einer Mediation im Allgemeinen entweder mit oder ohne einer **Vorlaufphase** (s. S. 96 ff.) statt, manchmal auch als ausschließliches **Informationsgespräch** über Mediation. Ein solches Informationsgespräch wird von vielen Mediatoren häufig kostenlos angeboten, kann mit oder ohne Vorlaufphase stattfinden und führt nicht notwendigerweise direkt zu weiteren Sitzungen. Manchmal probieren Medianden solche Informationsgespräche bei mehreren Mediatoren und entscheiden sich dann oft viel später, bei wem sie mit der Mediation beginnen wollen.

Je nach Feld der Mediation, je nachdem, ob es sich um eine **Lang- oder Kurz-Mediation** handelt, und je nach Vorlaufphase entscheiden sich Inhalt, Dauer und Methoden des Erstgesprächs. Im Fall einer Kurz-Mediation (s. S. 220 ff.) wird dieses Erstgespräch höchstens eine halbe Stunde dauern und sich die Themensammlung (s. S. 109 ff.) gleich anschließen. Im Fall einer Lang-Mediation – zurzeit in den meisten Feldern noch der Normalfall – hat der Mediator wahrscheinlich etwa eine Stunde Zeit für alle notwendigen Inhalte. In jedem Fall ist es günstig, so viele inhaltliche Punkte wie möglich in die Vorlaufphase zu verlegen.

Inhalte im Erstgespräch

Meistens sind in diesen Erstgesprächen folgende Punkte enthalten (oder sind bereits in der Vorlaufphase besprochen oder kommen erst im Laufe der ersten Mediationsstufen vor):

- **Begrüßung** und Kontakt des Mediators mit allen Beteiligten dieser Mediation

- **Information** über den Ablauf der Mediation

- **Rolle** des Mediators

- Klärung von Freiwilligkeit, Informiertheit und **Ergebnisoffenheit**

- Klärung von **Sachverhaltsfragen** (nur wenn dringend nötig!)

- Evtl. **Überweisungskontext** und Aufträge der Überweiser bzw. Auftraggeber

- **Regeln** für die Mediation (entweder mediiert oder vom Mediator vorgegeben, z. B. über Einzelgespräche, Einzeltelefonate, Gewalt in der Mediation, Abbrüche)

- Vorstellungen über die **Anzahl** und die **Dauer** der Sitzungen

- **Kosten**

- Erwartung und Ziele der **Vereinbarung**, Veränderbarkeit, Art der Vereinbarung etc.

- **Protokollierung** der Ergebnisse bzw. der vorläufigen Zwischenergebnisse

- Bereits **getroffene Vereinbarungen** und Verträge

- **Offenlegung** von Daten, Fakten, Unterlagen etc.

- Rolle von **Beratungsanwälten** und anderen Fachleuten

- Evtl. **direkte oder indirekte Einbeziehung** anderer betroffener Personen

- **Schweigepflicht**, Aussageverweigerung etc.

- Evtl. notwendige **Not- oder Übergangsregelungen**

- Listen, **Informationsmaterial**

- **Mediationskontrakt**

- Evtl. bereits **Beginn einer Themen- und Konfliktpunktesammlung**

Hilfreiche Methoden und Techniken für das Erstgespräch

Für die Mediatoren sind im Erstgespräch weitere folgende Punkte als Hintergrund wichtig:

- Erste **Hypothesen** über Motivation, Indikation, Streitniveau, Interaktionsmuster, Konfliktmuster, Paar-, Familien- oder Gruppendynamik, eigene Fallen etc.)

102

- Erste **Hypothesen über Zeitmanagement, Co-Mediator, Prozessablauf** etc.

- Evtl. bereits Erstellung eines **Geno-, Sozio- oder Organigramms** (s. S. 198 ff./258)

- Evtl. bereits Beginn eines **Wertebildes** (s. S. 190 ff./265)

- Evtl. Wahrnehmung eines auftauchenden **Konfliktspiel-Bildes** (s. S. 194 ff.)

In dieser frühen Phase der Mediation stecken Mediatoren eigentlich das ganze Feld der Mediation bereits ab und bauen oft schon **eine Kurz- oder Mini-Mediation** ein (z. B. über die Kosten, die Dauer oder auch die Regeln), damit die Medianden hier bereits ein Modell von Mediation und den Unterschied zur Beratung oder Drittentscheidung erleben. In einer Video-Aufzeichnung – zu der man allerdings nie die Erlaubnis bekommt – könnte man in dieser ersten Sitzung bereits die Chancen und Fallen der gesamten Mediation sehen. Auf jeden Fall muss sie so angelegt sein, dass Medianden eine Ahnung davon bekommen, was auf sie zukommt und worauf sie sich einlassen. Im Normalfall endet dieser Teil mit dem **Unterschreiben des Mediationskontrakts** (s. S. 257) oder auch mit der **Themensammlung**.

In dieser ersten Phase sollten Mediatoren besonders klar nach dem Grundmuster der Mediation arbeiten, wobei hier die Unterstützung der Selbstbehauptung jedes Konfliktpartners oder jeder der Konfliktgruppen der methodische Grundpfeiler der Mediationsarbeit ist. Dies ist nicht in allen Schulrichtungen Konsens, viele Mediatoren arbeiten bereits hier als erstes Gemeinsamkeiten und Übereinstimmungen heraus. Ich empfehle, nur wenn an dieser Stelle eine Mini-Mediation als Modell eingeführt wird, zu versuchen, über die Arbeit mit der Wechselseitigkeit (s. S. 86 ff.) zu zeigen, wie die Mediation den Konfliktparteien hilft, Konsens zu finden.

Von den Methoden und Techniken sind im Erstgespräch **besonders brauchbar**: Visualisieren, Normalisieren, Zusammenfassen, Fokussieren, Zukunftsorientieren, Positives Umformulieren, Wertschätzendes Feed-back und lineares bzw. reflektives Fragen. Manchmal empfiehlt sich bereits im Erstgespräch die Erstellung eines Sozio-, Geno- oder Organigramms, manchmal die Erstellung eines Wertebildes, das Mediieren der Rolle des Rechts in dieser Mediation und evtl. Übergangsregelungen. Dazu einige praktische Beispiele, wie sie in abgewandelter Form auch in Mediationen anderer Felder verwendet werden können:

Beispiele, z. T. aus der Erb-Mediation Schaller

• Zur Information über den Ablauf

„Ich habe jedem von Ihnen ja bereits am Telefon kurz gesagt, wie Mediation bei mir abläuft. Ich möchte das jetzt noch einmal wiederholen, damit Sie wirklich alle auf dem gleichen Stand sind. Also: Im ersten Schritt werde ich jeden von Ihnen fragen, welche Themenpunkte jeder von Ihnen hier regeln will. Im zweiten dann, was für jeden von Ihnen hinter diesen Themen und Konflikten steht, um was es jedem von Ihnen wirklich geht und inwieweit jeder von Ihnen diese Interessen und Bedürfnisse der anderen versteht. Im dritten Schritt würden Sie erarbeiten, welche Ideen und Phantasien jeder von Ihnen für die Möglichkeiten von Veränderungen hat und inwieweit jeder von Ihnen die Ideen der anderen unterstützen oder für sich nutzen kann. Der vierte Schritt wäre, welche Vorstellungen von Fairness und Gerechtigkeit jeder hat, an denen Sie später die Vereinbarung messen können. Der fünfte Schritt wäre meine Frage an Sie, welche Angebote jeder von Ihnen den anderen machen will, damit Sie miteinander verhandeln können. Und der letzte Schritt ist dann eine vorläufige oder auch endgültige Vereinbarung, mit der Sie alle zufrieden sind. – Soweit mal. Habe ich Ihnen den Ablauf Ihrer Mediation einigermaßen verständlich übermitteln können? Sofia? Rebecca? Christof? Ich habe Ihnen an der Wand auch einen Überblick hingehängt, und ich werde Ihnen zwischendurch immer wieder sagen, wo wir gerade sind. Können Sie sich so darauf mal einlassen? Christof? Rebecca? Sofia?"

• Zur Information über die Rolle der Mediatorin

„Ich möchte Ihnen kurz noch einige Sätze sagen zu meiner Rolle als Mediatorin und Vermittlerin zwischen Ihnen. Sie werden mich eine Zeit lang als eine Art Brücke zwischen Ihnen benutzen können. Ich werde mich dafür verantwortlich fühlen, Ihnen diese Brücken immer wieder zu zeigen und zu bauen. Und Sie werden dann irgendwann merken, dass Sie mich immer weniger brauchen. Aber ich werde Ihnen keine Ratschläge oder Entscheidungshinweise geben. Die Möglichkeit für Ihre eigenen Wege und Entscheidungen – das ist genau die Chance für Sie in dieser Mediation, und ich beglückwünsche Sie dazu, dass Sie für sich diesen Weg gewählt haben."

• Zur Frage von Überweisungskontext und fremden Aufträgen

„Ich habe noch eine Frage an Sie, weil ich gehört habe, dass Ihre Anwälte wollten, dass Sie diese Mediation machen. Was denkt jeder von Ihnen, warum er/sie Ihnen das vorgeschlagen oder geraten hat? Und was denkt jeder von Ihnen selbst? Die Frage wird nämlich sein, wie Sie von diesen fremden Vorstellungen und Aufträgen zu Ihren eigenen Wünschen kommen."

• Zur Frage der Regeln für diese Mediation

„Es ist meistens hilfreich für das Gelingen einer Mediation, wenn es abgesprochene Regeln gibt, an die jeder versucht sich zu halten. So z. B. über Redezeiten von jedem von Ihnen, über notwendige Pausen, darüber was passieren soll, wenn einer oder eine von Ihnen in starke Gefühle kommt, sei es Wut, Kränkung, Traurigkeit oder Ähnliches. Was soll dann geschehen, wie wollen Sie selbst damit umgehen, und was wollen Sie mir in diesem Fall erlauben. Was denken Sie, wofür braucht jeder von Ihnen bestimmte Regeln?"

• Zur Frage der Dauer

„Sie haben mich schon am Telefon gefragt, wie lange solch eine Mediation dauert. Das kann sehr verschieden sein, und ich möchte Sie heute fragen, wie viel Zeit sich jeder von Ihnen dafür gönnen möchte und kann. Das wird verschieden sein – ich werde Ihnen helfen, dass Sie darüber einen Konsens und damit vielleicht Ihre erste Vereinbarung finden. Wie viel Zeit wollen Sie sich gönnen, Sofia? Und Sie, Rebecca? Und Sie, Christof?"

• Zur Frage der Kosten

„Sie wissen, dass diese Mediationssitzungen bei mir ... Euro kosten und etwa $1^1/_2$ bis 2 Stunden dauern. Was sind die Vorstellungen von jedem von Ihnen, wie das bezahlt werden soll? Auch darüber werden Sie vielleicht wieder verschiedene Vorstellungen haben. Vielleicht bekommen Sie trotzdem eine Vereinbarung hin – möglicherweise wenigstens für diese heutige Sitzung."

• Zur Frage der Vereinbarungen und der Protokollierung der vorläufigen Ergebnisse

„Sie merken, es gibt bereits einige Absprachen zwischen Ihnen, die sich lohnen, festgehalten zu werden. Und es wird im Laufe der Mediation noch mehr geben. Wie sollen diese Absprachen und vorläufigen Ergebnisse festgehalten werden?"

„Und noch eine zweite Frage. Welche Form sollen die endgültigen Vereinbarungen haben? Welche Vorstellung hat da wieder jeder von Ihnen? Sie müssen das nicht heute festlegen, aber vielleicht überlegen Sie sich das mal und besprechen das es möglicherweise auch mit Ihren Anwälten."

• Zur Frage der Offenlegung von Daten und Fakten

„Sie haben gewiss in dem Informationsmaterial gelesen, dass eine Mediation nur gelingen kann, wenn alle Konfliktpartner alle notwendigen Daten und Fakten auf den Tisch legen. Ich weiß, dass das zu Beginn einer Mediation manchmal schwierig ist, wenn das gegenseitige Vertrauen noch nicht oder noch nicht wieder da ist. Ich werde im Lauf dieser Mediation öfter in der gemeinsamen Arbeit leere Zettel hinhängen, und Sie selbst werden merken, wie Sie weiter kommen würden, wenn Sie bestimmte bisher nicht bekannt gegebene Dinge veröffentlichen würden."

• Zur Frage von Schweigepflicht, Aussageverweigerung etc.

„In dem Mediationskontrakt, den ich Ihnen zugeschickt habe und den ich Sie nachher bitten möchte zu unterschreiben, haben Sie sicher gelesen, dass Sie sich und auch mich zu Stillschweigen nach außen über diese Mediation verpflichten, es sei denn, darüber gäbe es hier eine anders lautende Vereinbarung. Sie wissen, dass mein Beruf nicht zu den Berufen gehört, die grundsätzlich ein Zeugnisverweigerungsrecht vor Gericht haben. Aber ich möchte, Ihnen doch sagen, dass ich für Aussagen bei Gericht nicht zur Verfügung stehen möchte, und ich hoffe, dass diese Frage für Mediatoren bald grundsätzlich geklärt wird. Können Sie damit umgehen, und werden Sie den Arbeitskontrakt mit mir und zwischen Ihnen nachher unterzeichnen?"

• **Zur Rolle von Beratungsanwälten und anderer Fachleute**

„Ebenfalls in unseren Telefonaten habe ich jedem von Ihnen gesagt, dass ich nur solide arbeiten kann, wenn Sie sich um einen Beratungsanwalt oder eine Anwältin kümmern, damit Sie spätestens vor dem Unterschreiben einer Vereinbarung genau wissen, auf was Sie sich eingelassen haben und auf welche Rechtspositionen Sie möglicherweise verzichtet haben. Wenn Sie Mühe haben, einen solchen Beratungsanwalt zu finden, der sich auch mit Mediation auskennt, kann ich Ihnen nachher eine Liste geben, den eine Arbeitsgruppe von Mediatoren für den ganzen Regierungsbezirk erarbeitet hat."

• **Zur Frage der direkten oder indirekten Einbeziehung anderer betroffener Personen**

„Sofia, Sie haben mich gefragt, was mit der Einbeziehung anderer Personen in die Mediation gemeint ist. Meine Erfahrung ist, dass im Laufe einer Mediation manchmal die Einbeziehung von Personen notwendig wird, die auch von den Konflikten oder Regelungen betroffen sind. Sie meinten mit anderen Personen Anna und Ihre beiden Angestellten. Mein Vorschlag ist, dass Sie darüber nachdenken, dass Sie diese Frage aber einstweilen zurückstellen, bis Sie in Ihrer Mediation an einen Punkt kommen, wo Sie das aktuell entscheiden müssen. Ich würde für solche wie auch andere wichtigen aufgeschobenen Fragen auf einem großen Blatt einen von mir so genannten Parkplatz anlegen, damit hier auch nichts verloren geht. Sie werden diese Punkte dann im Laufe der Mediation bearbeiten, oder sie erledigen sich von selbst. Haben Sie dazu noch Fragen, Christof? Rebecca? Sofia?"

Praxisanregungen

▷ Es kann die **Freiwilligkeit** der Mediation betonen, nach einer solchen ersten Sitzung **keinen neuen Termin** zu vereinbaren, sondern jedem der Konfliktparteien aufzutragen, sich wieder zu melden, wenn die Mediation weitergehen soll.

▷ Manche Mediatoren **telefonieren** trotzdem von sich aus nach einer gewissen Zeit (etwa vier Wochen), um wegen ihres Terminkalenders zu erfahren, ob sie weitere Termine offen halten sollen. Manchmal ist die Entscheidung für ein solches Telefonat eine Frage des Durchhaltevermögens des Mediators.

▷ Auch wenn der Punkt der Protokolle noch nicht geklärt sein sollte, empfiehlt es sich, allen ein **kurzes Ergebnisprotokoll** zuzuschicken. Das verstärkt das Gefühl, bereits in dieser – womöglich kurzen – Sitzung schon etwas geschafft zu haben. Und es zwingt den Mediator, ressourcenorientiert über die Sitzung nachzudenken.

▷ Wenn in dieser ersten Sitzung bereits **eine oder mehrere Mini-Mediationen** vorgekommen sind – und sie sollten vorgekommen sein –, ist ein kurzes Ergebnisprotokoll umso wichtiger.

▷ Es kann für das Erfolgserlebnis einer derartigen ersten Sitzung wichtig sein, hier auch bereits die **Themensammlung** (s. S. 109 ff.) zu machen. Sie würde dann natürlich auch allen Konfliktparteien zusammen mit dem kurzen Ergebnisprotokoll zugeschickt werden. Erfahrungsgemäß erhöht sich damit die Chance, dass die Mediation weitergeht.

4. Mediationskontrakt

Übung für Mediatoren

Angenommen Sie würden selbst mit einem privaten oder beruflichen Konflikt in eine Mediation gehen, welche Punkte hätten Sie dann gern im Arbeitsvertrag zwischen Ihnen, Ihren Konfliktpartnern und Ihrem Mediator?

Arbeitskontrakt zwischen Mediator und Medianden

Der Einsatz von Arbeitskontrakten oder Mediationsverträgen (im Unterschied zu der am Schluss der Mediation erarbeiteten und ausschließlich von den Konfliktparteien unterschriebenen Mediationsvereinbarung oder dem Memorandum) unterscheidet die Mediation von fast allen Formen der beraterischen oder therapeutischen Arbeit, auch von den meisten anwaltlichen Arbeitsformen (wenn man von der schriftlichen Mandatserteilung einmal absieht, die aber eine andere Form und Bedeutung hat als der Arbeitsvertrag zwischen Medianden und Mediatoren). Die Notwendigkeit der Arbeit mit Mediationskontrakten ist nicht Konsens in allen Schulen der Mediation, wird aber wohl in vielen praktiziert, besonders in der Umwelt-, Verwaltungs-, Wirtschafts-, Erb- und in vielen Formen der Familien-Mediation. Es wäre wünschenswert, dass sich wenigstens die großen Berufsverbände der Mediation auf die Arbeit mit solchen Mediationskontrakten einigen würden – schon aus haftungsrechtlichen Gründen, auch wenn ein solcher Kontrakt keinerlei Garantie sein kann, z. B. für korrekte Bezahlung, für Schweigeverpflichtung oder für einen Haftungsausschluss (weshalb John M. Haynes einen solchen Vertrag als legalistisch ablehnte und auch selbst nie mit seinen Medianden einen abgeschlossen hat).

Aus dem **Beispiel eines solchen Kontrakts** (s. S. 257) wird ersichtlich, welche wesentlichen Bausteine darin enthalten sein sollen. Im Einzelnen hängt das sicherlich auch vom Feld der Mediation, den Medianden und dem Selbstverständnis des Mediators ab und auch davon, in welcher Stufe der Mediation er eingesetzt und unterschrieben wird (z. B. erst im Einführungsgespräch oder schon in der Vorlaufphase oder einer Vor-Mediation).

Inhalte des Kontrakts

Die Inhalte könnten sein: Ziele der Mediation/Ausschluss von psychologischer und juristischer Beratung in der Mediation/Schweigepflicht/ Zeugnisverweigerung/Kosten und Art der Bezahlung/Freiwilligkeit und das Recht von allen Beteiligten zum Abbruch der Mediation/Absage von Terminen/Regeln für die Mediation/Ergebnisoffenheit (in vielen Mediationen notwendig und sollte vorher vom Auftraggeber unterschrieben worden sein, wie auch der Ausschluss von arbeitsrechtlichen Konsequenzen durch Teilnahme an dieser Mediation).

Wenn der Mediationskontrakt in einer Vorlaufphase oder einer Vor-Mediation eingesetzt wird, werden Inhalte und Form oft von den Auftraggebern und Medianden mitentwickelt, während bei Verwendung im Einführungsgespräch die endgültige Fassung bereits vorliegt oder den Medianden vorher bereits zugeschickt wurde. Manche Mediatoren mediieren in einem Einführungsgespräch auch noch **weitere Punkte**, z. B. ausführlichere Kommunikationsregeln, Regeln bei möglicher Gewaltanwendung, grundsätzliche Offenlegung von Daten und Fakten, Beendigung der Mediation, wenn gleichzeitig juristische Schritte unternommen werden, Einbeziehung anderer Beteiligter, Anwälte oder anderer Fachleute, Dolmetscher etc., die Art der Protokollierung der Mediation und der Abschlussvereinbarung etc.

Hilfreiche Techniken

Dieses Mediieren geschieht wieder nach dem **Grundmuster der Mediation** (Selbstbehauptung und gegenseitiges Verstehen), weil selbstverständlich ein solcher Arbeitsvertrag zwischen den Medianden und den Mediatoren nur funktionieren kann, wenn er im **Konsens aller Beteiligter** unterschrieben wird. Und unterschrieben wird er logischerweise von den Medianden und den Mediatoren – in kleinen Mediationen meist gleich mit je einem Exemplar für jeden, in größeren Mediationen eher auf nur einem Exemplar mit Kopien für jeden der Teilnehmer an dieser Mediation.

Praxisanregungen

▷ Nützlich für die Praxis ist ein **kurzer Mediationskontrakt** mit den wesentlichen Punkten, der für viele Mediationen taugt, daneben aber auch einzelne **Bausteine im Computer**, die für bestimmte Typen von Mediation einsetzbar sind (verschiedene Felder, Großgruppen- oder Team-Mediation, Arbeitsrechts- oder Wirtschafts-Mediation etc.).

▷ Weil das **Zeugnisverweigerungsrecht** nicht für alle Berufgruppen gesetzlich geregelt ist, sollte dieser Punkt im Kontrakt vorkommen, damit die Medianden wissen, dass der Mediator mit allen Mitteln versuchen wird, sich jeglicher Zeugen- oder Gutachtertätigkeit zu entziehen, weil sie dem Wesen der Mediation widerspricht.

▷ Die Erfahrung zeigt, dass ein solcher Mediationskontrakt vor allem der **Verbindlichkeit** und Professionalität dient und weniger dem juristischen Nutzen, weil viele Punkte nicht einklagbar sind. Wenn die Konfliktpartner aber die Mediation abbrechen, sich an das Gericht wenden und die Richter von einem solchen Kontrakt erfahren, kann das nützlich sein. Es ist bekannt, dass Medianden aus Familien-Mediationen in solchen Fällen schon in Mediation zurückverwiesen worden sind.

5. Themensammlung

Übung für Mediatoren

Denken Sie an Ihren letzten privaten oder beruflichen Konflikt. Unterteilen Sie einen großen Bogen Papier in so viele Spalten, wie es Konfliktpartner gibt. Schreiben Sie in die erste Spalte Ihre eigenen Themen und Unterthemen, die Ihnen zu dem Konflikt einfallen. Versuchen Sie, Ihre Themen gewissermaßen als Überschriften aufzuschreiben. – Dann versuchen Sie zu phantasieren, welche Themen wohl Ihre Konfliktpartner nennen würden. – Im letzten Schritt gewichten Sie bitte Ihre Themenliste nach Ihrer eigenen Wichtigkeit, und versuchen Sie das Gleiche auch für Ihre Konfliktpartner. Phantasieren Sie, mit welchem Thema Sie alle wohl anfangen würden und welche Reihenfolge es dann für die weiteren Themen geben würde.

Sammeln der Konfliktpunkte

Das Sammeln von Unterpunkten, Themen, Unterthemen oder Überschriften für die verschiedenen Bereiche eines oder mehrerer Konflikte zu Beginn einer Mediation ist ebenfalls Konsens in allen Schulrichtungen der Mediation und wird auch in allen Feldern in irgendeiner Form so gehandhabt. Der Sinn dieser Themensammlungen ist einerseits die Veröffentlichung sämtlicher Themen aller Parteien, andererseits aber auch der Arbeitskontrakt über alle zu behandelnden inhaltlichen Aspekte des Konflikts zwischen den Konfliktparteien und mit dem Mediator. Mit der Sammlung dieser Konfliktthemen gibt es gewissermaßen ein **Arbeitsprogramm für die vereinbarte Mediation**.

Methodische und technische Hilfen

Ob diese Themensammlung nur mündlich oder aber schriftlich, als vorbereitete Hausaufgabe oder miteinander in der gemeinsamen Mediation bearbeitet wird, ist oft eine Frage des Settings oder der Komplexität des Konflikts. Die **Visualisierung** dient in jedem Fall der Versachlichung und Entemotionalisierung der zu verhandelnden Konfliktpunkte und ist eine Orientierungshilfe durch die ganze Mediation.

Für den Mediator ist die Themensammlung zudem eine der wichtigsten Möglichkeiten für seine **Hypothesenbildung** und als solche eine Fundgrube für Hypothesen über den Konflikt, über die verschiedenen Wirklichkeiten der Konfliktpartner, über die unterschiedlichen Interaktions- und Kommunikationsstile, über mögliche Tabus oder weitere Hintergrundkonflikte, über mögliche Ressourcen, über weitere beteiligte Personen etc. Videoaufnahmen von Themensammlungen zeigen dem aufmerksamen Mediator oft hinterher, dass hier bereits die ganze Mediation angelegt ist und der Mediator eigentlich mehr als seine sechs Sinne bräuchte, um alle Chancen zu sehen und wahrnehmen zu können.

Der übliche **Ort für die Themensammlung** im Mediationsprozess ist der nach dem Erstgespräch und/oder nach Abschluss des Mediationskontrakts. Das kann bereits in der ersten Sitzung sein oder zu Beginn der zweiten. In einer Kurz-Mediation wird das üblicherweise in der ersten Phase zwischen der Kontraktphase und der Arbeit an den hinter den Positionen liegenden Interessen sein. In größeren Mediationen ist es oft notwendig, außer der groben Themensammlung womöglich später noch differenzierte **Unterthemensammlungen** zu machen (z. B. in einer Erb-Mediation noch zu den Punkten „Firma", „Vermögen" etc., in einer Familien-Mediation noch zu den Punkten „Kinder", „Haus", „Finanzen" etc.).

Auch hier ist die **Erklärung** des Mediators notwendig, wozu dieser Schritt der Sammlung aller Konfliktpunkte wichtig ist, auch um zu verhindern, dass ausschließlich nur die Positionen und nicht die Aspekte und Regelungspunkte des Konflikts genannt werden.

> ### Beispiel für die Erklärung der Themensammlung in der Erb-Mediation Schaller

- „Ich würde Ihnen gern erklären, womit ich die Arbeit dieser Mediation beginnen will. Es hat sich gezeigt, dass es sinnvoll ist, dass jeder alle seine Regelungspunkte und Überschriften zu den vorliegenden Erbkonflikten nennt, damit nichts vergessen wird und Sie später sehen können, ob die Vereinbarungen auch wirklich umfassend sind. Sofia, Rebecca, Christof – habe ich mich verständlich machen können? – Wollen Sie sich darauf mal einlassen? – Wenn das so ist, werde ich nacheinander alle Ihre Themen in die verschiedenen Spalten auf diese Flipchart aufschreiben."

Die Themen werden nach dieser Erklärung und nach dem Einverständnis aller, nach dem **Grundmuster der Mediation** im Sinne der Selbstbehauptung (Window I) erarbeitet und auf die Flipchart in die vorbereiteten Spalten geschrieben. Auch bereits angeblich geklärte Themen sollten aufgeschrieben werden – oft stellt sich im Laufe der Mediation heraus, dass diese Klärung von den Konfliktparteien sehr verschieden gesehen und verstanden worden ist. Für die jeweiligen **Spalten auf dem Flipchart** ist wichtig, dass sie **analog sind zu der Sitzordnung** – auch bei größeren Gruppen oder bei der Arbeit am Tisch. Konfliktpartner tun sich schwer, auf die Spalten ihrer „Gegner" sehen zu müssen, jedenfalls am Anfang einer Mediation.

Ausbalancierte Visualisierung der Themensammlung

Aus Gründen der Balance ist es oft notwendig, die **Reihenfolge der Nennungen** zu mediieren – wenn man sie als Mediator nicht selbst festsetzt –, also z. B. abwechselnd; jeder einige Punkte hintereinander; im Mäandermuster; wie es gerade kommt etc. Der Mediator sollte allerdings darauf achten, **nicht mit dem „Wortführer"** oder dem zunächst „Mächtigsten" in der Mediation zu beginnen – sonst bestimmt er oder sie den Duktus der Themen. Wegen der Balance und Ausgewogenheit ist außerdem zu empfehlen, die **Konfliktthemen gleich groß und in der gleichen Höhe** aufzuschreiben – Konfliktparteien sind sehr empfindlich, wenn ihnen nicht der gleiche Raum zugestanden wird. Da man diese Themenliste durch die gesamte Mediation braucht, lohnt es sich, **klar und gut lesbar,** evtl. auch kodiert zu schreiben. Wichtig ist auch, nicht zu großflächig zu schreiben, damit **möglichst viele Themen Platz** haben – notfalls also gleich mehr Papier aufzuhängen. Im Sinne der Zukunftsorientierung und der Optionalität sollte der Mediator immer gleich ein Zeichen für den nächsten Punkt, der noch kommen kann, hinzufügen. Gleiche Punkte, Themen oder Überschriften sollten immer auch in die jeweilige Spalte dessen geschrieben werden, der sie nennt, auch wenn sie bereits bei anderen stehen – meist meinen die Medianden selbst bei gleichen Worten etwas ganz anderes damit.

Umformulierungen von Konfliktthemen

Häufig werden **Positionen, Forderungen oder fertige Lösungen** genannt, die selbst durch vorsichtiges Umformulieren des Mediators nicht in Themen oder Überschriften für die zu treffenden Regelungen umzuwandeln sind, so dass er nur darauf hoffen kann, dass später noch die eigentlichen Themen und Überschriften kommen – oft auch durch die Beispiele der anderen Konfliktpartner. Manchmal kommen aber auch **nicht mediierbare Themen** (z. B. „Kränkungen aus der Familiengeschichte", „Ungerechtigkeit in der Behandlung", „Schuld am Konflikt" etc.). Auch hier hilft oft die Umformulierungskunst des Mediators oder das Angebot, diese Fragen auf einen so genannten **„Parkplatz"** zu schreiben (und später zu mediieren, was mit diesen Themen passieren soll), wenig. Dann müssen sie aufgeschrieben werden – wieder in der Hoffnung, dass später mediiert werden kann, was damit auf der Regelungsebene geschehen soll.

Manchmal lassen sich die Medianden nicht von ihrer **„Kampfsprache"** abbringen und wollen ihre Themen auch so aufgeschrieben haben. Oder sie wollen die **juristischen Begriffe** aufgeschrieben haben, auch wenn der Mediator versucht, daraus allgemeinere Themen zu machen (z. B. aus Pflichterbteil „Beteiligung aller am Erbe"; aus Umgangsrecht „Kontakt der Kinder zu beiden Eltern", bei Schweizer Mediationen aus Konkubinat „Umgang mit neuen Partnern" etc.). Bestehen die Medianden aber auf den juristischen Ausdrücken, dann müssen sie auch so aufgeschrieben werden. Für Mediatoren ist es oft nicht leicht, zu entscheiden, ob sie besser die Ausdrücke und die Sprache der Medianden übernehmen oder aber umformulieren und andere Begriffe anbieten sollen. Auf jeden Fall ist es sinnvoll, zu versuchen, **große Themen und Konfliktpakete in kleinere**, später besser **verhandelbare Streitpunkte** (z. B. Finanzen in „laufende Gelder", „Schulden", „offene Rechnungen", „Hypotheken", „private Entnahmen" etc.) zu unterteilen.

Gewichtung der Themen

Wenn alle Themen gesammelt sind und vom Mediator durch Visualisierung weiterer möglicher Punkte klargestellt worden ist, dass diese Liste veränderbar und ergänzbar bleibt, macht es oft Sinn, dass jeder der Konfliktpartner seine **Liste nach der eigenen Gewichtung durchnummeriert.** Dadurch tauchen manchmal bereits Gemeinsamkeiten auf. Der Sinn dieser Gewichtung ist, eine **gemeinsame Rangfolge** der Bearbeitung dieser Themen und Regelungspunkte zu erarbeiten. Manche Mediatoren entscheiden diese Rangfolge selbst (z. B. mit dem Argument „leichtere Punkte zuerst" oder „das Herzstück zuerst") – sicher ist es für das spätere Verhandeln besser, zu mediieren, in welcher Rangfolge gearbeitet werden soll. Oft reicht es auch, zu mediieren, mit welchem Punkt begonnen werden soll.

Beispielsätze für die Themensammlung

- „Welches sind die Themen und Punkte, die Sie hier regeln möchten?"
- „Gibt es noch mehr Themen oder Überschriften, die Ihnen wichtig sind?"
- „Kennen Sie andere Leute in einer ähnlichen Situation – wissen Sie, welche Dinge die noch geregelt haben?"
- „Wenn Ihr toter Vater hier sprechen könnte – was würde er Ihnen noch sagen, an was Sie noch denken sollten?"

113

- „Versuchen Sie, in Ihre Themen eine Reihenfolge der Wichtigkeit zu bringen. – Schauen Sie sich dann die Reihenfolge bei den anderen an. – Was machen Sie mit dieser Unterschiedlichkeit? – Womit soll angefangen werden? – Wie geht es dann weiter?"

Praxisanregungen

▷ Die Themensammlung gibt Mediatoren die **Chance zur Hypothesenbildung**, weil sie eine Fundgrube für die Hypothesen ist, mit denen sie weiterarbeiten oder die sie als Hintergrund-Hypothesen behalten können.

▷ Die Themensammlung ist außerdem ein **Testlauf für die Balance und Neutralität** des Mediators. Viele Mediatoren nehmen diese Chance nicht ernst, verzichten auf gute Regeln für diesen Teil der Arbeit, machen womöglich Kommentare oder eigene Vorschläge – und das dann auch nicht gleichmäßig bei allen Konfliktparteien (oft in der angeblich guten Absicht, den „Schwächeren" zu helfen).

▷ Harmonisierende Mediatoren sind manchmal in der Gefahr, **Kampf- und Streitpunkte** so lange umzuformulieren, bis sie ihren eigentlichen Kern verlieren. Oder sie überhören einfach wichtige, für sie aber zu streitige Punkte, die dann womöglich ganz unter den Tisch fallen.

▷ Schwierig ist es manchmal, wenn von den Konfliktparteien Punkte oder Themen nicht genannt werden, die der Mediator aber als wesentliche aus anderen Mediationen oder aus der eigenen Erfahrung kennt. Aus Gründen der Balance kann er dann allenfalls etwa drei zusätzliche als **„Beispiele aus anderen Mediationen"** nennen, aber höchstens ganz am Ende, wenn wirklich nichts mehr genannt wird. Und auch dann muss mediiert werden, wie und welche Themen davon auf die Liste kommen.

▷ Manchmal ist es sinnvoll, auf den Themenlisten noch Spalten zu haben für **nicht anwesende, aber für die Mediation wichtige Konfliktpartner** (z. B. Kinder; andere Erben; Leute die nicht mitkommen wollten). Man kann alle anwesenden Medianden fragen, was sie denken, was der- oder diejenige wohl genannt hätte. Man sollte irgendwie kennzeichnen, wer diese Phantasie hatte. Oft sind diese Themenpunkte dann solche, die man sich nicht selbst getraut hat zu nennen, oder anderweitig tabuisierte Themen. Man kann später mediieren, was damit geschehen soll – und manchmal erhält die Mediation dadurch eine überraschende Wendung.

▷ Die **Liste der Themen** sollten für alle Konfliktparteien kopiert oder auf andere Weise **vervielfältigt** werden. Sie sollte in allen Sitzungen **bis zum Ende der Mediation aufgehängt** sein, damit Medianden und Mediator jederzeit sehen können, welche Themen bereits bearbeitet und welche noch offen sind.

6. Interessen und Bedürfnisse hinter den Positionen

Übung für Mediatoren

Denken Sie an Ihren letzten Konflikt mit einem Ihrer Partner oder Partnerinnen. Versuchen Sie jetzt herauszufinden, welche Interessen, Bedürfnisse und tieferen Bedeutungen bei Ihnen dahinter steckten, und phantasieren Sie, welche bei Ihren Partnern dahinter steckten. Schreiben Sie beide Seiten in zwei Spalten auf – es sollte auf jeder Seite auch mindestens jeweils ein negatives Interesse dabei sein. Versuchen Sie herauszufinden, welche der Interessen Sie auf der anderen Seite verstehen oder sogar akzeptieren können. Phantasieren Sie, welche Ihr Partner oder Ihre Partnerin wohl bei Ihnen verstehen oder akzeptieren kann. Markieren Sie die gegenseitig verstandenen Interessen. Was ist Ihr Erkenntnisgewinn?

> Verstehen der Interessen: eine der wesentlichen Wirkungsweisen der Mediation

Einer der wichtigsten methodischen Bausteine in der Mediation – das ist in allen Schulrichtungen Konsens – ist die Arbeit an den Interessen und Bedürfnissen hinter den Positionen. Das Verstehen der eigenen Interessen und Bedürfnisse und das der anderen Konfliktpartner wurde bereits im **Harvard-Konzept**, das eigentlich kein Mediations-, sondern ein Verhandlungskonzept für wirtschaftliche und politische Bereiche war, als das Wesentliche (Essential) für faire Lösungen herausgestellt. Als **Thesen** lagen diesem Konzept zu Grunde:

- Probleme und Konflikte werden durch unterschiedliche Interessen bestimmt.

- Jedes dieser Interessen kann durch verschiedene Lösungen befriedigt werden.

- Lösungen werden erst möglich, wenn die wechselseitigen Interessen und Bedürfnisse gegenseitig anerkannt werden können.

Diese wichtigsten **Grundlagen für gutes Verhandeln** wurden sehr bald in die Mediation übernommen. Für die Mediation bedeutet das: Dies Verstehen und der Austausch der eigenen Interessen und der Interessen der anderen ist das Wesensmerkmal der Mediation. Nur dadurch werden faire Lösungen überhaupt möglich.

Verstehensprozess

Nach dem **Harvard-Konzept** können die Bedeutungen und Bedürfnisse hinter den Positionen bei den einzelnen Konfliktparteien sehr verschieden sein, aber oft gibt es trotz der unterschiedlichen Positionen gemeinsame, ähnliche oder wechselseitige Interessen. Nach diesem Konzept ist im **Verstehensprozess** das Wichtigste, dass sich jeder Konfliktpartner an die Stelle des anderen versetzen kann (G. Friedman nennt das „Eine Zeit lang in den Mokassins des anderen gehen"). Für die Mediation bedeutet das: Nicht das Gemeinsame und das Positive ist das unbedingt Wichtigste in diesem Verstehensprozess. Verstehen kann auch bedeuten: Ich verstehe auch das Schlimme und Negative in meinen eigenen Interessen und in den Interessen des oder der anderen. Das unterscheidet die Mediation von Schlichten, Richten oder humanistisch verbrämtem Verhandeln. Die Äußerung **dieser negativen Interessen** und Bedeutungen im gegenseitigen Verstehensprozess ist allerdings manchmal juristisch gefährlich, weil sie in einer eventuellen juristischen Auseinandersetzung als **parteiliches Kampfmaterial** verwendet werden könnten.

Es gibt noch einen Unterschied in der Mediation zum juristischen Verhandeln, Schlichten und Richten: Verstehen ist immer auch ein **optionaler Prozess**: Es gibt fast immer mehrere Interessen, Bedürfnisse, tiefere Bedeutungen, oft sind es vordergründige, hintergründige oder auch tiefgründige bis hin zu tragischen Bedeutungen. Nicht immer werden alle Ebenen in Mediationen herausgearbeitet oder müssen herausgearbeitet werden, aber für die verwendete Methodik ist dieses Wissen eine wesentliche theoretische Grundlage und schützt Mediation davor, nur als Technik für bessere Lösungen oder als Kommunikationstechnik missbraucht zu werden zu werden.

Inhalte im Verstehensprozess

Interessen, Bedürfnisse oder tiefere Bedeutungen sind naturgemäß in den verschiedenen Mediationsfeldern verschieden: Oft sind es Wünsche,

Hoffnungen, Vorlieben, Motivationen, bisher nicht veröffentlichte Sehn-
süchte, Verrücktheiten und Irrationales, menschliche Grundbedürfnisse
nach Anerkennung, Selbstbestimmung, Emanzipation, Freiheit, Sicherheit, wirtschaftlichem Auskommen, Hoffnungen, Gerechtigkeit und
Fairness, Tradition oder Innovation, Rücksicht oder Liebe, oder eben auch
Ängste, Befürchtungen, Sorgen, Bedrohungen, Krankheiten oder andere
negativ besetzte Bedeutungen. Wenn Mediatoren offen sind für **alle Ebenen dieser Interessen und Bedürfnisse**, werden sie sich wundern, welche
Bedeutungen oft hinter anscheinend oberflächlichen oder banalen Konflikten stecken können. Deshalb ist die Arbeit an den Interessen und
tieferen Bedeutungen auch die einzige Stufe in der Mediation, in der
Vergangenheit, Kränkung, Enttäuschung, Schuld und andere rückwärts
gewandte Bedürfnisse eventuell einen Platz haben können. Letzteres wird
allerdings nicht von allen Schulrichtungen der Mediation so gesehen.

Methodische Hilfen

Die Arbeit an den Interessen, Bedürfnissen und tieferen Bedeutungen
hat normalerweise ihren Platz nach der Themensammlung, kann sich
aber auch durch die gesamte Mediation ziehen, weil sie zu den **drei
Hauptschritten der Mediation** gehört (Interessen – Optionen – Verhandeln), die immer wieder, auch in Neben- oder Unterthemen oder neuen
Aspekten der Mediation vorkommen können. Die Frage „**Was steht für
Sie dahinter?**" ist eine der wichtigsten und häufigsten in der Mediation.
Bevor diese Arbeit begonnen werden kann, ist immer die **Erklärung** des
Mediators wichtig, wozu dieser Schritt gut ist, was er für den Mediationsprozess bedeutet. Wenn das Verständnis und das **Einverständnis für
diesen Schritt** nicht bei jedem der Konfliktparteien vorliegt, wird sich
keiner von ihnen wirklich darauf einlassen. Dazu ist er auch zu gefährlich – das wissen oder ahnen die meisten Medianden. Erst wenn alle zu
diesem Wagnis bereit sind, etwas über die Hintergründe zu veröffentlichen, kann diese Arbeit funktionieren – ein vorbereitender Schritt, der
von vielen Mediatoren übersehen und leicht als Unfähigkeit der Medianden abgestempelt wird. Und trotz aller innerer **Hypothesenbildung** ist
es für Mediatoren immer wieder überraschend, wer von den Konfliktparteien diesen Schritt zuerst tut, also den Eisbrecher spielt.

Methodisch wird dieser Schritt nach der Erklärung und dem Einverständnis von jedem Konfliktpartner wieder nach dem **Grundmuster der Mediation** gearbeitet, also mit Window I und Window II. Im **ersten Schritt** wer-

den die Interessen und tieferen Bedeutungen von jedem Einzelnen oder jeder Gruppe erfragt, erst im **zweiten Schritt** wird gefragt, ob jeder etwas bei den anderen verstehen, akzeptieren oder sogar unterstützen oder für sich brauchen kann.

Eine besondere Kunst bei dieser Arbeit ist, **die richtige „Bedeutungsfrage"** zu finden, die für alle Konfliktpartner passt. Das ist bereits in der Paar- oder Zweiparteien-Mediation schwierig, noch schwieriger in der Mehrparteien-Mediation, und es bedarf einer guten gedanklichen Vorbereitung durch den Mediator oder die Mediatoren für diesen Schritt. Die Bedeutungsfrage sollte an alle Konfliktpartner aus Gründen der Allparteilichkeit gleich gestellt werden können.

Einige Beispiele für Bedeutungsfragen

* „Was steckt eigentlich für Sie hinter diesem Konflikt?"
* „Könnten Sie ausdrücken, um was es Ihnen wirklich geht?"
* „Was bedeutet der Verlag (das Haus) für Sie selbst?"
* „Gibt es für Sie auch schwierige Hintergründe in diesem Konflikt?"
* „Erst wenn jeder von Ihnen die tieferen Bedeutungen in dieser Frage für sich selbst kennt und benennen kann, werden Sie später auch darüber verhandeln können. Gibt es für Sie hinter Ihren bekannten Positionen noch etwas anderes?"

Mögliche Techniken

Die Techniken für die Arbeit an diesem Verstehensprozess – in welcher Stufe auch immer – sind: **Zusammenfassen, Fokussieren, wertschätzendes Feedback, reflektive und zirkuläre Fragen, Akzeptieren der negativen und schwierigen Interessen**, Bedeutungen und Bedürfnisse (diese also nicht positiv umformulieren). Viele Mediatoren **visualisieren** bei dieser Arbeit nicht oder sehr wenig, weil sie den – oft intensiven – Prozess nicht unterbrechen wollen. Schwierig wird dann allerdings die **Erarbeitung der Wechselseitigkeit**, Ähnlichkeit und Gemeinsamkeit, weil besonders bei Mehrparteien-Mediation sich nicht alle alles merken können. Manche Mediatoren verwenden hier auch **manchmal psychologische Methoden**, z. B. dass sie jede Konfliktpartei wiederholen lassen, was sie von den Interessen und dahinter liegenden Bedeutungen bei den anderen verstanden haben. Das kann Sinn machen, manchmal aber auch zum

Widerstand führen, weil viele Konfliktparteien sich nicht so tief identifizieren wollen mit den Aussagen der anderen Partei. Leichter ist dann die **Visualisierung auf dem Flipchart** oder anderen großen Papieren in Spalten für alle anwesenden Personen oder Gruppierungen. Im **zweiten Schritt** kann dann jeder in den Spalten der anderen suchen, ob er dort etwas versteht, akzeptiert, teilweise versteht oder akzeptiert oder für sich selbst brauchen kann.

Beispielsätze für das Verstehen der anderen Interessen

- „Was von dem in den anderen Spalten können Sie verstehen oder vielleicht sogar akzeptieren? Ich würde das dann mit Ihrer Farbe kennzeichnen, etwas schwächer vielleicht, wenn Sie es vielleicht nur teilweise akzeptieren können."

- „Manchmal ist es hilfreich für das spätere Verhandeln, wenn es ähnliche oder gemeinsame Interessen oder Bedürfnisse gibt. Sehen Sie in den Spalten der anderen solche, die ähnlich oder gemeinsam sind?"

- „Wenn Ihre Schwester hier wäre, welche Interessen und Bedürfnisse hätte sie wohl noch genannt?"

- „Und welche Interessen und Bedürfnisse der anderen hätte sie wohl verstanden und akzeptiert?"

- „Einige von Ihnen haben (Jeder von Ihnen hat) in den Spalten der anderen einige Aussagen akzeptieren oder verstehen können. Das wird Ihnen für den weiteren Prozess nützlich sein. Auf jeden Fall wird es jedem von Ihnen helfen, bei der späteren Vereinbarung zu überprüfen, ob Ihre eigenen Interessen und Bedürfnisse darin vorkommen."

Praxisanregungen

▷ Die Arbeit an den Interessen, Bedürfnissen und tieferen Bedeutungen kann oft in die Gefahr geraten, zu **nah an Gefühle und Emotionen der Medianden** zu kommen. Einerseits ist diese Nähe eine der Ressourcen der Mediation, andererseits gehört es meiner Meinung nach zur Professionalität von Mediatoren, die **Grenze zur Therapie** einzuhalten und nicht zu überschreiten.

▷ Dazu gehört auch, dass Mediatoren die **Schutzbedürfnisse** von Menschen in Konflikten kennen und respektieren. Deshalb machen manche Mediatoren diese Arbeit mit jeder Partei einzeln, wenn sie das Gefühl haben, diese könnten es nicht ertragen, ihr Gesicht zu verlieren (**Caucusing**, Shuttle-Mediation).

▷ Mediatoren sollten in dieser Arbeit ihre **eigenen Fallen und Befangenheiten** sehr gut kennen. Wenn sie ihre eigenen Betroffenheiten in diesen Punkten nicht bearbeitet haben, sollten sie mit der Arbeit an den Interessen vorsichtig umgehen und einen guten Mediationssupervisor im Hintergrund haben.

7. Optionen

Übung für Mediatoren

Denken Sie an eine frühere konflikthafte Situation in Ihrem Leben, in der Sie nur eine Lösung sehen konnten. Überlegen Sie jetzt mindestens zwei Alternativen dazu. Wie ist das für Sie, wenn Sie diese Alternativen heute sehen können?

Alternativen – Wahlmöglichkeiten – Optionen

Die Optionenentwicklung gehört wie die Arbeit an den Interessen und wie das mediative Verhandeln zu den **drei Herzstücken** und wirkungsvollen Hauptschritten **der Mediation**. Darin sind sich alle Schulrichtungen einig, auch wenn die Formen der Optionen unterschiedlich gesehen und entwickelt werden. Alle berufen sich dabei letztlich auf das **Harvard-Konzept**. Sie verstehen unter der Arbeit an den Interessen den Schritt in die Tiefe und unter der Optionenentwicklung den Schritt in die Weite und in Richtung Vergrößerung der Wahlmöglichkeiten. Aus dem „Entweder – Oder" wird damit das „**Und noch – Und noch – Und noch**" (oder die „**Vergrößerung des Kuchens**", wie dieser Vorgang oft beschrieben wird). Das Harvard-Konzept meint hier allerdings nicht nur die Entwicklung von verschiedenen Lösungsoptionen, wie heute viele Mediatoren diesen Schritt praktizieren, sondern die Entwicklung von neuen **Ideen und kreativen Möglichkeiten**, im Sinne von Träumen, Spekulationen und alternativen Wahlmöglichkeiten. Dahinter steht die Philosophie, dass nicht über Entweder – Oder, sondern nur über die Entwicklung von vielen Möglichkeiten Veränderung und neue Lösungen möglich werden.

Veränderung und neue Lösungen

E. de Bono geht sogar noch einige Schritte weiter: Er spricht bei Optionen von „**Entwerfendem Denken**", „**Wege der kreativen Planung**", „**Konzi-**

pierender Kreativität", „Zukunftsorientiertem Denken", „Entwerfen von neuen Karten und Räumen", „Offenen Systemen" und „Neuen Konstruktionen und Mustern". Er sieht diese Möglichkeiten systemisch: Die geschlossenen Systeme sind rückwärts gewandt, antagonistisch, dialektisch, taktisch-strategisch und taugen mit ihren Kampfidiomen wie „Strategie", „Taktik", „Gewinnen und Verlieren", „Gegnerische Parteien" etc. nicht als **neue Konfliktlösungs-Modelle**. Er zählt auch das normale Verhandeln zum alten antagonistischen Modell, das im Grunde keine neuen Lösungen hervorbringen kann, sondern höchstens Kompromisse und Übereinstimmungen. Dagegen können kreative neue Konfliktlösungen nur in offenen Systemen entstehen und entwickelt werden, die nicht mehr ausschließlich auf Logik und dialektischer Argumentation basieren, sondern auf symbolhaftem und zukunftsorientiertem, neue Karten entwerfendem kreativen Denken. Mediatoren nennt de Bono **„Konflikt-Designer"** (Haynes nennt sie „Regisseure" und „Orchester-Dirigenten" – also viel kreativere Bezeichnungen als die logische und sachliche Bezeichnung „Vermittler").

Optionen-Modelle

Die Modelle zum Entwickeln von Optionen sind vor allem von den Vertretern des Harvard-Konzepts, von de Bono und von John M. Haynes entwickelt und gesammelt, aber inzwischen von anderen Praktikern der Mediation weiter entwickelt worden:

- Optionen können unter dem Aspekt der „besten Alternativen" (Harvard-Konzept: BATNA) oder unter dem der „schlechtesten Alternative" (Harvard-Konzept: WATNA) entwickelt werden.

- Optionen können als provisorische, als partielle, als vorrangige oder nachrangige Möglichkeiten gesucht werden.

- Optionen werden gesucht als Wünsche für die Zukunft, als Phantasien, als nicht auf den ersten Blick realisierbare Möglichkeit, als ungewohnte, vielleicht verrückte, als Traumtänzer- oder als Zauberideen.

- Optionen werden gesucht aus der Sicht von anderen betroffenen Personen (Kindern, anderen Erben, nicht anwesenden Firmenangehörigen etc.) oder aus der Sicht anderer Fachpersonen (Arzt, Psychologe, Anwalt, Bankfachmann etc.).

- Optionen werden gesucht unter dem Aspekt des eigenen Vorteils oder unter dem Aspekt des gemeinsamen Nutzens etc.

121

Diese Modelle sind sicherlich nicht in allen Mediationsfeldern gleichermaßen zu verwenden und sicher auch noch erweiterbar. Für die Verwendung dieser oder anderer Modelle ist die Entwicklung von **Arbeits-Hypothesen für das jeweilige Feld**, für die betreffenden Medianden und für den Verlauf des Mediationsprozesses unverzichtbar, damit die **Wahl des Modells** für die Optionenentwicklung diese maximal fördert und nicht etwa verhindert (z. B. das Modell der „Verrückten Ideen und Phantasien" in einer Erb-Mediation, in der eigentlich Trauer noch ein Thema ist; das Modell des „gemeinsamen Vorteils in einer Wirtschafts-Mediation", in der sich die Konfliktparteien kaum ansehen oder anreden können etc.).

Optionen im Mediationsprozess

Die Optionenentwicklung findet in der Regel in der Stufe nach der Arbeit an den Interessen und Bedürfnissen statt, aber eigentlich ziehen sich die Optionen **durch die ganze Mediation**, so wie sich auch die optionale Haltung der Mediatoren durch die gesamte Mediation ziehen soll. Im Grunde beginnt die Optionenentwicklung bereits im Erstgespräch (z. B. bei der Frage der Bezahlung der Mediation oder der Einbeziehung von anderen betroffenen Personen in die Mediation), über die Themensammlung (wie soll hier mit den Regeln verfahren werden?), über die verschiedenen Möglichkeiten von Verhandlungsmodellen bis hin zu den juristischen oder nichtjuristischen Formen von Vereinbarungen und den möglichen Folgen und Sanktionen.

Die eigentliche Optionenentwicklung sollte in jedem Fall **deutlich vom Verhandeln abgekoppelt** sein. Ihre Ergebnisse sollten immer noch **veränderbar** und überdenkbar sein, bevor es ans Verhandeln geht. D. h. es sollte (auch in einer Kurz-Mediation) immer eine **Pause zwischen diesen beiden Schritten** geben, damit die Medianden die gefundenen Alternativen und Wahlmöglichkeiten mit Freunden, anderen Betroffenen, Fachleuten, auch Anwälten überprüfen und durchsprechen können. Für Mediatoren bedeutet das ein gutes Zeitmanagement in der Mediation, damit diese – für das Ergebnis der Mediation entscheidend wichtige – Pause auch zeitlich möglich ist. Auch wenn es sich um eine sehr enge Optionenentwicklung handelt – z. B. mit ausschließlichen Lösungsoptionen oder nur vom Recht vorgeschlagenen Lösungen –, sollte diese Atempause zum Nachdenken und Besprechen möglich und eingeplant sein.

Mediative Techniken für die Entwicklung von Optionen

Als mediative Techniken für die Optionenentwicklung eignen sich alle Formen von **reflektiven und zirkulären Fragen**, das **Brainstorming, Zukunftsorientieren, Zusammenfassen, Beispiele aus anderen Mediationen** und andere **zirkuläre Möglichkeiten, wertschätzendes Feedback** (besonders auch für die negativen Optionen).

Visualisierungsmöglichkeiten

Für die **Visualisierung** der Optionenentwicklung kommen mehrere Möglichkeiten in Frage. Mediatoren können nach dem **Grundmuster der Mediation** (Window I und II) auf einer Flipchart **mit Spalten** für die verschiedenen Konfliktparteien oder Gruppierungen in der Mediation die genannten Optionen aufschreiben und dann wieder diejenigen kennzeichnen, die von den anderen als interessant oder auch für sie selbst in Frage kommend benannt werden. Sie können diese Ideen aber auch auf eine große Flipchart **untereinander** schreiben (mit verschiedenen Farben oder Bezeichnungen für die Autoren), oder aber die Ideen z. B. auf **verschieden bunte Karten** schreiben oder schreiben lassen und diese dann an die Wand heften, entweder zugeordnet oder nicht. Man kann die interessanten, in Frage kommenden mit Namen kennzeichnen oder mit verschiedenen Farben ankreuzen, oder mit vorher verteilten **farbigen Klebepunkten** versehen lassen, um Mehrheiten für bestimmte Optionen erkennen zu können. Der Phantasie sind keine Grenzen gesetzt, so weit sie in der Durchführbarkeit gut durchdacht sind, damit anschließend ein klares Bild darüber entsteht, welche Optionen vielleicht als Möglichkeiten fürs Verhandeln in Frage kommen.

Wichtig ist, hier optional zu bleiben und möglichst viele Optionen von jedem entwickeln zu lassen, auch die **negativen oder destruktiven Optionen zuzulassen** und aufzuschreiben, u. U. auch **zirkulär** nach den möglichen Optionen von nicht anwesenden, für die späteren Lösungen aber vielleicht wichtigen Personen zu fragen (von Kindern, Verwandten bei Familien-Mediationen, von Kollegen und anderen Mitarbeitern bei Wirtschafts- oder Mobbing-Mediationen etc.). Die für alle Medianden in Frage kommenden Optionen sollten für alle abgeschrieben, kopiert, fotografiert oder anders **vervielfältigt** werden, damit sie als Grundlage zum Nachdenken und Durchsprechen mit Bekannten, Freunden, Fachleuten vorliegen.

123

Beispielsätze für die Optionen-Entwicklung im Erbfall Schaller

- „Sie werden später fürs Verhandeln mehr Wahlmöglichkeiten brauchen. **Je mehr Alternativen** Sie haben, **umso besser** für Ihre Vereinbarungen."

- „**Welche Ideen oder Fantasien** haben Sie, was Sie mit Ihrem Verlag (Ihrem Haus) alles machen könnten?"

- „Fallen Ihnen **noch mehr ungewöhnliche Möglichkeiten** ein – wenn Sie z. B. zaubern könnten oder einen Zauberstab hätten?"

- „Sie sagen, die besten Möglichkeiten gingen alle nicht – wie sähen für Sie dann **die zweitbeste oder die drittbeste** aus?"

- „Gibt es vielleicht Ideen, die **auf den ersten Blick nicht realisierbar** sind, aber vielleicht auf den zweiten?"

- „**Welche Ideen hätten wohl Anna und deren Kinder**, wenn man sie dazu fragen würde?"

- „**Welche Ideen haben andere Verlage** (Familien, Erben) entwickelt, wenn es um die Übergabe einer Firma oder eines Verlags in die nächste Generation ging. Wissen Sie da etwas darüber?"

Beispielsätze für das Akzeptieren der Ideen der anderen

- „Für Ihre weitere Arbeit kann es sehr nützlich sein, mal zu schauen, was von den vielen Ideen, Phantasien und Möglichkeiten, die Sie hier entwickelt haben, einigen oder mehreren von Ihnen auch gefallen oder interessant gefunden werden. Manchmal sind es mehrere Ideen oder Kombinationen von Ideen, die zu Lösungen und Ergebnissen führen. Schauen Sie mal hin, ob Ihnen dort etwas auffällt."

- „Welche Ideen der anderen finden Sie interessant – welche vielleicht teilweise?"

- „Können Sie etwas für Ihre eigenen Vorstellungen gebrauchen von den Ideen und Phantasien der anderen?"

- „Können Sie vielleicht sogar Ähnliches oder so ähnlich ausgedrücktes erkennen, vielleicht sogar gemeinsame Ideen?"

- „Welche Ideen oder Phantasien hätten wohl Ihrem verstorbenen Vater (Mann) gefallen?"

Praxisanregungen

▷ Die Optionenentwicklung ist auch für die Mediatoren ein gutes **Mittel gegen die eigene berufliche oder biographische „Schere im Kopf".**

Sie macht auch Spaß, weil sie meist eine kreative und schöpferische Seite sowohl bei den Medianden wie auch bei den Mediatoren selbst frei setzt.

▷ Für das Funktionieren dieser Arbeit ist es gut, wenn die Mediatoren bei der Entwicklung von Optionen **selbst mindestens drei im Kopf** haben, und davon sollte eine Option **eine negative** sein. Notfalls können Mediatoren diese drei auch als „Beispiele aus anderen Mediationen" benutzen, wenn wenig oder gar nichts kommt. Medianden hören an der Art des Fragens, ob es noch mehr Möglichkeiten gibt, und kommen dann selbst auch auf mehr.

▷ Ich halte es für wichtig ist, bei den Fragestellungen im Sinne der Balance darauf zu achten, immer möglichst **an alle Konfliktparteien die gleichen Fragen** zu stellen. Gut ist auch, die Ideen möglichst schnell zu erfassen, nicht lang nachzufragen (die Ausführungs-Bestimmungen kommen ja erst später beim Verhandeln), evtl. zu lernen, sehr schnell und kodiert zu schreiben (oder einen **Hospitanten oder Co-Mediator zum Schreiben** zu haben), damit diese Arbeit im Fluss bleibt und nicht durch Nachfragen und zu langsames Schreiben gebremst wird. Diese Stufe ist die Einzige in der Mediation, wo nicht Verlangsamen des Prozesses, sondern „**Verschnellen**" angesagt ist. Und ein Letztes: Mediatoren sollten keinesfalls die negativen Optionen überhören oder nicht aufschreiben, sondern sich bewusst machen: Jetzt läuft's!

▷ Meiner Erfahrung nach ist es wichtig, dass Mediatoren sich ein gut funktionierendes System für die **Visualisierung** der gemeinsamen oder interessanten Ideen entwickeln, das sie selbst und die Medianden nicht verwirrt. Besonders wichtig ist das **bei großen Mehrparteien- oder Gruppen-Mediationen**.

▷ Hilfreich für die weitere Arbeit ist, die gemeinsamen oder interessanten Ideen wertzuschätzen und zu würdigen, auch wenn sie womöglich spärlich geblieben sind, sie deutlich zu kennzeichnen (oder z. B. mit bunten Klebepunkten versehen zu lassen) und sie den Medianden mitzugeben, damit sie diese mit Freunden, Partnern, anderen Betroffenen, Fachleuten, Anwälten etc. durchsprechen können. Wichtig ist an dieser Stelle auch der **Prozessausblick** auf das nun anstehende Verhandeln.

▷ Ein Letztes: Die Optionenentwicklung kann Mediatoren helfen, durch die ganze Mediation eine **optionale Haltung** zu bewahren, d. h. immer wieder zu fragen „Und noch – Und noch?", besonders dann, wenn Mediationen drohen, eng zu werden.

8. Maßstäbe für Fairness und Gerechtigkeit

Übung für Mediatoren

Welche eigenen Maßstäbe für Fairness und Gerechtigkeit haben Sie? Welche anderen Maßstäbe würden Sie in Mediationen aus Ihrer Neutralität und inneren Balance bringen?

Eigene und „objektive" Gerechtigkeit

Der hohe Stellenwert, den das deutsche Grundgesetz der **Privatautonomie** einräumt, erlaubt den streitenden Parteien, insbesondere in der Mediation **eigene Kriterien und Maßstäbe für ihre Gerechtigkeit** zu erarbeiten. In die Mediation eingebracht und entwickelt haben diesen Gedanken vor allem G. Friedman und J. Himmelstein mit ihren „points of reference", die normalerweise mit „Bezugspunkten" übersetzt, nicht ganz das Gleiche meinen wie „Fairnesskriterien". Bei dem Gedanken der eigenen Gerechtigkeit geht es vor allem darum, eigene Maßstäbe zu finden, anhand derer die Konfliktparteien am Ende der Mediation ihre Vereinbarungen überprüfen können, ob sie diese gerecht finden und ob sie die Vereinbarungen mit gutem Gewissen und mit guten Gefühlen unterschreiben können.

Bei der Entwicklung dieser Maßstäbe gibt es im besten Fall ein oder mehrere Kriterien, die von allen geteilt werden, was aber nicht immer der Fall ist und auch nicht unbedingt sein muss, wenn die **Vereinbarung für jeden Einzelnen gerecht und fair** ist. In vielen Mediationen decken sich die Vorstellungen über Fairness und Gerechtigkeit nicht bei allen Teilnehmern, auch wenn sie mit den gleichen Begriffen benannt werden. So verstehen z. B. unter „Gerechtigkeit" oder „Ausgleich von Schuld" die Konfliktparteien fast immer etwas Verschiedenes, auch wenn diese Bezeichnungen vielleicht bei allen vorkommen. Genau diese „**Eigen-Gerechtigkeit**" ist in der zugestandenen Privatautonomie aber ausdrücklich gemeint und gewollt. In der Mediation und für viele Mediatoren bedeutet das zunächst, Abschied nehmen zu müssen von der „**objektiven**" Gerechtigkeit und eine Relativierung des normativen Rechts. Dieser Abschied ist für viele Mediatoren – nicht nur für die Juristen unter ihnen – gar nicht so leicht.

Fairnesskontrolle

Die Arbeit an den eigenen Gerechtigkeitskriterien ist nicht in allen Schulrichtungen der Mediation Konsens. Ich halte diesen Schritt deshalb für notwendig, weil es sonst schwer nachvollziehbar ist, anhand welcher Kriterien besonders in Erb-, Wirtschafts-, Schul-, aber auch Familien-Mediationen die erarbeiteten Vereinbarungen überprüft werden sollen, außer natürlich dem Recht. Aber das Recht wollen viele Medianden ja genau nicht als einzige **Fairnesskontrolle**. In einigen Mediationsfeldern – in der Schul-Mediation z. B. spielt das Recht eine untergeordnete Rolle – ist das Bedürfnis nach eigener Fairness und Gerechtigkeit besonders groß. Besonders häufig genannte **Maßstäbe und Kriterien** sind z. B.:

- Machbarkeit und ökonomische Realität

- Weiterhin Respekt im Umgang miteinander nach Beendigung der Konflikte

- Interessen und Bedürfnisse von jedem Einzelnen

- Erhalt von „Werten" wie z. B. Firmen- oder Familienbesitz, guter Ruf, Wohl der Kinder, Umwelt, Erhalt von Beziehungen (Schulgemeinschaft, Familie, Betrieb, Nachbarschaft, Elternschaft)

- Absicherung der Zukunft

- Anerkennung von Arbeit und Energie

- Materieller und immaterieller Kontenausgleich, z. B. auch von Schuld

- Ausgleich von Geben und Nehmen

- Prinzipien der Rechtsordnung

Fairness und Gerechtigkeit im Mediationsprozess

Dieser wichtige methodische Baustein der Mediation kann **an fast jeder Stelle der Mediation** stehen, besonders vor oder nach dem Mediieren der Rolle, die das Recht haben soll, aber vor dem Verhandeln ist er sinnvoll. Manche Mediatoren entwickeln die Liste der Kriterien vom Erstgespräch an, wenn dort bereits erste Maßstäbe auftauchen. Andere erarbeiten diese Liste zu jedem Konfliktthema neu, wieder andere entwickeln sie irgendwann vorm Verhandeln als Gesamtkriterienliste für alle Regelungspunkte der Vereinbarung. Ich halte es für wichtig, das Entwickeln der **Fairnesskriterien deutlich von der Arbeit an der Rolle des Rechts abzukoppeln** (weil es in diesem Zusammenhang wichtig ist, die Rolle, die das Recht in dieser Mediation haben soll, mit den eigenen Fairnesskriterien zu vergleichen). Die Arbeit an den Fairnesskriterien sollte **auch abgekoppelt werden vom Verhandeln** und Vereinbaren, weil die Verhandlungsergebnisse ja anschließend an den eigenen Gerechtigkeitskriterien überprüft werden sollen.

Methodische Hilfen

Meiner Erfahrung nach ist es auch bei diesem methodischen Schritt wichtig, die **Übergangsschritte** sorgfältig zu machen (Zusammenfassung und Wertschätzung der bisherigen Arbeit, die Erklärung des nächsten Schrittes und dessen Bedeutung für den Prozess, das Abfragen des Verstehens dieser Erklärung und das Einverständnis **aller** Medianden). Diese methodische Mühe sollten sich Mediatoren machen, weil das Nachdenken über die eigenen Fairnesskriterien ein nicht alltäglicher Vorgang ist – manche Medianden haben ihn noch nie gemacht und brauchen deshalb Zeit, um zu verstehen und zu akzeptieren. Wegen der Balance gegenüber den Medianden halte ich es für wichtig, dass der Mediator diesen Übergangsschritt für alle Medianden gleich sorgfältig macht, weil gerade **die verschiedenen Gerechtigkeitsvorstellungen der Medianden** in der Mediation eine heikle Klippe zum Abbruch darstellen. Daher ist auch an dieser Stelle geboten, vorher über eine Frage nachzudenken, eine Frage, die kurz und prägnant genug ist, dass sie für alle brauchbar ist und von allen verstanden wird. (Gelingt es nicht, liegt es meist an der falschen Fragestellung des Mediators und nicht an der Dummheit der Medianden. Es lohnt sich, sich in diesem Fall zu entschuldigen und es noch einmal anders zu versuchen!). Also z. B.:

Beispielsätze für das Einführen und Mediieren von Gerechtigkeits- und Fairnesskriterien in der Erb-Mediation Schaller

- „Für Ihre Vereinbarungen wird es wichtig sein, dass jeder von Ihnen sich überlegt: **Welche Gerechtigkeit** muss darin eigentlich enthalten sein, damit ich sie auch mit einem guten Gefühl unterschreiben kann. Jeder von Ihnen hat ja wahrscheinlich etwas andere Maßstäbe von Fairness, und das wird Ihre Vereinbarung farbiger und interessanter machen. Aber Sie wollen Sie ja auch alle unterschreiben können. Darum möchte ich Sie jetzt einmal einladen, darüber nachzudenken, welche Fairness und Gerechtigkeit müsste für Sie darin enthalten sein. Konnte ich Ihnen den nächsten Schritt, den ich mit Ihnen machen möchte, einigermaßen verständlich erklären?"

- **„Welche Aspekte oder Gesichtspunkte von Fairness** sollten sozusagen unausgesprochen in Ihren Vereinbarungen enthalten sein? Ich frage das erst einmal Sie, Sofia, und das Gleiche auch dann Sie, Rebecca, und Sie, Christof."

- „Welche Gerechtigkeit müsste es geben für Ihre Vereinbarungen, damit Sie – und Sie – und Sie – das Gefühl haben können: **Das ist einigermaßen fair – das kann ich unterschreiben?**"

- „Es könnte für Sie wichtig sein, bereits hier beim Verlag zu überlegen, **mit welchen Maßstäben für Gerechtigkeit** könnte ich eine Vereinbarung zum Verlag mit guten Gefühlen unterschreiben. Ich werde Sie alle das Gleiche dann noch einmal fragen, wenn es später um das Haus geht."

Gemeinsame Gerechtigkeitskriterien

Wenn dieser Schritt mit allen Medianden gemacht und auch visualisiert worden ist, kommt wieder der methodisch **zweite Schritt** (Window II), nämlich festzustellen, ob es bei den Fairnesskriterien der anderen eines oder mehrere gibt, die einem selbst auch zusagen (dieser Schritt ist nicht zwingend notwendig, denn die Kriterien sind, wie gesagt, erst einmal wichtige eigene Maßstäbe zur späteren Überprüfung). Gar nicht so selten gibt es aber selbst bei Mehrparteien-Mediationen ein oder auch mehrere Maßstäbe, die entweder gleich sind oder von den anderen als akzeptabel genannt werden. Manchmal werden diese **gemeinsamen Gerechtigkeits- und Fairnessvorstellungen** einer Vereinbarung gewissermaßen als **Präambel** vorangestellt (s. S. 45).

Praxisanregungen

▷ Es lohnt sich, diese Arbeit an den Fairnessvorstellungen der Medianden grundsätzlich immer zu machen, nicht nur bei so genannten „intellektuellen" Medianden, sondern bei allen, und **besonders auch bei „Armuts-Mediationen"**, wo die Frage der Gerechtigkeit meistens eine besondere Rolle spielt.

▷ Wichtig und lohnend ist dieser Arbeitsschritt auch bei Mediationen, in die **Kinder und Jugendliche** einbezogen werden, besonders also auch in Schul-Mediationen. Kinder und Jugendliche haben oft sehr von den Erwachsenen abweichende Gerechtigkeitsvorstellungen, und für die Haltbarkeit von Vereinbarungen ist es nützlich, einige Konsensvorstellungen entwickelt zu haben, auf die sich alle beteiligten Generationen verständigen konnten.

▷ Es ist hilfreich, die **Listen von Gerechtigkeitsvorstellungen zu den Beratungsanwälten mitzugeben** – diese können dann besser sehen und verstehen, welche Maßstäbe außer dem Recht für ihre Mandanten und für die so genannte Gegenpartei relevant sind. Die Beratungsanwälte können damit besser beraten und informieren.

▷ Am wichtigsten ist jedoch die Arbeit der Mediatoren an ihren **eigenen Gerechtigkeitsvorstellungen,** damit sie nicht ihre innere Balance und Neutralität in der Arbeit verlieren. Wenn sie in Co-Mediation arbeiten, ist diese Reflexion noch wichtiger, damit die Balance nicht doppelt gefährdet wird, wenn die Vorstellungen womöglich beider Mediatoren von denen der Medianden abweichen. Wenn eine Abweichung immer wieder an der gleichen Stelle in Mediationen passiert (z. B. immer in Mediationen mit sehr reichen Medianden oder auch immer in Armutsfällen), sollten Mediatoren das in einer Supervision bearbeiten.

9. Rolle des Rechts

Übung für Mediatoren

Welche positiven oder negativen Erfahrungen haben Sie mit dem Recht gemacht? Wie werden diese Erfahrungen Ihre Neutralität und innere Balance in der Mediation beeinflussen? Inwieweit wird Ihre Haltung zum Recht auch die Rolle beeinflussen, die das Recht in Ihren Mediationen spielt?

Unterschiedliche Vorstellungen vom Recht

In diesem Methodikhandbuch soll es weniger um die allgemeine Rolle des Rechts in der Mediation gehen – darüber ist bereits viel veröffentlicht worden –, sondern vielmehr um die Methodik, mit der die Rolle des Rechts in Mediationen mediiert werden kann. Auch soll es nicht nur darum gehen, wann und wie das Recht in die Mediation eingeführt wird. Das Recht spielt **nicht in allen Feldern der Mediation die gleiche wichtige Rolle** wie z. B. in vielen Wirtschafts-, Erb- oder auch Scheidungs-Mediationen. Trotzdem scheint es auch in relativ **rechtsfernen**

Mediationen wie der Schul-Mediation notwendig zu sein, die Rolle des Rechts zu mediieren, weil die Erfahrung zeigt, dass bei fast allen Konfliktpartnern oder Konfliktgruppierungen, sogar bei Schülern – und oft auch bei den Mediatoren – das Denken **bestimmt ist von gesellschaftlichen Normvorstellungen** über das, „was recht ist". Dieses Denken ist aber bei den verschiedenen Konfliktparteien verschieden ausgeprägt – darum ist das Mediieren der Rolle, die sie dem Recht zukommen lassen wollen, für die Mediation so wichtig.

Verrechtlichung von Gefühlen und Ansprüchen

Hinzu kommt, dass durch die „Verrechtlichung" von Gefühlen, wie sie häufig in Konflikten auftritt, die Rolle des Rechts vielfach vernebelt und verdunkelt wird. Viele Medianden erwarten vom juristischen System, dass sie Gefühle, z. B. Hass, Rache, Enttäuschung, Ohnmacht, Wut, und Trauer, dorthin delegieren können und dafür **als Ausgleich „ihr" Recht** bekommen. Besonders dann ist es in Mediationen wichtig, die Bedeutung des Rechts zu mediieren.

Die Rechtsordnung – wenigstens in unserem westlichen Raum – ist immer noch von einem Denken geprägt, das mit Konflikten Gewinnen oder Verlieren, Kampf um Recht, Ansprüche und Gegenansprüche meint, aber auch ein Denken, das dem Rechtssystem die Macht zu Rache, Wiedergutmachung, Schuldausgleich und Gerechtigkeit zuweist. Vielen Mediatoren begegnet in ihren Mediationen das erwähnte **Anspruchsdenken**, oft auch die Hoffnung, Lösungen seien durch Delegation der Entscheidungen an Dritte zu erzielen, und manchmal die Ansicht, man könne doch die **Schwäche des anderen** (von „Gegner" oder „gegnerische Partei" wird in Mediationen nicht so offen gesprochen, oft aber doch gemeint) ausnutzen oder als Waffe benutzen.

Schwächen der anderen

Die Interessen und Bedürfnisse der anderen Konfliktparteien sind oft schwer zu akzeptieren, auch wenn klar ist, dass alle Beteiligten nach diesen Konflikten weiter zusammenleben oder arbeiten müssen. Die Ängste, Schwächen zu zeigen und dafür in eine schlechtere Position zu gelangen, machen sich besonders bei der Arbeit an den tieferen Interessen und Bedeutungen bemerkbar, aber auch bei der Entwicklung von

Optionen und Veränderungsmöglichkeiten und bei den Fairnesskriterien. Besonders deutlich ist dies bei Medianden, die wissen, dass sie beim Kampf im antagonistischen System mit den Schwächen des oder der anderen leicht zu Siegern würden (z. B. im Arbeitsrecht, bei Sorge- und Umgangsrechts-Mediationen etc.). Allerdings gibt es inzwischen etliche Juristen, die mit J. Himmelstein **das bestehende Recht auf dem Weg vom repressiven zum autonomen und responsiven Recht** sehen, **das vor allem eigene und optionale Rechtsschöpfungen und Vertragsgestaltungen fördert**, die Interessen und Bedürfnisse aller beteiligten Konfliktpartner einschließen. Die Zukunft wird zeigen, ob Konflikte bei Gericht bald nicht mehr nach „Streitwert" berechnet werden, sondern vielleicht nach **„Friedenswert"**. Mediation wird dann vielleicht nicht mehr im „Schatten des Rechts", sondern **im „Licht des Rechts"** stattfinden.

Das geltende Recht hat in Mediationen viele wichtige Funktionen und Aufgaben:

- Das Recht tritt als **Auffangnetz** ein, wenn die Mediation ganz oder in Teilen scheitert.

- Das Recht bietet sich als **Schutz** besonders des oder der Schwächeren in einer Mediation an.

- Die gültigen rechtlichen Regelung können auch **Optionen und Anregungen** sein bei der Regelung der anstehenden Konflikte.

- Jede der Konfliktparteien kann **am Recht überprüfen** und würdigen, inwieweit sie selbst und auch die anderen **Rechtspositionen aufgeben**.

Konkrete Fragestellungen für die Rolle des Rechts

Das Mediieren der Rolle des Rechts sollte **spätestens vor dem Vereinbaren** stattfinden, aber auch in jeder anderen Stufe können rechtliche Fragen auftreten. Deshalb ist es wichtig, dass Mediatoren die unterschiedlichen Aspekte in jeder Stufe beachten und sorgfältig mediieren. Das Wichtigste ist dabei, dass der Mediator sich über die Bedeutung des Rechts in dieser Mediation und **für jeden Medianden Hypothesen** bildet und sie auch überprüft. Folgende Fragen sind dafür hilfreich:

- Welche **Bedeutung** hat das Recht für jede Konfliktpartei?

- Welche **genauen Rechtsinformationen** hat jede Konfliktpartei zu ihrer eigenen Rechtsposition?

- Was weiß jede der Konfliktparteien über die **Möglichkeiten von eigenen (rechtsgültigen) Regelungen** ihrer Konflikte und über die prozessualen Möglichkeiten dafür?

- Wie bekommen die Konfliktparteien das **notwendige juristische Wissen?**

- Wie wollen die Konfliktparteien dieses **Wissen mit ihren eigenen Fairness- und Gerechtigkeitsvorstellungen verbinden?**

Diese Fragen kann der Mediator für seine eigene Hypothesenbildung verwenden oder auch abgewandelt, um die Rolle des Rechts konkret zu mediieren – z. B. entweder vor oder auch nach dem Gang zu parteilichen Anwälten oder vor oder nach der Einbeziehung der konkreten Rechtsinformationen in die Mediation (z. B. durch einen juristischen Co-Mediator).

Rolle des Rechts in den verschiedenen Stufen der Mediation

In den ersten beiden Stufen, der **Vorlaufphase** und der **Einführungs- und Kontraktphase** der Mediation, wird es vor allem um den Mediationskontrakt gehen (s. S. 107 ff.) und darum, wie die Medianden an ihre notwendigen allgemeinen oder auch parteilichen Rechtsinformationen für ihren Fall kommen. Hier müssen die Mediatoren (in Deutschland wegen der noch verbotenen **Rechtsbesorgung und Rechtsberatung** durch Nichtbefugte) entscheiden, inwieweit sie Rechtsberatung selbst durchführen (so weit sie Anwälte sind) oder durch zusätzliche parteiliche Beratungsanwälte voraussetzen. Auch die Fragen von **Schweigepflicht und Zeugnisverweigerungsrecht** gehören als rechtliche Aspekte in diese Stufe. Manchmal ist es bereits notwendig, in dieser Stufe der Mediation die Rolle des Rechts zu mediieren, besonders wenn die Bedeutung des Rechts für die Medianden verschieden zu sein scheint oder wenn einer oder mehrere Medianden sich eng am Recht orientieren wollen. Schon in diesem Stadium kann es notwendig werden, einen **Mediator mit Anwaltszulassung als Co-Mediator** in die Sitzungen einzubeziehen, insbesondere auch, wenn es darum geht, bestimmte Fristen zu wahren oder sie wenigstens zu kennen.

In der **Stufe der Themensammlung,** tauchen **juristische Themen häufig** auf, so wie hier in der Erb-Mediation bei Familie Schaller die Frage eines womöglichen Pflichterbteils für Anna und ihre Kinder etc. Auch die Frage, welche juristische Form die endgültige Vereinbarung haben soll und wer sie schreibt, tritt vielfach am Anfang einer Mediation auf. Auch hier kann es notwendig sein, die Rolle des Rechts zu mediieren.

In der **Stufe der hinter den Positionen liegenden Interessen** und Bedürfnisse spielt das Recht eine **untergeordnete oder gar keine Rolle**, es sei denn in der oben erwähnten Form der „Verrechtlichung" von Gefühlen. In diesem Fall ist auch hier Mediieren der Rolle des Rechts angesagt (oder aber die Frage, wie und wo diese Vermischung von Gefühlen und Erwartungen an das Recht aufgelöst werden kann, z. B. in Therapie oder Beratung).

Auch in der **Stufe der Entwicklung von Alternativen und Optionen** spielt das Recht eine eher **untergeordnete Rolle**, es ist eine der möglichen Optionen. Hier kann das **Recht eine der Ressourcen** sein, um möglichst viele Alternativen zur rechtlichen Lösung zu entwickeln. Bei der Entwicklung der Optionen ist es wichtig, dass sich Mediatoren dahin gehend kontrollieren, sich nicht durch die Lösungsmöglichkeiten des Rechts einengen zu lassen und womöglich dadurch die Optionen-Entwicklung der Medianden einschränken oder gar verhindern durch das Recht als „Schere im Kopf".

Deshalb sind **Beratungsanwälte hilfreich**, die in Frage kommende Optionen der Medianden durchrechnen und ihnen die inhaltlichen und **prozessualen Möglichkeiten** zur Umsetzung vermitteln. Auch die übrigen juristisch relevanten Fachleute wie Steuerberater, Notare, Rentenberater, Schuldnerberater etc. können in dieser Stufe zur Beratung bei den in Frage kommenden Optionen von Bedeutung sein, besonders für die Optionen, bei denen Medianden beabsichtigen, auf eigene Rechtspositionen teilweise oder ganz zu verzichten.

In der **Stufe, in der an den Fairnesskriterien und an der Rolle des Rechts gearbeitet** wird, ist das **Recht nur einer der vielen möglichen Bezugspunkte** für Fairness und Gerechtigkeit in den Vereinbarungen, allerdings für viele Medianden ein wichtiger Bezugspunkt. In sehr „engen" Mediationen ist das Recht tatsächlich oft das einzige Fairness- und Gerechtigkeitskriterium – aber auch das muss der Mediator akzeptieren. Eine eigenverantwortlich zustande gekommene Vereinbarung ist immer besser und haltbarer als eine von außen entschiedene, auch wenn das vereinbarte Ergebnis womöglich das Gleiche ist. Wichtig in dieser Stufe ist vor allem, dass die eigenen **Fairnesskriterien in Vergleich gesetzt** werden zu der Bedeutung, die Medianden dem Recht zubilligen wollen.

In der **Stufe des Verhandelns** spielt das Recht meist **kaum eine Rolle**, außer möglicherweise bei der **Überprüfung** der vorläufigen oder auch endgültigen Verhandlungsergebnisse.

Beim Entscheiden und Vereinbaren kann es noch einmal notwendig sein, die **rechtliche Verbindlichkeit der Vereinbarungen** zu mediieren. So könnten sich nach dem Gang zu den Beratungsanwälten Veränderungen ergeben haben. Auch kann es eine Rolle spielen, inwieweit Abänderungsmöglichkeiten, eine **salvatorische Klausel** (wie z. B. bei Abänderungen nur einzelne Teile und nicht alle Vereinbarungen geändert werden müssen), eine **Mediationsklausel** (wie z. B. bei wieder oder neu auftretenden Konflikten vor dem Gang zu Anwälten oder Gerichten Mediation eingebaut werden kann) und eventuelle **Sanktionsmöglichkeiten** bei Nichteinhalten der Vereinbarungen eingebaut werden können oder sollen. Wenn die Medianden hieb- und stichfeste, womöglich auch einklagbare Vereinbarungen haben wollen, brauchen sie vielleicht auch hier noch einmal – je nach Feld der Mediation – **juristische Beratung über Formvorschriften**, **Notwendigkeiten von notariellen Beurkundungen**, Laufzeiten, Abänderungsmöglichkeiten etc.

Hilfreiche Techniken

Methodisch wird in allen Stufen beim Mediieren der Rolle des Rechts wieder nach dem **Grundmuster der Mediation** (mit Window I und II) gearbeitet, d. h. für jede Konfliktpartei wird die Rolle des Rechts mediiert und möglicherweise in Spalten auf einer **Flipchart** aufgeschrieben und evtl. auch die Ähnlichkeit, Übereinstimmung oder Gemeinsamkeit unter den Konfliktparteien herausgearbeitet. Der Sinn dieser Arbeit ist, zu einer **Vereinbarung** zu kommen, **wie mit dem Recht umgegangen werden soll**, wo den gesetzlichen Bestimmungen gefolgt werden und wo davon abgewichen werden soll. Wenn die Parteien unterschiedliche Haltungen haben, muss mediiert werden, wie damit umgegangen werden soll, welchen Konsens die Parteien trotzdem herstellen können oder auch nicht – und was dann passiert.

Beispielsätze und Fragen im Erbfall Schaller

- „Ich könnte mir vorstellen, dass es für Sie wichtig wäre zu wissen, **was wäre, wenn Sie sich hier nicht einigen können**."

- „Hat jeder von Ihnen die Möglichkeit, sich über die üblichen rechtlichen Regelungen in solchen Erbfragen zu informieren? Mir scheint das wichtig zu sein, dass Sie **über Ihre Rechtspositionen gut Bescheid wissen**, besonders dann, wenn Sie in dieser Mediation davon evtl. abweichen wollen. Wie kommen Sie an diese parteiliche Rechtsberatung, Sofia? Und Sie, Rebecca? Und Sie, Christof?"

• „Für die meisten Leute hier in Mediationen spielt das Recht in irgendeiner Form eine Rolle. Deshalb scheint es mir auch für Sie wichtig zu sein, dass Sie **sich über Ihre eigenen Rechtspositionen kundig machen**. Nur wenn Sie wissen, welche Lösungen die Gesetze für Sie im Streitfall vorsehen, sind Sie **frei genug, auch über eigene Regelungen nachzudenken** und auch darüber, **welche Rolle Sie dann dem Recht geben wollen**. Wie sieht das für Sie aus, Sofia? Und für Sie, Christof? Und für Sie, Rebecca?"

Praxisanregungen

▷ Es lohnt sich, wenn Mediatoren ihre **eigene Einstellung zum Recht gründlich reflektieren**, sowohl bei guter wie bei schlechter eigener Erfahrung mit dem Recht. Bei guter Erfahrung besteht die Gefahr von starker Rechtsgläubigkeit, bei schlechter die Gefahr von Bündnisbildung mit den Medianden, die ebenfalls schlechte Erfahrung mit dem Recht haben. Dies gilt sowohl für Mediatoren mit juristischem wie für solche mit einem anderen Grundberuf.

▷ Mediatoren aus allen Grundberufen sollten zudem **genaue Rechtskenntnisse** haben, nicht um Rechtsberatung zu geben, sondern um einschätzen zu können, wo sich Medianden noch kundig machen müssen über ihre eigenen Rechtspositionen, besonders wenn sie womöglich darauf verzichten wollen. Es lohnt sich, dafür eigene in diesem Feld kundige Juristen zu kennen.

▷ Für diese jeweiligen Rechtsberatungen sollten Mediatoren in ihrer Region **Listen von in verschiedenen Rechtsgebieten kundigen Beratungsanwälten** erarbeiten, sowie auch eine Liste von Notaren, die sich mit Mediation auskennen und die Vereinbarungen in rechtsgültige Formen bringen können.

▷ Für die Arbeit mit der Bedeutung des Rechts in der Mediation ist eine wichtige Voraussetzung, dass Mediatoren in der Lage sind und sich dafür auch die Zeit nehmen, **Hypothesen zu bilden über diese Bedeutung des Rechts für jede der Konfliktparteien**, und dass sie diese Hypothesen auch gründlich mit jedem zu überprüfen. Manche Abbrüche von Mediationen oder manches Überwechseln von Medianden ins juristische System könnten sich meiner Erfahrung nach so vermeiden lassen.

10. Parteiliche Beratungsanwälte

Übung für Mediatoren

Wie viele anwaltliche Kollegen/Kolleginnen haben Sie auf Ihrer inneren Liste, die Sie Ihren Medianden mit gutem Gewissen empfehlen können? In wie vielen juristischen Bereichen haben Sie selbst für Ihre eigene Hintergrundberatung solche Kollegen/Kolleginnen?

Rolle und Einbeziehung von parteilichen Beratungsanwälten

Nicht nur im Hinblick auf das **Rechtsberatungsgesetz** hat sich in Deutschland die Einbeziehung von parteilichen Beratungsanwälten in Mediationen durchgesetzt. Sowohl psychosoziale als auch Mediatoren aus juristischen und anderen Berufen nehmen die **parteiliche Rechtsberatung** ihrer Medianden inzwischen ernst. Es gibt nur wenige Mediationsfelder – etwa die Schul- und manche Nachbarschafts-Mediationen –, in denen parteiliche Beratungsanwälte keine oder nur selten eine Rolle spielen. Für Mediatoren mit nichtjuristischen Grundberufen sind Beratungsanwälte auch in Bezug auf ihre berufliche Haftung wichtig.

Es entspricht der Logik der Mediation – in der es häufig darum geht, eigene Rechtspositionen ganz oder teilweise aufzugeben und eigene Lösungen und eigene Gerechtigkeitskriterien zu entwickeln –, immer Beratungsanwälte einzubeziehen oder zu konsultieren. Nur das **Wissen um die eigenen Rechtspositionen** befähigt Medianden, selbst verantwortete und selbst behauptete Vereinbarungen zu treffen, die sie nachher auch nach außen hin vertreten können. Auch **anwaltliche Mediatoren** können Rechtswissen in ihren Mediationen nicht so vermitteln, dass sie nicht in die Gefahr kommen, aus ihrer gebotenen Neutralität und Balance zu geraten.

Variationen von parteilicher Rechtsberatung

Bisher werden folgende Möglichkeiten von parteilicher Rechtsberatung in Mediationen praktiziert:

• **Anwaltliche Mediatoren** geben die parteiliche Rechtsberatung trotz aller Bedenken in ihren Mediationen **selbst** (z. B. „Wenn ich Ihr Anwalt wäre ..." „Und wenn ich Ihr Anwalt wäre ..." „Und wenn ich Ihr Anwalt wäre ...").

- Mediatoren holen sich **einen oder mehrere Anwälte in die Mediation** herein. (Diese beiden Möglichkeiten haben die Vorteile, dass alle Medianden alle parteilichen Informationen mithören, somit auch die Informationen, welche Rechtspositionen den anderen zustehen und evtl. von ihnen aufgegeben werden bzw. welche Prozessrisiken es für jeden gibt.)

- Mediatoren veranlassen Rechtsberatung durch **externe Beratungsanwälte**.

- Mediatoren veranlassen **schriftliche Rechtsberatung** für ihre Medianden (besonders zu empfehlen für Kurz-Mediationen oder für Gruppen- oder andere große Mediationen, in denen es darauf ankommt, dass alle Teilnehmer ihre Rechtspositionen kennen und die Rechtsberatung anders schwer zu organisieren wäre).

Mediieren der Einbeziehung von Beratungsanwälten

Auch wenn die Einbeziehung der Beratungsanwälte an verschiedenen Stellen des Mediationsprozesses möglich ist, sollten Mediatoren diese Einbeziehung immer mediieren, z. B. mit folgenden Sätzen (ähnlich wie beim Mediieren der Rolle des Rechts):

Beispielsätze für das Mediieren von Beratungsanwälten im Erbfall Schaller

- „Aus anderen Erb-Mediationen weiß ich, dass sich alle Teilnehmer hier in den Sitzungen sicherer fühlten, wenn sie wussten, wie ihre eigene Rechtslage im Streitfall war und welches Risiko sie mit eigenen Vereinbarungen trugen, die davon abwichen. Kennen Sie solche Anwälte, die sie darüber gut informieren können?"

- „Sofia, ich höre, dass Sie Ihren langjährigen Verlagsanwalt konsultieren wollen. Rebecca, Sie haben bereits einen eigenen Anwalt. Christof, Sie haben einen Freund, der Familienrichter ist. Kennen Sie auch einen Anwalt, der sich einerseits mit Erbrecht und andererseits mit Mediation auskennt?"

- „Damit Sie das nächste Mal alle drei möglichst gleichermaßen informiert sind, würde ich Ihnen gern einen Zettel mit gleichen Fragen für Ihre Beratungsanwälte mitgeben. Ich würde Ihnen auch empfehlen, Ihre heute entwickelten

Kriterien für Ihre eigene Sicht von Fairness und Gerechtigkeit mitzunehmen. Das erleichtert Ihren Beratungsanwälten die Arbeit."

Fragen für die Beratungsanwälte könnten z. B. sein:

• Was sind meine genauen **Rechtspositionen** in diesen Fragen?

• Welche **juristisch möglichen Alternativen** gibt es?

• Was kann ich auch **anders entscheiden** als das Recht normalerweise vorgibt? Was ist dann mein **Prozessrisiko**?

Die erhaltenen Informationen sollten von den Mediatoren in der nächsten Sitzung abgefragt werden. Manchmal zeigt sich, dass Informationen falsch verstanden oder nicht gegeben wurden und die Medianden noch mal nachfragen müssen, um sich entscheiden zu können.

Beratungsanwälte in den verschiedenen Stufen

Diese Informationen und Beratungen können in den Mediationen in verschiedenen Phasen eingeholt werden:

• Am wichtigsten und im Grunde unabdingbar ist diese Beratung spätestens **vor der endgültigen Vereinbarung**.

• Oft kommen Medianden bereits mit parteilicher Rechtsinformation in die Mediation, sie ist also **bereits vorher eingeholt** worden. Die Mediation wird dann schwieriger, weil womöglich andere als die juristischen Lösungen als Optionen nicht mehr gesehen werden.

• Wenn die **Optionen** entwickelt sind und einige davon in Frage kommen, macht es Sinn, sie **von den Beratungsanwälten durchrechnen, auf ihre Durchsetzbarkeit und rechtliche Konsequenzen prüfen** zu lassen und sich die eventuellen weiteren juristischen Möglichkeiten nennen zu lassen.

• Auch **während des Verhandelns oder danach** macht es Sinn, die juristischen Positionen jeweils nochmals zu überprüfen (besonders in Wirtschafts-, Erb-, Scheidungs-Mediationen).

Praxisanregungen

▷ Es lohnt sich, wenn sich Mediatoren in ihrer Region oder auch in ihrem bevorzugten Mediationsfeld zusammenschließen und ein **Netz**

von guten Beratungsanwälten aufbauen, die sich mit Mediation auskennen und bereit sind, auch andere Wege zu gehen als die üblichen. Dabei ist es von Vorteil, mit den Anwälten ein **festes Zeithonorar auszuhandeln**, damit **nicht nach Streitwert** abgerechnet wird. (Es ist manchmal nicht ganz leicht, Anwälte davon zu überzeugen, dass sich dieser asketische Preis und diese asketische Rechtsberatung letztlich auszahlt).

▷ Bei dieser Liste von Beratungsanwälten sollten möglichst **viele der möglichen Mediationsfelder vertreten** sein und auf der Liste vermerkt werden (also z. B. „Erbrecht", „Verwaltungsrecht", „Familienrecht", „Mietrecht" etc.).

▷ **Mediatoren** sollten auch **eigene Beratungsanwälte** haben, besonders in den Mediationsfeldern, in denen sie sich juristisch nicht gut auskennen.

▷ Medianden sollten die **Liste mit den zu erfragenden Punkten** (s. o.) mitnehmen, dazu möglicherweise die erarbeiteten Optionen, die Fairnesskriterien und die Vereinbarung zur Rolle des Rechts. Es muss allerdings mit den Medianden besprochen werden, was sie aus ihren Mediationen gegenüber den Beratungsanwälten veröffentlichen wollen.

▷ Wichtig ist außerdem, Medianden die Rolle der Beratungsanwälte gut zu erklären und sie darauf hinzuweisen, dass sie **kein Mandat unterschreiben** sollen. Das könnten sie immer noch tun, wenn sie aus irgendeinem Grund die Mediation abbrechen und trotzdem Anwälte brauchen, die mit ihnen einvernehmliche Regelungen erarbeiten.

▷ Wenn es Mediatoren selten gelingt, ihre Medianden von der Notwendigkeit der Beratungsanwälte zu überzeugen, sollten sie den Fehler zunächst bei sich suchen – viele Mediatoren haben eine eigene ambivalente Einstellung zur parteilichen Rechtsberatung in der Mediation. Manche haben Angst, dass ihnen die Balance oder die ganze Mediation durch unterschiedliche Rechtsberatung von außen entgleiten könnte. (Dabei sind unterschiedliche Ergebnisse oft eher günstig: Medianden vertrauen dann umso eher dem Weg der Mediation.) Manchmal ist bei zu häufiger Ablehnung der parteilichen Rechtsberatung auch **Supervision des Mediators** nötig, um an den eigenen Hindernissen zu arbeiten und sie aufzulösen.

11. Andere für die Mediation relevante Fachleute

Übung für Mediatoren

Wenn Sie an eine Ihrer letzten komplizierteren Mediationen denken – welche anderen Fachleute außer den Beratungsanwälten hätten Sie möglicherweise in irgendeiner Form in die Mediation einbeziehen können?

Juristische und andere Fachleute in der Mediation

In fast allen Schulrichtungen der Mediation – außer vielleicht der Schul-Mediation – hat sich die **direkte oder indirekte Einbeziehung** von juristischen Fachleuten in die Mediation eingebürgert, weniger allerdings die von Fachleuten aus anderen Disziplinen. Bei Auftreten bestimmter **„psychosozialer" Fragestellungen** in der Mediation holen sich Mediatoren zwar gelegentlich die entsprechende fachliche Unterstützung, z. B. in der erweiterten Familien-Mediation, der Schul-Mediation oder der Erb-Mediation, aber von einem allgemeinen Standard für die Einbeziehung von sachverständigen Fachleuten in die Mediation, wie dies bei den Beratungsanwälten der Fall ist, sind die meisten Mediatoren weit entfernt. Dabei zeigt die Erfahrung, dass es im Grunde fast keine Mediationsfelder gibt, in denen **fallspezifisches psychosoziales Hintergrundwissen** und Fachleute auf diesem Gebiet keine Rolle spielen.

Psychosoziale und andere Fachleute

Wenn es berufliche Standards entsprechend denen der Einbeziehung von Anwälten z. B. auch für Pädagogen, Psychologen, Sozialpädagogen und anderer Fachleute gäbe, dann würden viele Medianden analog zu den Beratungsanwälten z. B. auch **Beratungspsychologen oder Beratungsfinanzfachleute** aufsuchen und Mediatoren sich in diesen für die Mediation relevanten Fachrichtungen kundig machen. Selbst in der Wirtschafts-, Umwelt- oder Gemeinwesen-Mediation scheint die Erfahrung z. B. mit Gruppen-, Team- oder Generationen-Prozessen langsam dazu zu führen, dass Mediatoren beginnen, sich mit den verschiedenen psychosozialen oder anderen systemischen Prozessen beginnen auseinander zu setzen oder entsprechende Fachleute in ihre Mediatoren-Teams mit einzubeziehen.

141

Fachliches Hintergrundwissen

Die Begründung für die Einbeziehung von anderem als nur juristischem Fachwissen in die Mediation wurde bereits angedeutet: Es geht in Mediationen, gleich in welchem Feld, neben den Sachproblemen immer um Menschen: einzelne Menschen, Menschen in Beziehungen, in kleinen oder großen Gruppen und in welchen für sie relevanten Systemen auch immer, in Mehrgenerationen, mit ethnischen, kulturellen und ideologischen Verschiedenheiten, mit verschiedenen geschichtlichen, ökonomischen oder anderen Lebenserfahrungen. Oft sind diese **Hintergründe in den Konflikten** der Medianden gleich mehrfach vorhanden und können Mediatoren ohne jedes Hintergrundwissen oder ohne **interdisziplinäre eigene Beratungsmöglichkeiten** die Durchführung einer Mediation erheblich erschweren. Besonders schwierig wird es, wenn zu diesen eher strukturellen oder soziologischen Gegebenheiten noch krankheits- oder traumatabedingte Faktoren hinzukommen, was in allen Feldern der Mediation passieren kann, und wo dann medizinische Fachleute als Berater oder im Hintergrund gefragt sind.

Bessere Mediationen durch multiprofessionelle Zusammenarbeit

Es soll hier nicht darum gehen, angehenden Mediatoren Angst und Skepsis vor der Arbeit zu machen, sondern eher darum, ihnen den Blick zu schärfen für die Hintergrunddynamik der Konflikte bei ihren Medianden und für professionelle Hilfsmöglichkeiten. Auch hier werden sich wie in vielen anderen Bereichen die **Chancen für Regelungen oder Lösungen** von Konflikten durch eine nicht mehr nur interdisziplinäre, sondern multidisziplinäre Zusammenarbeit erweitern. Analog gilt das auch für die sachliche Komplexität der Mediationsfelder. Auch hier muss es zu einer **stärkeren multiprofessionellen Zusammenarbeit** und einer stärkeren Einbeziehung von anderen als nur juristischen oder psychosozialen Fachleuten in die Mediationen kommen.

Möglichkeiten der Einbeziehung

Die Einbeziehung von anderen Fachleuten sowohl im Hintergrund wie auch direkt in die Mediation kann **an vielen Stellen der Mediation** geschehen und entscheidet sich oft **bereits in der Vorlaufphase** (s. S. 96 ff.) oder in einer **Vor-Mediation**. Aber auch im Laufe des Prozesses kann diese

Notwendigkeit auftauchen, z. B. **bei aktuellen Störungen** (etwa bei der Arbeit an den hinter den Positionen liegenden Bedürfnissen) oder **bei Informationsdefiziten** (etwa bei der Optionenentwicklung). Manchmal genügen **schriftliche Informationen** oder **telefonische Beratungen** (besonders zu empfehlen bei Kurz-Mediationen), manchmal genügen **Hintergrundinformationen der Mediatoren** oder eine **interdisziplinäre Co-Arbeit,** manchmal ist aber auch die **direkte Einbeziehung** von Fachleuten in die Mediation angesagt (etwa von Schulpsychologen oder Lehrern in einer Schul-Mediation oder von Finanzfachleuten in einer Wirtschafts- oder Erb-Mediation).

Settingvorschläge

In solchen Fällen könnten diese Fachleute z. B. **hinter den Medianden** oder hinter der Gruppierung von Medianden sitzen und diese **während einer Unterbrechung im Prozess beraten.** Erste Erfahrungen mit diesen Möglichkeiten zeigen gute Ergebnisse. Diese in die Mediation einbezogenen Fachleute können z. B. auch Dolmetscher oder andere fachliche Übersetzer sein, mit denen Medianden sich während des Prozesses beraten können, damit sie weiter kompetent teilnehmen und entscheiden können.

* **In der Erb-Mediation Schaller** genügte die Hintergrundberatung und Information durch einen im Erbrecht erfahrenen Anwalt. Es wäre aber auch denkbar gewesen, jeweils fachkundige Frauen oder Männer aus dem Verlagswesen, aus dem Steuerwesen, aus der Organisationsberatung oder wegen der Mitarbeiter sogar aus der zuständigen Gewerkschaft einzubeziehen, entweder indirekt oder direkt.

Die Einbeziehung von Fachleuten direkt in die Mediation muss natürlich immer mit den Medianden mediiert werden, etwa mit folgenden Sätzen:

Beispielsätze für die direkte Einbeziehung von relevanten
Fachleuten im Erbfall Schaller

* „Aus anderen Erb-Mediationen weiß ich, dass sich die Teilnehmer sicherer in den Sitzungen fühlten, wenn sie die Möglichkeit hatten, sich **zusätzlich kompetente Sachinformationen** von anderen Fachleuten einzuholen, sei es durch Steuer- oder Bankfachleute oder auch durch Fachleute, die sich mit Mitarbeiterfragen auskennen. **Kennen Sie solche Fachleute,** wollen Sie diese in irgendeiner Weise hier für Ihre Mediation nützen?"

143

- „Damit Sie das nächste Mal **alle gleich gut informiert** sind, würde ich Ihnen gern eine Liste solcher Fachleute mitgeben, so weit sie mir bekannt sind. Vielleicht kennen Sie ja noch mehr und können die Liste für sich ergänzen."

Mögliche Fragen an derartige relevante Fachleute könnten z. B. sein:

- Welche **Sachinformationen** brauchen wir noch für unsere Regelungspunkte, und woher bekommen wir sie?

- Welche **anderen Gremien** gibt es, die für unsere Sachprobleme Hilfestellung leisten können?

- Wenn wir **psychologische Beratung** brauchen, wo können wir sie kompetent erhalten?

Praxisanregungen

▷ Es empfiehlt sich – ähnlich wie bei den Beratungsanwälten – für die verschiedenen Felder der Mediation regional oder auch überregional **Listen von in diesen Feldern kompetenten Fachleuten** zu erstellen, möglichst auch mit deren Honorarvorstellungen.

▷ Für die Weitergabe an Medianden sollte man sich die Mühe machen, solche Listen mit Telefon, Fax und E-Mail-Adressen zu versehen, vielleicht auch auf entsprechende Stellen im **Internet** zu verweisen.

▷ Auch hier zeigt die Erfahrung, dass – ähnlich wie bei den unterschiedlichen Ergebnissen der Rechtsinformationen durch Beratungsanwälte – unterschiedliche Ergebnisse und Informationen **für den Mediationsprozess förderlich** sind: Das Bestreben der Medianden, eigene Lösungen zu finden, wird gestärkt.

12. Angebots-Verhandeln

Übung für Mediatoren

Sie haben sicher Erfahrung damit, bei wichtigen Entscheidungen mit Ihrem Partner oder Ihrer Partnerin zu verhandeln. Überlegen Sie, ob Ihnen mindestens drei verschiedene Arten einfallen, wie Sie in solchen Fällen verhandeln. Welches Modell ist Ihr Lieblingsmodell? Warum? Mit welchem Verhandlungsmodell von Medianden hätten Sie als Mediator Schwierigkeiten?"

Mediatives Verhandeln in Literatur und Lehre

Die juristische Literatur bietet eine Vielzahl von Abhandlungen und Kompendien zu Verhandlungsergebnissen, zu Verhandlungstheorien, zu Verhandlungsstrategien etc., aber wenig über die Praxis des Verhandelns. In der **Mediationsliteratur** wird im Wesentlichen beschrieben, was mediatives Verhandeln im Gegensatz zum juristischen Verhandeln ist, welche Vorteile die so genannten „Win-Win-Alternativen" oder die mediativen Verhandlungsergebnisse haben, aber auch hier ist wenig darüber zu finden, wie mediatives Verhandeln genau geht.

Interessengeleitetes Verhandeln

Auch die meisten **deutschsprachigen Ausbildungsinstitute** für Mediation haben in ihren Curricula jahrelang die Theorie und Praxis des mediativen Verhandelns vernachlässigt und wenig darüber gelehrt. Gelehrt wird der Weg dahin, also die Arbeit an den Interessen und den Optionen, – vieles wurde dabei vom ersten Handbuch des „neuen" Verhandelns, dem **Harvard-Konzept**, übernommen. Jedoch geht es hier im Grunde noch nicht um mediatives Verhandeln, sondern um **„interessengeleitetes und sachbezogenes Verhandeln"**, einer Art von Verhandeln zwischen der besten Alternative (BATNA) und der schlechtesten (WATNA). Im Grunde bleibt dieses Verhandeln trotz der Erarbeitung von Interessen und Wahlmöglichkeiten Verhandeln über rechtlich durchsetzbare Forderungen und Positionen und damit „im Schatten des Rechts".

Optionales Angebotsverhandeln

Eine Form des mediativen Verhandelns ist das optionale **Verhandeln über möglichst viele Angebote der Konfliktpartner**. Dies geschieht nicht mehr nur im „Schatten des Rechts", sondern vor allem „im Licht des Rechts", nämlich **im Licht der Privatautonomie**, deren weiter Rahmen jede Form von Verhandeln und fast jedes Verhandlungsergebnis zulässt, wenn es die Verhandlungspartner denn als fair und gerecht ansehen. In diesem Methodik-Handbuch kann es nur um die Praxis des Verhandelns gehen – eine umfassende Theorie und Philosophie des mediativen Verhandelns steht noch aus. Solange gilt der Harvard-Grundsatz „Verhandeln ist ein Bestandteil des Lebens. Menschen verhandeln, um ihre Unterschiede handhabbarer zu machen."

Alternative zu bekannten Verhandlungsmodellen

Wie wird aber nun mediativ verhandelt? Unsere Hauptzeugen dafür waren bisher neben dem Harvard-Konzept **E. de Bono** und **G. Gottwald**. Sie reden davon, dass mediatives Verhandeln mit der Optionenentwicklung beginnt und nicht selten das eigentliche Verhandeln überflüssig macht. **G. Friedman, J. M. Haynes** und **J. Himmelstein** haben an das mediative Verhandeln die Bedingung geknüpft, dass die Grundprinzipien der Mediation gelten müssen, nämlich die Selbstbehauptung jedes einzelnen Konfliktpartners unterstützt und die Wechselseitigkeit bzw. Gemeinsamkeit aller am Konflikt Beteiligten gesucht wird. Außerdem sollen **Verhandlungsmodelle** (s. u.) mediiert und nicht vom Mediator vorgegeben werden. Verhandelt wird nicht nur über die materiellen, sondern auch über die immateriellen Werte; es ist sogar möglich, materielle gegen immaterielle Werte zu tauschen oder zu verhandeln. Auf jeden Fall müssen die Verhandlungsergebnisse solange veränderbar und verhandelbar bleiben, bis alle Partner allem zugestimmt haben. Mit diesen Prämissen und in der Weiterentwicklung von Praxisreflexion und Mediations-Methodik ist der augenblickliche Stand bei einer großen Anzahl von Mediatoren, beim Verhandeln mit dem „Mediieren der Verhandlungmodelle" und mit „optionalem Angebotsverhandeln" zu arbeiten.

Das **Harvard-Konzept, E. de Bono, G. Gottwald** und **J. M. Haynes** u. a. nennen folgende **Modelle** als besonders für die Mediation geeignet:

- **Geben-Nehmen-Modell:** Jeder bekommt das, was er haben möchte, und gibt dafür einen gleichwertigen (materiellen oder immateriellen) Ersatz.

- **Zitronenteilungs-Modell:** Teilen nach verschiedenen Interessen und Bedürfnissen, z. B. wie bei einer Zitrone (nach anderer Lesart auch wie bei einer Orange) einer den Saft, einer die Schale.

- **Markt-, Bazar- oder Feilsch-Modell:** Alle verhandeln unabhängig von den tatsächlichen Werten und bieten den anderen evtl. noch etwas weiteres an, um den Handel attraktiver zu machen.

- **Halbe-Halbe- bzw. Drittel- oder Viertel-Modell:** Teilung nach Teilnehmern, Werten oder Wichtigkeit.

- **Tit for Tat-Modell:** Einmal der eine, dann der andere, dann der Nächste etc.

- **Paket-Modell:** Es wird solange verhandelt, bis das ganze Paket fertig ist, u. U. auch mit Kombinationen aus verschiedenen Verhandlungsmodellen.

- **Los-, Würfel- oder Eintext-Modell:** Das Los, eine Münze oder ein Dritter bzw. der Text eines Dritten entscheidet.

- **Erst-, zweit-, drittbeste Alternativen:** Die besten Alternativen werden gesucht (BATNA), wobei das Harvard-Konzept auch nach der schlechtesten Alternative sucht (WATNA).

- **Konsens- oder Palaver-Modell:** Es wird solange verhandelt und geredet, bis eine Einigung erzielt ist.

- **Kröten-Modell:** Jeder muss etwas Unangenehmes zu seinen Ergebnissen dazu nehmen.

Methodische Hilfen für das Verhandeln mit Verhandlungsmodellen

Verhandeln hat seinen Platz im Allgemeinen in der Stufe nach den Optionen, aber **deutlich abgekoppelt von der Optionenentwicklung** einerseits und dem Vereinbaren andererseits. Meist zieht sich das Verhandeln aber durch den gesamten Prozess – es ist sogar methodisch sinnvoll, bereits im Erstgespräch exemplarisch zu zeigen, wie das optionale Angebotsverhandeln geht, etwa beim Aushandeln der Zeiten, der Bezahlung oder anderer Regeln für die Mediation.

Wenn Mediatoren das **Verhandeln mit Modellen** anregen wollen, müssen sie gut mediieren, welches Modell für das Verhandeln in Frage kommen soll, und zwar wieder **nach dem Grundmuster der Mediation** (Window I und evtl. Window II).

Beispielsätze für das Mediieren von Verhandlungsmodellen im Erbfall Schaller

- „Wie würde jeder von Ihnen gern verhandeln?"

- „Sie werden wahrscheinlich auch in der Vergangenheit miteinander verhandelt haben. Mit welcher Art des Verhandelns kämen Sie denn auch jetzt gut zurecht? Vielleicht kann das mal jeder von Ihnen sagen – vielleicht können Sie sich ja auf ein Modell einigen."

- „Wollen Sie von mir Beispiele wissen, wie andere Erbengemeinschaften erfolgreich verhandelt haben? Ich könnte Ihnen drei oder mehr Modelle nennen, und Sie könnten sich überlegen, welches vielleicht auch zu Ihnen passen würde. Was denken Sie darüber?"

- „Was brauchen Sie noch, um miteinander verhandeln zu können?"

147

Optionales Angebotsverhandeln: Effektivstes Modell für das mediative Verhandeln

In vielen der oben genannten Verhandlungsmodelle steckt oft implizit die Methodik des Verhandelns mit Angeboten, in manchen allerdings immer noch das Verhandeln von Forderungen und Positionen. Die Erfahrung zeigt, dass Letzteres in der Mediation oft zu Enttäuschungen und Abbrüchen führt. Die Bitte von Mediatoren, das Verhandeln mit Angeboten zu beginnen – und zwar mit mehreren Angeboten, damit die anderen Konfliktteilnehmer eine Auswahl haben –, führt meist zu verblüffenden Ergebnissen. Häufig kommen die ersten Angebote sogar von „hart gesottenen" Konfliktpartnern. Nach den Optionen wird dieser Schritt meist selbstverständlich gemacht, wenn die Konfliktparteien mit der Optionenentwicklung die Ebene der Positionen und Forderungen endgültig verlassen haben.

Methodische Hilfen für das Angebotsverhandeln

Als Vorstufe zum Verhandeln ist oft das Aufhängen eines Werte-Bildes (s. S. 265) hilfreich mit allen materiellen und immateriellen Werten, um die es in diesem Konflikt geht. Die Bitte, zu versuchen, dazu Angebote zu machen, ist eine gute Aufforderung zum Verhandeln. Häufig erübrigen sich dann die Verhandlungsmodelle oder werden nur noch für bestimmte Teile der Werte gebraucht. Die Aufforderung zum Angebotsverhandeln sollte wieder im bekannten „Viererschritt" gemacht werden (s. S. 205 ff.):

Übergangsschritt zum optionalen Angebotsverhandeln im Erbfall Schaller

- „Sie haben jetzt bereits intensiv an Ihren Interessen und tieferen Bedeutungen in Ihrem Konflikt gearbeitet. Sie haben viele gute Veränderungsideen entwickelt. Sie haben außerdem bereits Maßstäbe für Fairness und Gerechtigkeit entwickelt, an denen Sie Ihre Verhandlungsergebnisse messen können. Ich möchte Sie jetzt dazu einladen, sich mal Ihr Wertebild anzuschauen und sich **zu überlegen, zu welchen Werten ich wohl Angebote machen könnte.**"

- „In vielen Mediationen geht das Verhandeln besser, wenn sich jeder überlegt: Zu welchen dieser Werte kann ich Angebote machen? Und **je mehr Angebote jeder macht, umso produktiver wird das Verhandeln werden.** Ist Ihnen das einleuchtend, Sofia, Ihnen, Rebecca, Ihnen, Christof? Wollen Sie sich darauf einlassen?"

Ob die **Angebote** dann **verbal oder schriftlich** auf (z. B. farbigen) Karten gemacht, ob sie vom Mediator oder von den Medianden selbst aufgeschrieben werden, müssen Mediatoren für sich ausprobieren. Es ist auch eine Frage des **Settings** oder der **Hypothesen**, die sich der Mediator bereits über das Verhandeln in dieser Mediation gemacht hat. Wichtig ist nach meiner Erfahrung, das Verhandeln erst zuzulassen, wenn von jede der Konfliktpartei mindestens zwei oder besser drei Angebote auf dem Tablett oder auf dem Tisch liegen. (Tatsächlich verhandelt es sich besser an einem großen – möglichst runden oder ovalen – Tisch, auch wenn die bisherige Mediation in einem anderen Setting verlaufen ist.)

Verhandeln mit möglichst vielen Angeboten

Wenn möglichst viele Angebote vorhanden sind, kann der Mediator fragen, wer sich welches der Angebote näher ansehen und vielleicht sogar bereits darüber verhandeln will. Meist hat er bis zu diesem Punkt das Verhandeln verhindert, so dass die Konfliktpartner es gar nicht erwarten können, jetzt endlich zu verhandeln. In den meisten Fällen liegen auch derartig **überraschende Angebote** auf dem Tisch, dass der Mediator sich zurücklehnen und abwarten kann, welche **Ergebnisse oder vorläufigen Zwischenergebnisse** genannt werden. Wichtig ist hier vor allem, die **impliziten Ergebnisse zu hören und zu benennen**. Oft merken die Konfliktpartner im Eifer des Verhandlungsgefechts nicht, wie viele implizite Zwischenergebnisse sie bereits produziert haben.

Beispiele für implizite Verhandlungsergebnisse in der Erb-Mediation Schaller

- „**Habe ich richtig gehört,** dass Sie den Verlag auf keinen Fall verkaufen wollen, sondern dass er in der Familie bleiben soll? Soll ich das mal als erstes **vorläufiges Verhandlungsergebnis** aufschreiben?"

- „**Steckt hinter Ihren Angeboten im Grunde,** Sofia, dass Sie sich auf jeden Fall noch in diesem Jahr aus dem Verlag zurückziehen werden? Soll das auch mal **vorläufig aufgeschrieben** werden?"

Auf eine freie Flipchart mit der **Überschrift „Vorläufige Vereinbarungen"** können diese **Zwischenergebnisse** aufgeschrieben werden. Es ist hilfreich, dafür einen **Hospitanten** oder Co-Mediator zu haben, weil in dieser Phase des Prozesses alles so schnell und überraschend gehen kann, dass der Mediator alle Hände und Sinne braucht, um alles mitzu-

149

bekommen. Oft hat er selbst keine Zeit, etwas aufzuschreiben, ohne den Prozess zu unterbrechen oder aufzuhalten. Für große Gruppen eignen sich hier Laptop und Beamer – ebenfalls mit einer zweiten Person neben dem Mediator. Wichtig ist, dass möglichst schnell und kodiert aufgeschrieben wird – ausformuliert kann später werden. Es sollten auch alle Medianden viel Papier, Stifte und einen Taschenrechner zur Verfügung haben, damit keine Ideen verloren gehen.

Praxisanregungen

▷ Es ist sinnvoll, dass Mediatoren **nie ohne eigene brauchbare Verhandlungsmodelle ins Verhandeln gehen**, nicht um sie als eigene zu nennen, sondern als funktionierende Beispiele aus anderen Mediationen.

▷ Es ist hilfreich, sich **das eigene Wertesystem zu vergegenwärtigen** und damit zu rechnen, dass die vielleicht sehr skurrilen Verhandlungsangebote weit davon abweichen können, damit man nicht in die Gefahr gerät, sie einfach zu überhören oder sie nicht zu würdigen und aufzuschreiben.

▷ Weiter ist es sinnvoll, die Möglichkeit offen zu lassen, dass die verschiedenen Punkte der Themensammlung auch verschieden verhandelt werden. Es macht Sinn, außer dem Wertebild auch die alte **Themensammlung fürs Verhandeln wieder aufzuhängen**.

▷ Beim Verhandeln entsteht oft Zeitdruck – die Medianden wollen endlich fertig werden. Trotzdem sollten Mediatoren sich nicht zum Hetzen, aber auch nicht zum Verzögern verleiten lassen (etwa durch zu vieles Wiederholen etc.). Grundsätzlich können sie bei ihrem **Zeitmanagement für das Verhandeln** davon ausgehen, dass diese Phase der Mediation **etwa ein Fünftel der Gesamtzeit** in Anspruch nehmen wird (sowohl bei einer Kurz- wie bei einer Langzeit-Mediation) – viele Mediatoren unterschätzen die benötigte Zeit.

▷ Es empfiehlt sich zu **mediieren, was geschehen soll, wenn das Verhandeln nicht heute – oder in der geplanten Zeit – beendet wird** (Optionen: Medianden verhandeln selbst allein weiter – heute weiterverhandeln, bis alles fertig ist – neuer Termin – unfertig lassen etc.).

▷ Die Erfahrung zeigt, dass man als Mediator beim Verhandeln damit rechnen muss – selbst und besonders bei einer bis dahin harmonischen und relativ friedlichen Mediation –, dass **Streit und heftige**

Emotionen hochkommen. Das ist normal, weil es jetzt ernst wird und die Konfliktparteien häufig in Panik geraten (in dieser Situation hilft: Normalisieren; die Ruhe bewahren; oft einfach abwarten, bis sie weiterverhandeln können; Pause machen).

13. Vereinbaren/Mediationsvereinbarung/Memorandum

Übung für Mediatoren

Angenommen, Sie hätten für einen Ihrer letzten längeren Konflikte Mediation in Anspruch genommen und es wäre zu einer für Sie und Ihre Konfliktpartner zufrieden stellenden Vereinbarung gekommen. Was hätte in einem solchen Memorandum stehen sollen, welche Überprüfungszeiten und welche Regelungen hätten Sie noch drin haben wollen für den Fall, dass Ihre Vereinbarungen und Regelungen später nicht funktionieren sollten?

Vereinbaren/Vereinbarung verhandeln

Fast alle Mediationsrichtungen haben in irgendeiner Form eine Mediationsvereinbarung oder ein **Memorandum (of understanding)** als Abschluss der Mediation in ihrem Prozessplan. Sie verstehen darunter die **einvernehmliche, bindende Fassung** der gemeinsam in der Mediation erarbeiteten Regelungen, sei es in mündlicher Absprache, in Form von Ergebnisprotokollen oder in anderen, stärker juristisch geprägten Formen. Die verschiedenen Schulrichtungen der Mediation haben untereinander keine einheitlichen Regeln entwickelt, wie denn derartige Memoranden abzufassen und zu gestalten sind. Auch die rechtlichen Voraussetzungen und Abfassungen werden je nach Mediationsfeld, je nach Medianden und manchmal auch je nach Herkunftsberuf der Mediatoren verschieden gehandhabt. Das deutsche Recht – und auch das Recht in anderen deutschsprachigen Ländern – gibt Medianden nach dem Prinzip der Privatautonomie, der Selbstbestimmung und der Vertragsgestaltung fast alle Freiheit für ihre Mediationsvereinbarungen, es sei denn, es handelt sich um zwingende Regelungen, oder es ist eine bestimmte Rechtsform vorgeschrieben, z. B. eine notarielle Vereinbarung.

Ansonsten stehen viele verschiedene Möglichkeiten zur Verfügung:

151

Formen von Vereinbarungen

- **Mündliche Vereinbarung** der Medianden
- **Protokolle** der Sitzungen und Abschlussprotokoll
- **Privatvertrag** ohne Titulierung
- **Protokollierung im Rahmen eines gerichtlichen Verfahrens**
- **Mischformen** (z. B. Teile der Vereinbarung als Mediationsvereinbarung, andere Teile als notarielle Vereinbarung)

Verfasser von Vereinbarungen

Die Vereinbarungen werden üblicherweise verfasst von:

- **Medianden selbst** bzw. einer der Medianden bzw. bei Gruppen- oder Mehrparteien-Mediation auch eine der Parteien oder Gruppen
- **Mediatoren** (zurzeit für psychosoziale Mediatoren in Deutschland noch problematisch)
- **Juristischer Co-Mediator**
- **Externer Anwalt**
- Ein **Notar**
- Bei Familien-Mediationen evtl. auch **Jugendämter**

Inhaltliche Kriterien für Vereinbarungen

- Sie sollten **überprüfbar, veränderbar, messbar, terminiert** und möglichst **realistisch** sein.
- Sie sollten für alle Konfliktparteien inhaltlich und **sprachlich verständlich** abgefasst sein und für Ausländer ggf. Übersetzungen enthalten.
- Sie sollten **ressourcen- und zukunftsorientiert** abgefasst sein.

- Sie können möglicherweise wichtige **Unterlagen aus den Mediationen** enthalten, z. B. die hinter den Forderungen stehenden Interessen, die Fairness- und Gerechtigkeitskriterien, die Kriterien für die Rolle des Rechts, z. B. als Anhänge an die Vereinbarungen oder auch als Präambel oder Vorwort.

- Die **Zustimmung aller Konfliktparteien** (bei Mediationen mit Kindern und Jugendlichen auch von diesen) sollte deutlich dokumentiert sein durch **originale, nicht kopierte Unterschriften.**

In der **Erb-Mediation Schaller** war die Mediationsvereinbarung zunächst ein von der Mediatorin verfasstes Protokoll. Der Passus zur endgültigen Form hieß:

- Dieses Protokoll mit den vorläufigen Vereinbarungen soll vom derzeitigen Anwalt des Verlages, der auch der Beratungsanwalt von Sofia Schaller ist, in eine rechtsgültige Fassung gebracht werden, die dann noch von den beiden anderen Beratungsanwälten überprüft wird.

- Diese Fassung soll dann die Grundlage eines Notarvertrages sein. Die Kosten für diesen Notarvertrag übernimmt Sofia Schaller.

- Als Präambel soll aufgenommen werden, dass den Unterzeichnenden wichtig ist, dass der Verlag in der Familientradition weitergeführt wird und sie sich weiterhin mit Respekt begegnen können. Die Vereinbarungen sollen verlässlich sein und nach Bedarf verändert werden können. Sie sollen den Fairnesskriterien von Christof, Rebecca und Sofia Schaller nicht widersprechen.

Vereinbarungen im Mediationsprozess

Es gibt keine Vorschriften oder Regelungen, wie eine Mediationsvereinbarung zu gestalten oder abzufassen ist. Deshalb muss dieser Schritt wie alle anderen in der Mediation mediiert werden. Im Grunde ist der gesamte Mediationsprozess eine in sich **fortgeschriebene Mediationsvereinbarung**, bestehend aus vielen kleinen Vereinbarungen: Sie beginnt in vielen Mediationen bereits in der Vorlaufphase mit Vereinbarungen über Regelungen, Kosten, Rechtsberatung etc., geht weiter mit dem Kontrakt, über die Arbeit an den Themen, den dahinter stehenden Bedürfnissen und Interessen, den Optionen und den eigenen Fairness- und Gerechtigkeitskriterien, möglicherweise der Vereinbarung, wie die Konfliktparteien mit dem Recht umgehen wollen, dem Angebotsverhandeln zur eigentlichen – erst impliziten und vorläufigen, dann endgültigen, aber immer noch veränderbaren – Mediationsvereinbarung. Insofern zieht sich das Mediieren von Vereinbarungen **durch den gesamten Pro-**

zess, hat aber seinen besonderen Platz in der Vorlaufphase, dem Einführungsgespräch und nach dem Verhandeln.

Im **Erbfall Schaller** gab es in der Vorlauf- und Einführungsphase der Mediation folgende Vereinbarungen:

- Teilnehmer der Mediation sollen sein: Christof, Rebecca und Sofia Schaller. Anna M. geb. Schaller soll an dieser Mediation nicht teilnehmen.
- Die Dauer der Mediation sollte zunächst 5 Sitzungen nicht überschreiten.
- Die Kosten für die Mediation sollten gedrittelt werden.
- Es sollte eine kurze Pause geben, wenn einer der drei eine beantragt.
- Die Protokolle werden von der Mediatorin geschrieben und allen vor den nächsten Sitzungen zugesandt.
- Jeder soll ausreden dürfen, auch wenn es einmal länger dauert.
- Jeder hat einen eigenen Beratungsanwalt. Die hälftigen Anwaltskosten der Beratungsanwälte von Christof und Rebecca Schaller werden von Sofia Schaller übernommen.

Methodische Hilfen

Methodik und Technik für die Klärung von **Form**, **Inhalt**, **Zeitpunkt**, **Verfasser** und möglicherweise **Rechtsverbindlichkeit** der Vereinbarungen richten sich wie immer nach dem **Grundmuster der Mediation**. D. h. es wird – an welcher der genannten Stellen im Prozess auch immer – an alle Konfliktparteien die gleiche Frage gestellt, wie sie sie denn die Vereinbarung haben möchten und danach mit der Methode der Wechselseitigkeit oder Gemeinsamkeit ein möglicher Konsens herausgearbeitet. Wenn in der Vorlaufphase oder im Einführungsgespräch eine Übereinkunft darüber hergestellt worden ist, wie die Ergebnisse der einzelnen Sitzungen festgehalten oder protokolliert werden, ist die Abfassung einer schriftlichen Vereinbarung kein großer Aufwand mehr.

Mögliche Nachteile bei Nichtmediieren der Rechtsverbindlichkeit

Es gibt allerdings auch Schulrichtungen der Mediation, die z. B. Form, Verfasser und Rechtsverbindlichkeit nicht mediieren, sondern als ihre Regel oder als ihren **Ratschlag für die „beste und sicherste Form einer Vereinbarung"** vorgeben. Andere Mediatoren geben sich (besonders bei Kurz-Mediationen) mit dem Wunsch der Medianden zufrieden, zu einer möglichst schnellen und mündlichen Vereinbarung zu kommen. Mediatoren und Medianden unterschätzen in solchen Fällen allerdings den hohen Stellenwertwert der Schriftform und ihren Wert für die Einhaltung einer Vereinbarung und verschenken damit ein wichtiges Element der Mediation.

Außerdem können die Vereinbarungen meist nur in einer schriftlich vorliegenden Form der **eigenen Fairness- und Gerechtigkeitskontrolle** unterzogen werden. Dieser Schritt empfiehlt sich nach der Abfassung der Vereinbarungen, ebenso wie der **Vergleich mit der ursprünglichen Themensammlung**, ob alle Themen wirklich abgedeckt sind. Oft kommen dann doch noch **überhörte oder übersehene „Ungerechtigkeiten"** oder Themen zum Vorschein, die möglicherweise noch ein Nachbessern und Verändern der Vereinbarungen brauchen, manchmal allerdings auch große Abänderungen und **erneute parteiliche Rechtsberatung** oder auch parteiliche psychologische Beratung. Diese möglichen Folgen eines solchen Tests fürchten vielleicht manche Mediatoren, und sie verzichten deshalb auf gründliches Mediieren der Vereinbarungen.

Vereinbarungen verhandeln

Wenn es **schriftliche Formen der Vereinbarungen** gibt, müssen jeweils alle Konfliktparteien ein von allen (allerdings **nicht vom Mediator**) unterschriebenes Exemplar bekommen – und nicht etwa ein kopiertes Exemplar mit den kopierten Unterschriften. In manchen Mediationen (z. B. in manchen Erb-, Familien- oder Wirtschafts-Mediationen) muss evtl. im Zusammenhang mit der Vereinbarung die Frage eines (womöglich feierlich gestalteten) **Abschlusses der Mediation** mediiert werden, besonders wenn die Vereinbarung einschneidende Veränderungen der zukünftigen Lebens- oder Eigentumsformen enthält.

In der **Erb-Mediation Schaller** hätte Sofia Schaller gern ein solches Ritual gehabt, aber Christof und Rebecca Schaller lehnten das ab, so dass es lediglich beim gemeinsamen Gang zum Notar blieb.

Zusätzliche Inhalte für Vereinbarungen

Themen für das Mediieren von Mediations-Vereinbarungen können also zusätzlich sein:

- **Endgültige Inhalte und Formulierungen** der Vereinbarung

- **Überprüfung an den Fairness- und Gerechtigkeitskriterien** jeder Konfliktpartei und ggf. Veränderungen

- **Überprüfen der ursprünglichen Themenliste** und Mediieren, was mit den evtl. übrig gebliebenen Themen passieren soll

- Mediieren der **juristischen Form**

- Evtl. **nochmalige Überprüfung** der Vereinbarung **durch die Beratungsanwälte**

- **Übermittlung der Ergebnisse** an andere Beteiligte, die Auftraggeber, die Entscheidungsträger etc.; Mediieren der weiterleitenden Personen

- **Laufzeiten, Überprüfungs- und Abänderungsmöglichkeiten**

- **Folgeregelungen** bzw. Sanktionen bei Nichtfunktionieren oder Nichteinhalten der Vereinbarungen (evtl. **Mediationsklausel, Salvatorische Klausel** etc.)

- Evtl. Mediieren eines **offiziellen Abschlusses** der Mediation (Abschlussritual)

- **Unterschriften**

Im **Erbfall Schaller** gab es dazu noch drei Vereinbarungen:

- Im Konfliktfall oder bei Nichtfunktionieren dieser Vereinbarung soll wieder Mediation in Anspruch genommen werden (Mediationsklausel).

- Bei Veränderung eines oder mehrerer dieser Punkte sollen die anderen ihre Gültigkeit behalten (Salvatorische Klausel).

- Ein Exemplar dieser Vereinbarung bzw. eine Kopie des Notarvertrags geht an Anna M., geb. Schaller.

Praxisanregungen

▷ Solange die **juristischen Voraussetzungen** für die Arbeit mit Mediationsvereinbarungen – jedenfalls in Deutschland und besonders für die nicht anwaltlichen Mediatoren – noch nicht hinreichend und abschließend geklärt sind, sollten Mediatoren das Thema Vereinbarungen in ihrer Region und **in Arbeitskreisen diskutieren**, sich im

Zweifelsfall unterstützen und die **Berufsverbände** immer wieder auf die Lücken hinweisen. Dies gilt auch in abgewandelter Form für anwaltliche Mediatoren, solange für sie nicht geklärt ist, ob die Vertragsgestaltung in der Mediation noch Mediatorentätigkeit oder bereits anwaltliche Dienstleitung ist.

▷ Es ist empfehlenswert, Punkte wie Überprüfung, Abänderungen, Sanktionen, Laufzeiten, Mediationsklausel, Präambel etc. (s. o.) auf einer **Checkliste** oder auch in **Formulierungsbausteinen im Computer** zu haben.

▷ Auch für Mediationsfelder, die vielleicht weniger mit juristisch relevanten Vereinbarungen arbeiten (z. B. Schul- oder manche Nachbarschafts-Mediationen), sollten sie wenigstens als Möglichkeiten in der Mediation erwähnt sein, damit Medianden sich sachgerechter entscheiden können. Das Gleiche gilt für **Kurz-Mediationen**, in denen sich die Medianden oft nur mit mündlichen Vereinbarungen zufrieden geben wollen.

▷ Die Vereinbarungen sollten **in mediativer Alltagssprache** formuliert sein – es handelt sich dabei schließlich meist um zukünftige Lebens-, Finanz- und Konfliktgestaltungen. Das gilt insbesondere auch für Vereinbarungen, die von Anwälten oder Notaren in die Endfassung gebracht werden. (Aus diesem Grund gehen z. B. manche Mediatoren mit ihren Medianden zu den Notarsitzungen mit).

▷ Die **Nachprüfung** der Vereinbarungen **durch parteiliche Beratungsanwälte** sollte allerdings immer vorbereitet und die Frage mediiert werden, was passiert, wenn sich neue Aspekte ergeben – auch in Feldern, wo Beratungsanwälte nicht zwingend notwendig sind.

▷ Es versteht sich von selbst, dass die Vereinbarung nicht mit dem Kopfbogen des Mediators versehen sein sollte und schon gar nicht mit seiner Unterschrift. Es handelt sich um **Vereinbarungen zwischen den Konfliktparteien und nicht mit den Mediatoren!**

▷ Wichtig: Sich selbst beim Verhandeln immer wieder klar machen: **„Eine Vereinbarung ist erst eine Vereinbarung, wenn sie eine Vereinbarung ist"** (J. M. Haynes). So lange muss jede Vereinbarung veränderbar bleiben.

157

IV. Technische Bausteine

1. Vorbemerkung

In fast allen heutigen Schulrichtungen der Mediation werden Techniken praktiziert und gelehrt, die in erster Linie **aus der therapeutischen Konfliktarbeit** stammen, und zwar weitgehend aus der systemischen Therapie. Das mag damit zusammenhängen, dass der zeitliche Beginn der systemischen Arbeit in etwa mit der Mediation zusammenfällt und dass es in dieser Anfangszeit viele Kontakte zwischen Vertretern der amerikanischen Familien-Mediation und Vertretern der **systemischen Theorie und Therapie** gegeben hat (andere Wurzeln für Mediationstechniken kommen u. a. aus der **psychoanalytischen**, der **gestalttherapeutischen** und der **neurolinguistischen Arbeit**).

Therapeutische Wurzeln der Mediationstechniken

In diesem therapeutischen Ursprung der Mediationstechniken liegen ihre **Stärken**, aber auch ihre **Gefahren**, wenn sie nämlich ohne das Wissen benutzt werden, dass es sich dabei um sehr **mächtige Interventions- und Konflikttechniken** handelt, die starke innere und emotionale Prozesse auslösen können und dazu geeignet sind, Systeme zu verändern. Ich halte es deshalb für wichtig, diese Techniken genau zu kennen und zu erlernen, damit sie nicht wahllos und beliebig, sondern **strukturiert und ressourcenorientiert in der Mediation eingesetzt** werden. Wenn Mediatoren sie in einer Haltung von Wertschätzung und der Ressourcenorientierung verwenden, sind meiner Erfahrung nach die Chancen groß, dass die Medianden nicht überfordert und verängstigt, sondern befähigt werden, Optionen und Lösungen für ihre Konflikte selbst zu finden.

Als besten **Schutz für Mediatoren**, die Mediationstechniken nicht kontra-indiziert zu verwenden, empfehle ich, eigene Erfahrungen mit der Nützlichkeit und Wirksamkeit dieser Techniken zu sammeln, sei es durch Teilnahme an einer systemischen Therapie oder Selbsterfahrung oder in einer Mediation von eigenen Konflikten bei einem systemischen Mediator-Kollegen. Dies kann für die eigene Arbeit hilfreich und nützlich sein und kann vor allzu sorglosem Umgang mit diesen Techniken schützen.

2. Differenziertes Fragen

Übung für Mediatoren

Setzen Sie sich einer Freundin oder Kollegin gegenüber. Bestimmen Sie, wer die Fragerin und wer die Befragte ist, und wechseln Sie diese Rollen nach 10 Minuten. Befragen Sie Ihr Gegenüber 10 Minuten lang über einen privaten oder beruflichen Konflikt der letzten Zeit. Werten Sie dann aus:

1. Wie war es, in der Rolle der Befragten bzw. der Befragerin zu sein?

2. Welche Fragen waren angenehm, öffnend oder brachten neue Ideen und Zusammenhänge?

3. Durch welche Fragen erhielten Sie mehr Informationen?

4. Welche Fragen waren für Sie mehr im Gefühlsbereich?

Die Kunst des differenzierten Fragens

Fast alle Schulrichtungen der Mediation lehren und praktizieren die Kunst des differenzierten Fragens als das **wichtigste Handwerkszeug** von Mediatoren. Erstaunlicherweise gibt es dazu wenig systematisierende Literatur, wenig auch über die Erlernbarkeit von methodischem Fragen in der Mediation. Dabei könnte das Lernen guter Fragen ein wichtiges **Kommunikationsmodell für diejenigen Konfliktparteien** sein, die weiter miteinander leben wollen oder müssen. Viele Konfliktpartner kommen in Mediationen mit der Klage „Wir können nicht mehr miteinander reden", was meistens heißt: „Wir können uns nichts mehr ohne Missverständnisse fragen" oder „Wir fragen uns nichts mehr".

Die Kunst des differenzierten Fragens als Instrumentarium für Veränderung von Einzelnen, Paaren, Gruppen oder Systemen wurde von therapeutischen Schulen entwickelt, so u. a. vom Kanadier **Karl Tomm**, dessen Systematisierung von Fragen dem folgenden Modell zugrunde liegt. Auf der Suche nach methodischen Hilfen für bewusstes Fragen in der Mediation stießen Münchner Mediatoren auf sein **Fragenmodell**, das er für den therapeutischen Bereich entwickelt hatte. Nach mehrjähriger Lehr- und Praxiserfahrung hat es sich auch als hilfreich für die Mediationsarbeit erwiesen.

Für K. Tomm ist dabei die **Arbeit mit Hypothesen** und deren Überprüfung unabdingbar, um differenziertes Fragen gezielt einsetzen zu können. Zur Systematisierung nach Fragetypen geht er von einem **Fragen-**

kreis aus, der von „**Sachverhalts- und Informationsfragen**" (linearen) über „**Bewertungsfragen**" (strategischen) und „**kybernetische Fragen**" (zirkulären) bis hin zu den „**Veränderungsfragen**" (reflektiven) reicht.

Methodisches Fragen nach K. Tomm

- **Lineare Fragen**

  ### Beispiele im Erbfall Schaller

  - „Wer gehört zur Erbengemeinschaft?"
  - „Wann wurde der Verlag gegründet?"
  - „Wann wurde die Villa gebaut, und wer ist im Grundbuch eingetragen?"
  - „Wie können Sie den Wert des Hauses und den Wert des Verlags feststellen?"
  - „Gibt es einen Verlagsanwalt?"
  - „Wie viele Mitarbeiter hat der Verlag?"
  - „Wie alt sind Annas Kinder?"

  ### Wirkung der linearen Fragen

  Diese Art von Fragen verwende ich eher in der **Anfangs- und Schlussphase** einer Mediation, allenfalls noch in der Themensammlung. Die linearen Fragen eignen sich gut als **Orientierungs- und Sachverhaltsfragen**, für das Sammeln von Daten und Fakten. Ich bin als Mediatorin hier eher ein **Detektiv** und aktiviere meine wertende Seite.

  ### Gefahren der linearen Fragen

  Lineare Fragen können aber auch gefährlich für die Mediation werden: Sie sind häufig **rückwärts gewandt** und bleiben oft an Fakten hängen. Dadurch **verfestigen** sie den **Status quo** und **bewirken keine Veränderung**. Lineare Fragen erhalten meist lineare Beschreibungen als Antwort und führen Mediationen eher zu den Positionen statt zu den Interessen, Bedürfnissen und tieferen Bedeutungen hinter diesen Positionen. Meist sind lineare Fragen **vergangenheits- und problemorientiert** statt ressourcen- und zukunftsorientiert. Sie erzeugen **Passivität** und bringen den eigentlichen Mediationsprozess wenig voran.

- **Strategische Fragen**

  ### Beispiele im Erbfall Schaller

  - „Warum sagen Sie ihren Kindern eigentlich nicht, Sofia, dass sie bei Gericht kaum eine Chance hätten, wenn Sie Ihre Anteile am Verlag verkaufen würden, hier in der Mediation aber sehr wohl?"
  - „Was würde denn passieren, wenn Christof Geschäftsführer würde?"
  - „Sehen Sie, dass das große wertvolle Grundstück Ihnen viel Freiheit für den Fortbestand des Verlags gibt?"
  - „Der Vorschlag von Rebecca ist doch sehr vernünftig und liegt nahe. Können Sie den nicht unterstützen, Christof?"
  - „Ihr verstorbener Vater wäre doch sicher einverstanden gewesen mit solch einer Lösung, und Sie könnten doch hier gleich ans Verhandeln gehen, denken Sie nicht auch?"

Wirkung der strategischen Fragen

Strategische Fragen haben von ihrer Wirkung und ihren Risiken her kaum einen Platz in Mediationen und **sollten deshalb in der Praxis nicht verwendet werden**.

Gefahren der strategischen Fragen

Lediglich bei wirklich offensichtlichen Lösungen mögen sie manchmal erlaubt sein, also **eher gegen Ende einer Mediation**. Sie sind **richtungsweisende** und **konfrontierende** Fragen, sie lenken, **korrigieren und manipulieren** im schlimmsten Fall. Aus meiner Sicht arbeiten Mediatoren mit diesen Fragen eher wie **Lehrer, Führer oder Richter** und aktivieren damit oft ihre verdeckt aggressiven Seiten. Sie können leicht ihre Balance und Neutralität verlieren, wenn sie mit strategischen Fragen **Konfliktparteien beeinflussen** und **Verantwortung für Lösungen** übernehmen wollen. Sie unterstützen bestehende Systeme, statt sie für neue Prozesse zu öffnen.

K. Tomm beschreibt die strategischen Fragen als solche, die **Autonomie einschränken**, und verbannt sie deshalb aus seiner Arbeit, weil damit **Ängste und Widerstände erzeugt** werden. Ich habe erlebt, dass Medianden sich angegriffen fühlen oder **Anpassungstendenzen** entwickeln statt eigener Ideen und Konzepte. Als Kommunikationsmodell für das weitere Zusammenleben der Konfliktparteien sind strategische Fragen absolut unbrauchbar. Besonders in Mediationen mit Kindern und Jugendlichen sollten sie **auf keinen Fall verwendet werden.**

* **Zirkuläre Fragen**

Beispiele im Erbfall Schaller

* „Kennen Sie Familien oder Erbengemeinschaften mit ähnlichen Problemen wie den Ihren? Wissen Sie, wie die damit umgegangen sind?"
* „Was denken Sie, welche Ideen Ihr verstorbener Mann und Vater jetzt wohl haben würde?"
* „Angenommen, Vertreter Ihrer nächsten Familiengeneration würde in etwa 20 Jahren sagen: Das mit dem Verlag und dem Elternhaus haben die damals ganz gut hinbekommen. Was hätten sie besonders gut gefunden?"
* „Wenn Anna hier wäre, welche Ideen hätte sie noch dazu?"
* „Wer ist denn sonst noch von Ihren Lösungen für den Verlag und das Haus betroffen?"
* „Was denken Sie, wer von Ihnen am ehesten zum Verhandeln bereit ist?"

Verwendung der zirkulären Fragen im Mediationsprozess

Mit den zirkulären Fragen beginnen im Fragenkreis die eigentlich für die Mediation nützlichen Fragen. Sie werden **im gesamten mittleren Prozess einer Mediation** gebraucht, also besonders bei der Arbeit an den Interessen und Bedürfnissen, bei der Optionenentwicklung, bei den Fairnesskriterien, bei der Rolle des Rechts und auch beim Verhandeln. Sie sind besonders brauchbar an allen Stellen, wo mit **Wechselseitigkeit und Gemeinsamkeit** gearbeitet wird. Dabei sind Mediatoren eher **Forscher und Entdecker** und aktivieren hier ihre forschenden und akzeptierenden Seiten. Die zirkulären Fragen sind hilfreich für die **Hypothesenbildung** in der Mediation, besonders auch für die Hypothesen über andere am Konflikt beteiligte Personen, die vielleicht Ressourcen sein könnten für die Lösungen.

Wirkung der zirkulären Fragen

Neben der **akzeptierenden und oft befreienden Wirkung** ermöglichen es die zirkulären Fragen auch, **Muster und Zusammenhänge offenzu-**

legen, weil sie unbekannte Seiten und Reaktionen der Konfliktpartner zeigen. Das bringt häufig eine völlig **neue Qualität** in die Mediation. Besonders in der Mediationsarbeit **mit Kindern und Jugendlichen** sind die zirkulären Fragen gut zu verwenden, weil sie sich mit Beispielen und Modellen aus anderen Schulen, Gruppen oder Familien besser identifizieren oder auseinander setzen können als mit direkten Fragen nach ihren eigenen Wünschen.

Gefahren der zirkulären Fragen

Trotz ihrer großen Wirksamkeit in der Mediation haben die zirkulären Fragen aber auch einige **Risiken** – darauf weisen manche kritischen Therapeuten immer wieder hin. Die zirkulären Fragen sind schließlich aus der therapeutischen Arbeit als Interventionstechniken entwickelt worden, und darin liegt auch die Gefahr. Sie können **starke Gefühle auslösen, Verwirrung stiften**, aber auch **Schuld- und Rachegefühle verstärken**. Mediatoren könnten damit schnell auf die **therapeutische Ebene** geraten, die nicht ihr Auftrag ist und von der es nicht so leicht ist, wieder wegzukommen. Aber mit dieser Warnung im Hinterkopf können sie zirkuläre Fragen in der Mediation gut einsetzen, wenn sie sie sparsam und nicht trivial verwenden.

* **Reflektive Fragen**

Beispiele im Erbfall Schaller

* „Wie stellt sich jeder von Ihnen sein Leben in fünf Jahren vor?"

* „Angenommen, es gäbe das Problem mit der Geschäftsführung nicht – wie sähe dann Ihre Entscheidung für den Verlag aus?"

* „Was denken Sie, womit Sie eher zu einer Vereinbarung kommen werden, über das Haus oder über den Verlag?"

* „Wenn jeder von Ihnen einen Zauberstab hätte – was würden Sie dann zaubern?"

* „Angenommen, Ihre beste Lösung geht nicht – was wäre dann Ihre zweit- oder drittbeste Lösung?"

* „Sie werden irgendwann eine gute Vereinbarung für den Verlag gefunden haben, woran würde jeder von Ihnen merken, dass sie gut ist?"

* „Woran würden Sie feststellen können, dass Sie mich als Mediatorin bald nicht mehr brauchen?"

Verwendung der reflektiven Fragen im Mediationsprozess

Reflektive Fragen werden **durch den ganzen Prozess** der Mediation gebraucht, zum einen, weil sie die **Hypothesenbildung** und deren Überprüfung durch den ganzen Prozess leiten, zum anderen, weil sie für alle inhaltlichen und methodischen Bausteine, die mit der **Arbeit an der Selbstbehauptung** verbunden sind, hilfreich sind. Mediatoren sind mit diesem Instrumentarium **Hebammen** (Haynes), **Designer** (de Bono) oder **Trainer**. Sie spüren hier am ehesten ihre kreativen und ressourcenorientierten Seiten.

Wirkung der reflektiven Fragen

Tatsächlich sind die reflektiven Fragen auch die für die Mediation kreativsten und förderlichsten. Sie lösen bei den Konfliktpartnern eigene **Veränderungsprozesse** aus und **fördern** damit ihre **Autonomie**. Besonders durch zukunftsorientierte Fragen eröffnen sich oft **Möglichkeiten für die Neuorganisation** von Gruppierungen oder Systemen. Mediatoren können mit guten reflektiven Fragen eine **neue positivere Sicht** der Situation und der Konfliktebenen fördern und damit völlig **neue**, bisher nicht gedachte oder nicht gesehene **Perspektiven** entwickeln helfen.

K. Tomm unterscheidet **sechs Kategorien von reflektiven Fragen**, die auch für Mediatorinnen hilfreich sein können:

- **Zukunftsorientierte** Fragen

- Fragen, die einen **völlig neuen Zusammenhang** herstellen

- Fragen, die **Unterschiede herausarbeiten**

- Fragen, die **Abweichungen vom sonst Üblichen** ermöglichen

- **Hypothetische** Fragen

- Fragen, die **unproduktive Prozesse unerwartet unterbrechen**

Gefahren der reflektiven Fragen

Gerade weil die reflektiven Fragen zum **wirkungsvollsten Interventionsinstrumentarium** in der Mediation zählen, haben sie auch große

Risiken, die Mediatoren kennen sollten, wenn sie professionell damit umgehen wollen. Reflektive Fragen können – ähnlich wie die zirkulären, die ja per se auch reflektive Fragen sind – Medianden überfordern, weil sie **starke Gefühle** oder manchmal **Ängste und Verwirrungen** auslösen können, die unter Umständen nur noch therapeutisch aufzufangen sind. Fiktionen und Fantasiereisen können z. B. bei psychisch labilen Medianden **Existenz- und Zukunftsängste** auslösen, besonders in hoch emotionalen Konfliktsituationen. So werden dann nicht Räume für neue Möglichkeiten erweitert, sondern **alte Ängste mobilisiert**. Manchmal besteht auch die Gefahr, dass durch Zukunftsentwicklungen, Förderung von Wünschen oder Phantasiereisen **die wirkliche Tragik von Konflikten verleugnet oder harmonisiert** wird. Medianden halten dies dann nicht aus und brechen die Mediation ab.

Aber wenn Mediatoren die reflektiven Fragen behutsam und im Bewusstsein ihrer Risiken und mit Hilfe einer guten Hypothesenarbeit einsetzen, sind sie ein wirklich großartiges Instrumentarium. Besonders auch für die Mediationsarbeit mit Kindern, die auf dieser Ebene oft besser denken, leben und Vorstellungen entwickeln können als Jugendliche und Erwachsene.

Praxisanregungen

▷ Für mich ist das Wichtigste beim methodischen, d. h. also beim differenzierten Fragen in der Mediation, dass Mediatoren ihren **Respekt und ihre Empathie** für die Konfliktparteien behalten, und dass sie nicht „in die Probleme" und in die Vergangenheit fragen, sondern „in die Ressourcen" und in die Zukunft.

▷ Zudem ist der **Zeitfaktor** eine wichtige Komponente. Viele Mediatoren stellen gute Fragen, lassen den Medianden aber viel zu wenig Zeit zum Verstehen der Fragen, zum Nachdenken, zum Abwägen, zum Umdenken und für ihre meist zögerlichen und vorsichtigen Antworten. Meine Faustregel ist, dass Mediatoren nach einer gestellten Frage sich diese innerlich selbst noch zweimal stellen sollten.

▷ Gute differenzierte Fragen sollten so **kurz und prägnant** sein, dass ich als Mediatorin diese Frage an alle Konfliktpartner gleich lautend stellen kann (und nicht noch ein „vielleicht auch" einflickt oder gar sagt „Meinen Sie das nicht auch?"). Konfliktparteien sind in ihrer Situation hoch empfindlich für jedes verbale Ungleichgewicht. (Ein Tipp auch für Co-Mediationen: Fragen sollten so gut, kurz und prägnant sein, dass der Co-Mediator sie sich auch merken und sie übernehmen kann!). D. h. auch, dass man **nicht zwei Fragen auf einmal** stellt oder gar eine **Fragenmixtur aus den verschiedenen Fragetypen** braut. Wenn mir als Mediatorin so etwas passiert oder ich eine unpassende oder gar peinliche Frage gestellt habe, schmälert es meine Kompetenz nicht, wenn ich die Frage zurücknehme und mich dafür entschuldige.

▷ Letztendlich gehört zum guten differenzierten Fragen, dass Mediatoren genauso gut und **differenziert zuhören** und die **Antworten stehen lassen** können. Nichts nervt und lähmt den inneren Prozess der Mediation mehr, als wenn ich als Mediatorin die Antworten aller Konfliktpartner – oder schlimmer noch, nur einiger, meist der „schwierigen" – ständig wiederhole. **Schweigendes Zuhören** fördert die innere Konzentration und die Entkonfliktisierung einer Mediation.

3. Regeln mediieren

Übung für Mediatoren

Denken Sie an eine Person, mit der Sie momentan einen Konflikt haben. Überlegen Sie sich mindestens zwei Regeln, mit denen der Umgang zwischen Ihnen beiden trotz des Konflikts leichter ginge. Was wäre die Erleichterung?

Regeln als Hilfe für die Kommunikation

Der Einsatz von festen Regeln für die Kommunikation in der Mediation, besonders für den Umgang miteinander im Streit und im Konflikt, hat viele Wurzeln. Als wichtige Kommunikationstechnik hat **John M. Haynes** sie **aus der systemischen Therapie** in die Mediation übernommen. Heute wird in fast allen Schulrichtungen und Feldern der Mediation in irgendeiner Weise mit Regeln gearbeitet. Mediationen ohne alle Regeln für den Umgang miteinander sind eher selten. Dahinter steht die Erfahrung, dass Konflikte sich leichter regeln lassen, wenn es **gemeinsame Spielregeln** gibt.

Mediieren oder Setzen von Regeln

Allerdings wird die Art und Weise der Entwicklung solcher Regeln verschieden gehandhabt. Viele Mediatoren **setzen die Regel selbst**, ich bevorzuge, sie mit den Medianden zu mediieren, was zugegebenermaßen oft nicht einfach ist, vor allem bei Mehrparteien- oder Gruppen-Mediationen. Die Medianden bestimmen dann ihre Regeln selbst, z. B. „Keine körperliche Gewalt", „Jeder sollte ausreden können", „Gleiche Redezeit für alle", „Vorwürfe und Beschimpfungen werden nicht zugelassen", oder welche Regel auch immer sie für sich selbst gut finden.

Dem Geist der Mediation angemessener ist für mich das Mediieren der Regeln durch den Mediator, der den Medianden hilft, ihre **eigenen Regeln** zu **entwickeln**. Das kann z. B. wichtig sein für Inhalte wie: Redezeiten, Art und Weise des miteinander Redens, Reihenfolge der Redebeiträge, Umgang mit Gefühlen, Vertraulichkeit der besprochenen Dinge, Offenlegung von Daten und Fakten, Umgang mit Rechtsanwälten und Gerichten, Einbeziehung anderer Fachleute außerhalb oder innerhalb der Mediation, Weitergabe der Inhalte und Ergebnisse, Erstellung von Protokollen und Festhalten vorläufiger Ergebnisse, Bezahlung der Mediations-Sitzungen, Umgang mit Absagen, Sanktionen bei Nichteinhalten der Regeln, Festhalten oder Veränderungsmöglichkeiten dieser Regeln etc.

Regeln im Mediationsprozess

Das Mediieren von Regeln praktiziere ich im Allgemeinen **mehr im Anfang einer Mediation**, es kann aber – besonders bei hohem Konfliktniveau und hoher Emotionalität – auch in späteren Stufen notwendig sein. Manchmal muss es dann **Abänderungen** der ursprünglich ausgemachten Regeln geben. Es kann auch vorkommen, dass eine Mediation ohne alle Regeln (meist die anfangs so „harmonischen") sich derartig konfliktreich entwickelt, dass alle Teilnehmer – und der Mediator – nicht ohne Regeln auskommen. Dann muss u. U. eine Auszeit genommen und nachgebessert werden.

Methodische Hilfen

Methodisch gehe ich beim Mediieren von Regeln nach dem **Grundmuster der Mediation** vor (wenn wie gesagt die Regeln nicht selbst vom

Mediator vorgeschlagen und gesetzt werden), d. h. also mit Selbstbehauptung (Window I) und Wechselseitigkeit (Window II) wird solange mediiert, bis ein von allen Beteiligten akzeptiertes Ergebnis vorliegt. Manchmal bestehen Medianden darauf, dieses **Ergebnis aufzuschreiben** oder auch nachträglich in den Mediationskontrakt aufzunehmen. Dabei ist von der Fragetechnik her wichtig, **alle Teilnehmer mit der gleichen Frage** zu fragen und die Antwort genau zu hören und zusammenzufassen, und nicht etwa die anderen Medianden zu fragen „Sind Sie damit einverstanden?", ohne ihre eigenen Vorstellungen abgefragt zu haben. Wenn diese Arbeit sauber gemacht wird, erübrigen sich meiner Erfahrung nach meist **Sanktionen für den Fall der Nichteinhaltung**. Wenn solche Sanktionen gewünscht werden, müssen sie auch wieder mediiert werden – sie gehören dann ebenfalls zu den Regeln für diese Mediation.

Beispielsätze aus der Erb-Mediation Schaller

- „Ich möchte Sie gern etwas fragen, was meiner Erfahrung nach oft hilfreich ist für das Gelingen einer Mediation. Hat jeder von Ihnen Phantasien, **welche Regeln Ihnen allen helfen würden, dass Ihre Mediation gelingt**? Sofia? Rebecca? Christof?"

- „Welche Regel können Sie sich vorstellen, **wenn die ausgemachte nicht funktionieren sollte**? Was denken Sie, Sofia? Was denken Sie, Rebecca? Was denken Sie, Christof?"

- „Wie sollten ihre **Regeln verändert werden** können?"

- „**Was erlauben Sie mir als Mediatorin**, wenn Gefühle oder Kränkungen aus den früheren Beziehungen hochkommen?"

- „Soll es Konsequenzen geben, wenn **jemand von Ihnen die Regeln nicht einhalten** sollte?"

Praxisanregungen

▷ Auch wenn das Mediieren von Regeln manchmal zeitraubend zu sein scheint, sollte ich als Mediatorin nicht darauf verzichten, auch nicht bei Kurz-Mediationen. Regeln geben allen Beteiligten – aber auch den Mediatoren selbst – **mehr Sicherheit**. Die Mediationsarbeit geht wesentlich leichter mit Regeln, besonders in Konflikten mit hoher – positiver oder destruktiver – Emotionalität. Außerdem haben die Konfliktparteien damit auch Regeln entwickelt **für zukünftige Konflikte**, die nicht ausbleiben werden bei Parteien, die weiterhin miteinander leben oder zu tun haben.

▷ Für mich scheint wichtig zu sein, dass Mediatoren die **eigene Einstellung zu Regeln**, besonders zu Kommunikationsregeln überprüfen, damit sie nicht in die Gefahr geraten, im Konfliktfall doch wieder ihre eigenen Lieblingsregeln einzuführen, die vielleicht überhaupt nicht zu ihren Medianden passen.

▷ Für Mediationen, in denen Kinder einbezogen werden, also in vielen **Familien-Mediationen** und generell auch in der **Schul-Mediation** sind Regeln unerlässlich und geben Kindern und Jugendlichen – aber auch den betroffenen Eltern oder anderen beteiligten Erwachsenen – mehr Sicherheit.

▷ Für **große Gruppen- und Mehrparteien-Mediationen** empfiehlt es sich, **selbst einige gute Regeln im Kopf** zu haben oder Kollegen mit Erfahrung nach solchen zu fragen, weil bei vielen Teilnehmern an einer Mediation gute Regeln für den Ablauf und die Kommunikation besonders wichtig sind. **Bei Großgruppen-Mediationen** wird man die Regeln in den meisten Fällen nicht mediieren können, sondern eher **selbst setzen**.

▷ Wichtig für Mediatoren ist meiner Meinung nach auch, **für sich selbst gute Regeln** zu **haben**, um sich nicht zu überfordern und um die notwendige Distanz in der Arbeit halten zu können (z. B. sich Auszeiten zu gönnen, wenn man nicht mehr durchblickt oder emotional involviert wird; grundsätzlich keine Mediations-Sitzungen um mehr als 10 Minuten zu überziehen; vorher dafür zu sorgen, dass genügend Papier und funktionierende Stifte vorhanden sind etc.). Wenn man mit einem **Co-Mediator** arbeitet, sind diese eigenen **Regeln und die Absprachen** darüber **unerlässlich** und außerdem ein gutes Modell für die Medianden.

▷ Als Letztes: Auch Regeln sind in einer Mediation **veränderbar**, aber das muss meistens gut mediiert werden, damit die Balance gewahrt bleibt.

4. Zusammenfassen

Übung für Mediatoren

Denken Sie an Ihren letzten eigenen beruflichen oder privaten Konflikt. Versuchen Sie, in einem möglichst ressourcenorientierten Satz zusammenzufassen, um was es Ihnen dabei ging. Dann versuchen Sie das Gleiche für den Konflikt Ihres Konfliktpartners.

169

Häufigste Technik

Auch das Zusammenfassen ist eine **systemische Technik**. Sie wird in der Mediation wohl am häufigsten von allen Techniken verwendet, weil sie die Möglichkeit bietet, einerseits den **Prozess des Verstehens** bei den Medianden zu unterstützen und andererseits den Mediatoren ermöglicht, ihre für die Konfliktparteien und den Prozess gebildeten **Hypothesen zu überprüfen**. D. h. als Mediatorin fasse ich für jede Partei das Gesagte zusammen und überprüfe damit, ob die Medianden sich selbst und die jeweils anderen verstanden bzw. überhaupt gehört haben. In Konflikten braucht es meist diese Spiegelung durch einen neutralen Dritten, weil die Ohren taub geworden sind für einander. Damit kann das Zusammenfassen zu einem wichtigen zukünftigen Konflikt-Modell für die Partner werden. Für mich als Mediatorin ist das Zusammenfassen deshalb wichtig, damit ich überprüfen kann, ob ich richtig verstanden habe oder aber durch Vorurteile oder eigene Fallen blockiert bin. Ich kann damit meine Arbeitsannahmen genau überprüfen und werde erst nach deren Verifizierung gezielt weiterarbeiten.

Das **Ziel und die Wirkung** des Zusammenfassens ist – wie bei vielen der systemischen Techniken –, dass durch die Spiegelung und die Unterstützung der verschiedenen Unterschiedlichkeiten Paare, Mehrparteien, Gruppen oder Systeme **aus ihrer Starre kommen und in Bewegung geraten**. Damit wird Veränderung bei jedem Einzelnen oder auch jeder Gruppe möglich.

Zusammenfassen in den verschiedenen Stufen

Das Zusammenfassen ist **in allen Stufen** der Mediation notwendig und zieht sich deshalb **durch den gesamten Prozess**. Diese Technik brauche ich besonders an allen Stellen, wo mit der Selbstbehauptung und der Wechselseitigkeit gearbeitet wird. Sie lässt sich nicht unbedingt scharf von anderen Techniken, wie etwa dem Fokussieren oder dem positiven Umformulieren, trennen und wird auch oft in Kombination mit anderen Techniken verwendet.

Beispiele in der Erb-Mediation Schaller

- **„Ich möchte mal zusammenfassen,** was ich bisher von Ihnen, Sofia, verstanden habe. Im Unterschied zu Ihren Kindern geht es Ihnen vor allem um den

Erhalt des Verlags und im zweiten Schritt erst um das Haus. **Habe ich das richtig gehört?"**

- **„Es hört sich so an,** als ob Sie, Christof, eher eine Lösung wollen unter dem Gesichtspunkt einer zukünftigen Geschäftsführung des Wertes vom Verlag, ist das so? Ich frage gleich noch die beiden anderen, wie es für Sie aussieht."

- **„Heißt das konkret,** Sie wollen eine Vereinbarung finden sowohl für den Fortbestand des Verlags wie für eine faire Alterssicherung für die Mutter, oder **habe ich da etwas überhört?"**

- **„Das klingt so,** als bräuchten Sie noch mehr Aspekte und Maßstäbe für Fairness und Gerechtigkeit, bevor Sie verhandeln können. Jedenfalls habe ich das so von Ihnen, Rebecca und Christof gehört. **Bei Ihnen,** Sofia, **bin ich noch nicht sicher."**

Praxisanregungen

▷ **Zusammenfassen heißt nicht „Wiederholen"** – das macht zwar manchmal auch Sinn bei großer Konflikttaubheit der Beteiligten, es nervt auf die Dauer aber und lähmt den Prozess. Die Kunst ist, eine Mischung aus dem Gesagten und dem durch den Mediator positiv Umformulierten zu finden, ohne die **Grenze der Uminterpretierung oder gar der Manipulation** zu überschreiten. Für mich ist dabei wichtig, möglichst die Ressourcen und die sachlichen Seiten zusammenzufassen und nicht die negativen, regressiven oder vorwurfsvollen Anteile. Es werden sonst die Probleme und Konflikte eher verschärft als dem Verstehen geöffnet.

▷ Weiter ist wichtig, möglichst **für jeden Konfliktpartner getrennt** zusammenzufassen und nicht für eine ganze Gruppe oder ein ganzes Subsystem oder gar eine Konfliktpartei ganz zu vergessen. Beim Zusammenfassen sollte auch immer die Unterschiedlichkeit der Konfliktparteien herausgearbeitet werden. Sie ist eine Ressource und sollte nicht durch **falsches harmonisierendes Zusammenfassen** weg mediiert oder auf Gemeinsamkeit hin manipuliert werden.

▷ Als Drittes wäre auch beim Zusammenfassen wieder das **Zeitmoment** zu beachten. Trotz kurzer prägnanter Sätze und Fragen brauchen viele Medianden – besonders in emotionalen Konflikten – Zeit, die Zusammenfassung zu hören, zu verstehen, abzuwägen, vielleicht innerlich zu verändern, um dann antworten zu können. Und es langweilt die anderen Konfliktpartner überhaupt nicht, diesen Prozess mitzuerleben: Er ermöglicht ihnen, besser zu verstehen und neue Seiten zu sehen. Sie müssen allerdings sicher sein, dass sie diesen Platz

171

auch bekommen. Dafür brauchen sie zwischendurch absichernden Augenkontakt durch den Mediator.

5. Fokussieren

Übung für Mediatoren

Denken Sie wieder an Ihren letzten eigenen beruflichen oder privaten Konflikt. Versuchen Sie diesmal, in einem möglichst ressourcenorientierten Satz die Unterschiedlichkeit der Sichtweise vom Konflikt für Sie und Ihren Konfliktpartner mit je einem bestimmten Fokus zusammenzufassen.

Betonung der Unterschiedlichkeit

Auch das Fokussieren stammt aus der **systemischen Arbeit**. Diese Technik wird dort zur Intensivierung von Gefühlen oder von Beziehungen z. B. innerhalb von Paaren oder Gruppen verwendet. In der Mediation wird das Fokussieren eher dazu angewandt, um durch die **Verschärfung der Unterschiedlichkeit** bei den einzelnen Konfliktpartnern den Mediationsprozess auf der Regelungsebene weiterzubringen. Das Fokussieren ist im Grunde eine **pointierte Form des Zusammenfassens** und wird auch häufig zusammen mit dieser Technik verwendet.

Ziel und Wirkung

Ziel ist auch hier: Die starren Positionen und Haltungen im Konflikt durch dieses verschärfte Zusammenfassen der Unterschiedlichkeiten **in Bewegung zu bringen**, ohne dass an dieser Starre besonders oder gar therapeutisch gearbeitet werden muss. Durch die dadurch erreichte Bewegung und Veränderung werden nach meiner Erfahrung oft die Ressourcen im System oder im Konflikt sichtbar und bringen von selbst neue Lösungen hervor, ohne dass Mediatoren daran „zerren" müssen. Je mehr diese Fokussierungen die **Unterschiedlichkeit der jeweiligen Konfliktpartner herausarbeiten**, umso mehr haben sie die Chance, **Veränderung zu provozieren**.

Fokussieren in den verschiedenen Stufen

Auch das Fokussieren zieht sich **durch alle Stufen des Mediationsprozesses**, etwas stärker wieder an den Stellen, wo mit Selbstbehauptung und Wechselseitigkeit gearbeitet wird. Auch hier ist natürlich wichtig, **nicht die problemorientierten oder negativen Seiten des Konflikts** oder der Unterschiedlichkeiten zu betonen, sondern die **ressourcenorientierten Seiten**.

Beispiele in der Erb-Mediation Schaller

- „Sie haben alle drei viele **unterschiedliche Ideen**, was man mit dem Verlag in Zukunft alles machen könnte. Die Auswahl zwischen so unterschiedlichen Möglichkeiten wird Ihnen helfen, gute Lösungen zu finden."

- „Für mich hört es sich so an, als ob Sie, Christof, eher eine Lösung wollen unter dem Gesichtspunkt einer zukünftigen Geschäftsführung. Bei Ihnen, Rebecca, höre ich das zwar auch, aber **zusätzlich höre ich noch den Gesichtspunkt** des Wertes vom Verlag, ist das so?"

- „An Ihren Antworten auf meine Frage, wie viel Zeit Sie sich noch gönnen wollen in dieser Mediation, merke ich wieder **Ihre Unterschiedlichkeit**. Sie, Christof, wollen möglichst schnell fertig werden; Sie, Rebecca, geben sich noch fünf bis zehn Sitzungen; Sie, Sofia, wollen mit offenem Ende arbeiten. Das sind ja viele Möglichkeiten. Was machen Sie damit?"

Praxisanregungen

▷ Auch hier gelten die gleichen Anregungen wie beim Zusammenfassen (s. S. 171). Zu betonen wäre, dass Mediatoren beim Fokussieren besonders auf die **Konkretisierung der Unterschiedlichkeiten** achten und sie auch extra unterstreichen sollten. Das nützt einerseits ihrer genaueren Hypothesenbildung und deren Überprüfung für jeden einzelnen Konfliktpartner und andererseits der gleichmäßigen Verteilung von Balance und Neutralität allen gegenüber. Das Zusammenfassen verleitet nach meiner Erfahrung manchmal zur Nachlässigkeit, das Fokussieren zwingt zur **Genauigkeit**.

▷ Aus Gründen der Balance sind deshalb **möglichst gleichwertige Fokussierungen** hilfreich, nicht z. B. eine auf der sachlichen, eine andere auf der emotionalen Ebene und die für einen dritten Konfliktpartner womöglich mit einem Bild aus der Vorstellungs- oder Phantasieebene.

Zeit zum Formulieren von guten Fokussierungen habe ich als Mediatorin immer besonders dann, wenn die Konfliktparteien ausgiebig streiten.

▷ Das Fokussieren kann heikel werden, wenn es nicht mit der gebotenen **Wertschätzung und Empathie** geschieht – es gerät dann leicht in die Nähe von Ironie oder Sarkasmus, zwei aus der Mediation absolut zu verbannenden Kommunikationsformen. Eine Hilfe ist, sich immer wieder klar zu machen, wozu diese Techniken verwendet werden sollen und welche Wirkung sie haben können.

6. Normalisieren

Übung für Mediatoren

Denken Sie an einen Ihrer letzten Mediationsfälle, in dem die Konfliktparteien sich um wirklich skurrile Dinge gestritten haben. Versuchen Sie, einen wertschätzenden Satz zu finden, in dem Sie Ihr Verständnis, Ihre Empathie, aber auch Ihre Kenntnis solcher skurriler Konfliktinhalte ausdrücken.

Konflikte und Konfliktverhalten enttabuisieren

Auch die Technik des Normalisierens wurde von **John M. Haynes** in die Mediation eingebracht, um Konfliktparteien, die sich durch ihre Konflikte isoliert und von ihrer sozialen Umwelt abgekapselt fühlten, Erleichterung zu schaffen und ihre Konflikte zu **enttabuisieren**. Für Medianden in vielen Konfliktfeldern ermöglicht diese Technik oft wirkliche Öffnung und die Hoffnung, dass ihre Probleme nicht diskriminierend, sondern häufig vorkommend und vor allem lösbar sind. Diese Hoffnung haben viele Medianden im Konflikt oft aufgegeben (z. B. bei Mobbing, Täter-Opfer-Fällen, Trennung und Scheidung). Sie kommen durch das Normalisieren in der Mediation **aus der Tabuzone** und dem Gefühl heraus, sie verhielten sich „unnormal". Deshalb ist diese Interventionstechnik sehr hilfreich und kann – behutsam angewandt – das **Selbstwertgefühl wieder stärken** und die **Scham** über die Konflikte und über das eigene Verhalten in diesen Konflikten **überwinden helfen**.

Normalisieren in den verschiedenen Stufen

Auch diese Technik gehört wegen der oben beschriebenen Wirkungen mittlerweile zu den **Grundtechniken der Mediation** und zieht sich **durch alle Stufen** und methodischen Bausteine. Mediatoren können sie gut anwenden für die verschiedenen Inhalte dieser Stufen, aber auch bei den Erklärungen für die Übergänge von einer Stufe in die nächste. Meist wird das Normalisieren **eher in Form einer Aussage, weniger als Frage** verwendet.

Beispiele in der Erb-Mediation Schaller

- „**Ich kenne diese Fragen** und Probleme gut von anderen Mediationen hier, wo Leute auch versuchen wollen, für ihre Erb- und Finanzprobleme eigene Lösungen zu finden."

- „**Viele erwachsene Kinder** fühlen sich den Entscheidungen der Elterngeneration fremd. Und doch bekommen sie oft faire gemeinsame Regelungen hin, ohne dass die Werte der älteren Generation unter den Hammer kommen."

- „Bei solchen Schätzen wie auch bei Ihrem Erbe, das Ihr Vater und Ihr Ehemann Ihnen hinterlassen hat, **müssen Erben oft** nach den Einzelnen tieferen und inneren Bedeutungen hinter diesen Schätzen fragen, um zu befriedigenden Regelungen zu kommen."

- „**Viele Leute hier in Mediationen** können in ihrem Verhandeln keine Fairness und Gerechtigkeit sehen. Darum ist es fast immer notwendig, sich Zeit zu geben, darüber noch einmal nachzudenken."

- „**Sie werden das ja vielleicht auch kennen** von anderen Erbgemeinschaften, dass die einzelnen Erben so verschieden sein können wie bei Ihnen. Das macht die Suche nach Lösungen ja auch so spannend."

Praxisanregungen

▷ Ich halte es für sehr wichtig, das Normalisieren **immer ressourcen- orientiert** zu verwenden, damit sich eher eine Hoffnung für die Zukunft einstellen kann und Medianden nicht in eine noch größere Verzweiflung über die eigenen Probleme und die Unfähigkeit, sie zu lösen, kommen.

▷ **Bei besonders großer Tragik** oder besonders großen Problemen gehe ich mit dem Normalisieren vorsichtig um, weil sich Medianden missverstanden oder abgewertet vorkommen können. Deshalb sollte die Einleitung eines Satzes mit „Es ist normal, dass ..." nicht verwendet werden.

▷ Richtig und behutsam angewandt ist diese Technik hilfreich und stärkt nebenbei auch die **Kompetenz von Mediatoren**, weil sie zeigt, dass sie sich einerseits **auskennen mit der Scham und der Tabuisierung** von Menschen in Konflikten und andererseits auch die Möglichkeiten kennen, wie es trotzdem faire Lösungen geben kann.

7. Zukunftsorientieren

Übung für Mediatoren

Denken Sie an einen Ihrer derzeitigen privaten Konflikte. Überlegen Sie jetzt, wie Sie eigentlich gern in fünf Jahren leben möchten. Geben Sie sich dafür einige Minuten Zeit und schauen Sie dann, ob sich in Bezug auf Ihren Konflikt irgendetwas verändert hat.

Aus den Konflikten heraus kommen

Die Technik des Zukunftsorientierens kommt ebenfalls **aus der systemischen Arbeit** und wird in fast allen Schulrichtungen der Mediation praktiziert und gelehrt. Sie entspricht der Philosophie der Mediation, aus Konflikten leichter mit der **Orientierung auf die Zukunft** herauszukommen als mit einer Orientierung auf die Vergangenheit. Skeptiker der Mediation haben hier ihre Kritik: Es könne keine haltbaren Lösungen für die Zukunft geben ohne Aufarbeitung der Vergangenheit. Die Erfahrung zeigt aber, dass dies sehr wohl möglich ist, allerdings nur, wenn die Lösungen und neuen Modelle von den Konfliktparteien selbst entwickelt werden und nicht von den Mediatoren als „Experten" vorgeschlagen werden. Von daher ist das Zukunftsorientieren in der Mediation **sowohl eine Haltung als auch eine Technik**.

Ziel und Wirkung

Eine besonders wirksame Interventionstechnik ist das Zukunftsorientieren **bei hoch emotionalen Konflikten** und bei scheinbarer Aussichtslosigkeit von Konflikten. Das Ziel ist, **neue Regelungsmuster, neue Konfliktlösungsmuster** und **neue Verhandlungsmodelle** zu finden, weil die alten nicht mehr taugen oder durch die Konflikte brüchig geworden sind. Dieses Ziel ist besonders wichtig bei Konfliktpartnern, die in irgendeiner Weise weiter zusammenleben, wohnen und/oder arbeiten müssen (vor allem z. B. Mobbing-Partner, Mieter, Schüler, Nachbarn, getrennte Familien etc.). Bei professioneller Anwendung wirkt diese Technik fast wie eine sich selbst erfüllende Prophezeiung und kann damit die **Öffnung und die Lösungsorientierung** der Mediation sehr fördern.

Zukunftsorientieren im Mediationsprozess

Das Zukunftsorientieren zieht sich als Haltung **durch alle Stufen der Mediation**, als Technik selbst wird sie von mir in den ersten Stufen weniger, **in den letzten Stufen mehr verwendet.** Auch bei der eigentlichen Prozessarbeit ist sie hilfreich.

Das Zukunftsorientieren wird oft in Kombination mit anderen Techniken wie Zusammenfassen, Fokussieren, Paraphrasieren und positivem Umformulieren verwendet, meist in Form von Fragen. Dabei wird meist mit der reflektiven Fragetechnik gearbeitet (s. S. 164 ff.).

Beispiele in der Erb-Mediation Schaller

- „Wenn jeder von Ihnen mal **zwei Jahre weiter** denkt und sich dann sagen würde, das mit dem Erbe des Vaters haben wir ganz gut hingekriegt – was würde jede und jeder von Ihnen damit meinen?"

- „Wenn Sie **mal fünf Jahre weiter denken** – wie möchte jede und jeder von Ihnen dann leben?"

- „**Angenommen**, Sie haben **in einigen Sitzungen** Ihre neue Erbvereinbarung über den Verlag fertig und Sie wären zufrieden mit Ihrer Arbeit hier – welche Maßstäbe von Fairness und Gerechtigkeit müssten für jede und für jeden von Ihnen darin enthalten sein?"

- „Welche Arten von Verhandeln würden Ihnen **auch für die Zukunft** gut gefallen – mit welchen werden Sie auch zukünftige Konflikte lösen können?"

- „Was schätzen Sie, **wie lang Sie mich noch als Mediatorin brauchen** werden? An was werden Sie das merken?"

Praxisanregungen

▷ Aus Gründen der inneren Balance und der Neutralität empfehle ich, zukunftsorientierende Sätze und **Fragen immer für alle Konfliktparteien gleich zu formulieren.** Dabei ist wie bei vielen anderen Techniken auch die Ressourcenorientierung und die Haltung der positiven Wertschätzung wichtig.

▷ Das Zukunftsorientieren sollte nicht so phantastisch und mit derartig großen Zeiträumen gemacht werden, dass der Mediator selbst seine **Glaubwürdigkeit** verliert. Er sollte vor allem dann vorsichtig damit umgehen, wenn er selbst zu den **Menschen mit Zukunftsängsten oder mit Zwängen** gehört. Dann überfordert er sich mit dieser Technik selbst.

▷ Das gilt auch für Medianden mit Zukunftsängsten und Zwängen. Zukunftsorientieren ist eine **mächtige Interventionstechnik** und kann solche Menschen sehr verunsichern. Aber unter der Beachtung dieser Warnungen haben Mediatoren mit dieser Technik ein **sehr brauchbares Instrumentarium für die Mediation.**

8. Partialisieren

Übung für Mediatoren

Denken Sie an Ihren letzten großen Konflikt, von dem Sie dachten, er sei unlösbar. Versuchen Sie, daraus jetzt mindestens drei bis fünf kleinere Konfliktpunkte zu machen und ihnen eine Gewichtung zu geben. Welche wären dann leichter zu lösen gewesen?

Große Konflikte unterteilen

Auch diese Technik wurde von **John M. Haynes** aus den Gedanken des **Harvard-Konzepts** weiterentwickelt und in die Mediation eingebracht. Seine Hypothese war, dass durch **Unterteilen ("partialize") von großen Themenpunkten in mehrere oder viele kleine Themenpakete** die Konfliktarbeit und das Verhandeln leichter wird. (Das hieße im Fall der Erb-Mediation Schaller die großen Themenpunkte „Verlag" und „Haus" nochmals in viele Unterthemenpunkte zu teilen, die dann einzeln leichter zu verhandeln sein werden). Dabei ist das Partialisieren keine Technik, die auf den Prozess oder die Beziehungen der Konfliktpartner abzielt, sondern fast ausschließlich auf die Lösungen.

Verschiedene Arten von Unterteilen

Partialisieren ist auf verschiedenen Ebenen möglich:

- **Inhaltliches Unterteilen** (z. B. nach Konfliktinhalten, Konfliktformen etc.)

- **Zeitliches Unterteilen** (z. B. mit kurz-, mittel- oder langfristigen Zielen; unterschiedlichen Zeitphasen etc.)

- **Unterteilen nach beteiligten Personen** (z. B. Konflikte, die nur eine Person oder eine ganze Gruppe betreffen, etc.)

- **Trennen von Gefühls- und Sachebene** (diese wichtige Partialisierungsregel aus dem Harvard-Konzept hätte hier auch ihren Ort)

Methodische und technische Hilfen

Partialisieren ist meistens auch auf **Formen des Visualisierens** angewiesen (s. S. 183 ff.), weil die vielen neuen Unterthemen sonst zu unübersichtlich bleiben. Diese Technik zieht sich auch ebenfalls **durch alle Stufen der Mediation**, wird aber besonders bei den Themensammlungen und bei der eigentlichen Konfliktbearbeitung gebraucht, manchmal auch beim Verhandeln, weniger beim Vereinbaren. Als Fragetechnik eignen sich hier wieder am meisten die reflektiven Fragen.

Inhaltliches Partialisieren wäre auch, wenn einige **nicht verhandelbare Themen** aus der Mediation ausgeklammert werden und z. B. an Gerichte, in Schiedsverfahren oder auch in Therapie oder Beratung überwiesen werden.

Beispiele in der Erb-Mediation Schaller

- „Manchmal wird es in Mediationen leichter, wenn die großen Konfliktpunkte **in mehrere kleine unterteilt** werden. Wie würde jeder von Ihnen den Punkt „Verlag" unterteilen?

179

- „Es scheint so, als ob Sie die Frage des Geschäftsführers **noch nicht endgültig entscheiden** wollen. Gibt es da Gedanken, was Sie dann **übergangsweise** machen könnten?"

- „Wie sähen diese Konfliktpunkte denn aus, **wenn es Anna nicht gäbe?**"

- „Wie sähe das Problem der Geschäftsführung aus, **wenn sich weder Christof noch Rebecca** dafür interessieren würde, Sofia?"

- „Manchmal ist es in der Mediation leichter, wenn Konfliktpartner versuchen, ihre neuen Regelungen **erst einmal für eine überschaubare Zeit** festzulegen und auszuprobieren. **Für welchen Zeitraum** könnten Sie sich das hier bei diesem Punkt vorstellen?"

- „Stellen Sie sich vor, **irgendwann ist der Streit zwischen Ihnen vorbei.** Wie sähe dieser Konfliktpunkt dann aus?"

- „Wenn Sie sich Fairness und Gerechtigkeit in Bezug auf das Haus und den Verlag momentan überhaupt nicht vorstellen können – **gäbe es irgendeinen kleineren Punkt**, wo Sie sich das doch vorstellen können?"

Praxisanregungen

▷ Wichtig beim Partialisieren ist eine **gute Erklärung** dafür, was der Sinn dieser Art zu denken und zu fragen ist. Weiter ist wichtig, dass ich als Mediatorin das Partialisieren nicht selbst mache. Ich sollte natürlich mögliche Unterteilungen im Kopf haben, sie aber möglichst nicht veröffentlichen, sondern mediieren.

▷ Wegen der Balance und Neutralität zu allen Konfliktparteien muss auch hier wieder **an alle die gleiche Frage** nach Möglichkeiten des Partialisierens gestellt werden. Die Partialisierungsergebnisse müssen mediert und visualisiert werden, sonst kann es passieren, dass einer aus der Erbengemeinschaft an die Belegschaft des Verlags denkt, eine andere ans Vermögen und einer an die Geschäftsführung.

▷ Bei gezielter und **nicht zu häufiger Anwendung** ist das Partialisieren eine gute Technik, die das mediative Verhandeln erheblich erleichtern kann, und dabei auch ein **gutes Modell für spätere Konflikte.**

9. Paraphrasieren

Übung für Mediatoren

Denken Sie an einen Ihrer letzten Konflikte, bei dem es zu großem Streit und hoher Emotionalität kam. Versuchen Sie jetzt eine neutrale Aussage über den Streitinhalt zu formulieren, von der Sie denken, dass sie und Ihr Konfliktpartner wohl genickt hätten und dass diese neutrale Aussage Sie und Ihren Konfliktpartner weitergebracht hätte.

Neutrales kleinstes gemeinsames Vielfaches im Konflikt

Die Technik des Paraphrasierens kommt ebenfalls aus der **systemischen Arbeit**. Dort wird sie eher zur Auflösung von Gefühls- und Beziehungsblockaden benutzt. Es waren amerikanische Mediatoren, die diese Technik zunächst in die Familien-Mediation, dann aber auch in die Wirtschafts-Mediation einbrachten und sie hier zur **Unterstützung der sachlichen und der Verstehensebene** verwendeten. Sie gebrauchten sie gewissermaßen als „**Übersetzungstechnik**" aus der Konfliktsprache in eine mediative Sprache, d. h. in eine neutralere Sprache, in der die Konfliktparteien sich hören und verstehen und mit der sie später dann verhandeln können.

Unterschied zum Positiven Umformulieren

Im Gegensatz zum Positiven Umformulieren geht es beim Paraphrasieren mehr um das **Übersetzen von Destruktivität und Negativität in neutrale Aussagen**, die auch die anderen Konfliktpartner besser hören und verstehen können. Wenn das Übersetzen zu positiv und mit einer bestimmten Strategie erfolgt – wie manchmal beim Positiven Umformulieren –, wird daraus vielleicht eine Manipulation. Deshalb verwenden viele Mediatoren lieber das Paraphrasieren, weil es hier mehr um das Übersetzen von Beschwerden und Vorwürfen in neutrale Wünsche geht, von **Positionsaussagen in neutrale Aussagen**, hinter denen die Interessen stehen, und das Übersetzen von vergangenheitsorientierten Problemformulierungen in neutrale Zukunftswünsche, um gewissermaßen zum kleinsten gemeinsamen Vielfachen, das hinter den kontroversen Positionen steht, zu kommen.

Methodische Hilfen

Wenn Positives Umformulieren in der Mediation verwendet wird, dann empfiehlt es sich eher zur Unterstützung der Arbeit an der Selbstbehauptung, Paraphrasieren hingegen mehr zur **Unterstützung der Wechselseitigkeit und Gemeinsamkeit.** Von daher haben beide Techniken auch verschiedene Anwendungsorte im Mediationsprozess, also das Positive Umformulieren mehr durch den gesamten Prozess, das Paraphrasieren stärker ab der Stufe der Interessen. Paraphrasieren ist **gut zu verwenden bei starken emotionalen Konflikten und heftigem Streit.**

Nach dem bisher Gesagten ergibt sich von selbst, dass Paraphrasieren **nur bei einer gründlichen Hypothesenbildung und Überprüfung sinnvoll eingesetzt** werden soll, um festzustellen, ob es beim Konflikt eher um die Unterstützung jedes Einzelnen oder um das Herstellen einer neutralen Aussage geht, mit der die Partner vielleicht schon leichter ans Verhandeln kommen.

Dabei lässt sich das Paraphrasieren ebenfalls nicht ganz trennen von anderen Techniken wie z. B. dem Zusammenfassen, Fokussieren, Zukunftsorientieren. Sie werden auch oft in diesen Kombinationen verwendet.

Beispiele in der Erb-Mediation Schaller

- „Man kann sich ja bei euch sowieso nie auf irgendwas verlassen." – „Und du vergisst die kleinsten Abmachungen." – „Ich glaube, das hier hat doch alles keinen Sinn, so wie Ihr euch hier aufführt." – „Ach, Kinder streitet doch nicht immer, wir waren doch schon weiter."
  Mediator: „Ein Thema, über das Sie reden müssen, wird Verlässlichkeit sein."

- „Ich komme nur noch einmal, hier geht ja nichts weiter." – „Klar, wenn du nicht gleich für dich günstige Entscheidungen siehst, steigst du aus." – „Mir sind diese Abendtermine lästig, wenn ich den ganzen Tag im Verlag gearbeitet habe." – „Ja, und dann schläfst du einfach ein, wenn es darum geht, was mit dem Verlag passieren soll."
  Mediator: „Sie leisten hier wirklich schwere Arbeit mit Ihrer Arbeit an Ihrem Erbe. Aber vielleicht müssen Sie **darüber reden, wann und wie oft Sie noch hierher kommen** wollen, damit Sie genügend Zeit und Kraft haben für ein gutes Ergebnis."

- „Mutter redet sowieso dauernd heimlich mit ihrer Freundin." – „Und ich habe Christof und Anna neulich auch komischerweise zusammen in der Kneipe gesehen."– „Und ich erfahre überhaupt nichts und soll jetzt hier mit entscheiden." – „Und Christof quatscht sowieso immer alles mit Dominique durch."
  Mediator: „Es könnte sein, dass Sie **Regeln erarbeiten müssen für das direkte Reden zwischen Ihnen und was mit dem Reden nach außen geschieht.** Wollen Sie dafür Regeln entwickeln?"

- „Mutter und ich haben sowieso die meiste Arbeit gemacht, dass alles jetzt noch so gut dasteht. Du und Dominique, ihr kümmert euch doch um nichts."

– „Und du tust ja inzwischen überhaupt nichts mehr im Verlag. Um was geht es dir hier überhaupt noch?"

Mediator: „Es kann sein, dass **die Arbeitsverteilung und das Anrechnen dieser Arbeitsverteilung bei Ihrem Verhandeln ein Rolle** spielen wird. Sie waren gerade bei der Entwicklung von Maßstäben für Fairness und Gerechtigkeit. Wollen Sie da weitermachen?"

Praxisanregungen

▷ Wenn es darum geht, die Wechselseitigkeit zu unterstützen, halte ich es für wichtig, **eine Formulierung zu finden, die für alle Konfliktpartner passt**. Manchmal muss ich mir als Mediatorin dafür eine Auszeit nehmen, um die richtige Formulierung zu finden. Oder er muss mehrere Anläufe probieren, bis sie passt. Wichtig ist nur, darauf zu achten – **besonders bei Mehrparteien-Mediationen** –, dass sie wirklich für alle passt, sonst hat man plötzlich einen Widerstand in der Mediation, einer steht auf und geht, und man weiß nicht, warum.

▷ Gut ist, einige **Paraphrasierungsbegriffe parat zu haben**, die in fast allen Mediationen zu verwenden sind. Aus der Praxis: Begriffe wie Verlässlichkeit, Sicherheit, Anerkennung, gerechte Verteilung von ..., miteinander reden, Belastung, Kontenausgleich, Zeitmanagement sind fast immer oder abgewandelt verwendbar.

▷ Co-Mediatoren können eine **Auszeit gut benutzen**, um solche **neutralen Formulierungen** zu finden, von denen sie denken, dass alle Medianden auf der sachlichen Ebene weiterarbeiten könnten.

▷ Wie in allen Techniken, ist auch hier die **Ressourcenorientierung** und die **Wertschätzung** (und nicht die Mahnung an alte Regeln) ein wichtiges Kriterium.

10. Visualisierungstechniken

Vorüberlegungen

Mediation lebt von der **prinzipiellen Offenheit und Veröffentlichung aller relevanten Daten und Fakten**. Das schließt auch die Erkenntnisse und Vorgänge in den Mediations-Sitzungen selbst nicht aus. D. h. Mediatoren werden sich in den Sitzungen keine Aufzeichnungen machen, die nicht allen Konfliktparteien zugänglich und verständlich sind. Auch die Ergebnisse aller Sitzungen sind öffentlich und keine geheimen Protokolle (wobei Öffentlichkeit in der Mediation immer nur Parteienöffentlichkeit meint und nicht Öffentlichkeit im juristischen Sinn). Das stärkt die Sachebene in der Mediation und verhindert, dass bestimmte Vorgänge nur einigen Teilnehmern zugänglich sind. In diesem Punkt sind sich fast alle Schulen der Mediation einig.

Ziele der Visualisierungen

- **Ressourcen und Möglichkeiten** sollten immer **für alle Teilnehmer sichtbar** sein.

- Die **Sachebene** sollte für alle Konfliktteilnehmer immer **sichtbar und verstehbar** sein.

- Alle **Vorgänge und Entscheidungen** sollten **veröffentlicht** und visualisiert werden.

- **Nichts** in der Mediation **sollte verloren gehen**.

- Alle möglichen **Visualisierungstechniken fördern die Mediation**.

Mögliche Visualisierungstechniken

Ausgehend von diesen Prinzipien, lassen sich viele der heute in Kommunikations- und Organisationsbereichen üblichen Techniken verwenden – der Kreativität sind hier keine Grenzen gesetzt. Bisher werden vor allem folgende Techniken eingesetzt:

- Arbeiten mit **Flipchart, Pinwänden** etc.

- Arbeiten mit **Plänen und Listen**

- Arbeiten mit **Wertebildern**

- Arbeiten mit **Konfliktspiel-Bildern**

- Arbeiten mit **Geno-, Sozio- und Organigrammen**

184

a) Arbeiten mit Flipcharts, Pinwänden, Wandzeitungen etc.

Übung für Mediatoren

Was sind Ihre bevorzugten Visualisierungs-Methoden in Ihren Mediationen? Warum? Welche anderen Formen könnten Sie noch ausprobieren?

Unterschiedliche Visualisierungstechniken je nach Mediationsfeld

Nach den oben beschriebenen Prinzipien der Visualisierung wird klar, dass alle von Mediatoren gewählten Formen der Veröffentlichung und der Dokumentation in Mediationen diesen Grundsätzen entsprechen sollten. Je nach Feld der Mediation wird die Wahl der Visualisierungstechnik anders ausfallen, z. B. für die **Wirtschafts-Mediation** vielleicht mehr die Arbeit mit Flipchart- oder Beamer-Visualisierung, für die **Umwelt-Mediation** möglicherweise mehr Wandzeitungs- und E-Mail-Veröffentlichungen, für die **Familien-Mediation** vielleicht mehr Mitschriften auf großen Bögen, die auch auf einem großen Tisch Platz haben.

Diese **öffentlichen Mitschriften und Dokumentationen ersetzen oft die Protokolle**, besonders wenn sie mit einer Digitalkamera nach der Sitzung aufgenommen und ausgedruckt werden können, damit die Konfliktpartner sie zum Nachdenken, Besprechen und Verändern mitnehmen können. Diese öffentlichen Mitschriften sind so auch **Dokumentationen der Mediation** und können als solche u. U. wichtig sein für andere in der Mediation notwendigen Fachleute (z. B. Beratungsanwälte, Steuerfachleute, Notare); wobei die Weitergabe der Dokumentationen an Dritte im Sinne der Vertraulichkeit stets mediiert werden muss. Prinzipiell wird immer zu prüfen sein, wo diese Visualisierungs-Techniken ihre Grenzen haben, etwa in der Frage der Aufbewahrung und Zugänglichkeit dieser Dokumente, bei der Verpflichtung zur Geheimhaltung etc.

Methodische und technische Hilfen

Wie schon gesagt, richtet sich die Wahl der Technik nach den Konfliktparteien und den Möglichkeiten der Mediatoren. Prinzipiell werden sie **bei der Wahl von Räumen** aber darauf achten müssen, dass diese Arten von **Visualisierung möglich** sind, d. h. sie brauchen Räume mit freien

Wänden, möglicherweise **viele Pinwände, mehrere Flipcharts, große Tische** etc. Viele psychologische oder juristische Praxen eignen sich aus diesem Grund oft nicht für Mediation. Mediatoren brauchen gute Aufbewahrungsmöglichkeiten und selbst ein gutes Management für dieses oft umfangreiche Material. Sie brauchen eine **klare und schnelle Schrift** und eine gute Methodik, um im Sinne der Selbstbehauptung und der Wechselseitigkeit **für jede Konfliktpartei eigene Spalten** oder Räume visualisieren zu können, die jedem zeigen, was seine eigenen Entwürfe und Entscheidungen sind und wie die der anderen beteiligten Partner aussehen. Ob Mediatoren das mit aufgehängten **Zetteln oder Karten** oder aber grafisch mit eigenen Spalten für jede Partei auf großen Flipchartbögen ermöglichen, sollte in der methodischen Geschicklichkeit der Mediatoren liegen.

Mediatoren sollten darauf achten, dass diese **Spalten der Sitzordnung der Konfliktparteien entsprechen.** Nach meiner Erfahrung ertragen es die Beteiligten, besonders im emotional aufgeladenen Konflikten, schlecht, immer auf die Aussagen der jeweils anderen Konfliktparteien sehen zu müssen.

Visualisierungen in den verschiedenen Stufen

Für den Verlauf des Mediationsprozesses empfiehlt es sich, besonders die Themensammlung, die Optionen, Übergangslösungen und natürlich die vorläufigen und endgültigen Verhandlungsergebnisse zu visualisieren. **Bei den Stufen mit inneren Prozessen** ist das Mitschreiben der Schritte und Ergebnisse **nicht immer förderlich** für den Prozess, d. h. Mediatoren sollten sich überlegen, wie sie die Ergebnisse der Arbeit an den Interessen und tieferen Bedeutungen, die Arbeit an den Fairnesskriterien und der Arbeit an der Rolle des Rechts visualisieren, damit sie auch hier nach der Selbstbehauptung jeder Konfliktpartei die Wechselseitigkeit erarbeiten können.

Vervielfältigung der geleisteten Arbeit

Man kann z. B. am Schluss einer Sitzung mit den Konfliktparteien die erarbeiteten Punkte zusammentragen und aufschreiben – jeder weiß meist noch gut, was er oder sie gesagt hat. Besonders die Ergebnisse der inneren Prozesse wollen Konfliktparteien in der Regel gern zum Nachdenken mitnehmen, je nach Feld der Mediation **als fotokopiertes, abgeschriebenes oder auch elektronisch zugesandtes Dokument.** (In vielen Umwelt-Mediationen z. B. werden die Ergebnisse von Sitzungen häufig durch allen Teilnehmern zugängliche E-Mails kommuniziert, während Schüler und Familien sich die Ergebnisse gern selbst abschreiben wollen.)

Praxisanregungen

▷ Mediatoren sollten **viel Energie und Phantasie** in diese Arbeit mit der Visualisierung einbringen – die Sachebene erhält so in der Mediation größere Bedeutung. Inzwischen werden sogar Seminare für diese Techniken angeboten – es lohnt sich, sie zu besuchen, besonders bei Herkunftsberufen, in denen es nicht üblich ist, so öffentlich zu arbeiten. Auch für schnelles und kodiertes Schreiben sollten Techniken und Fertigkeiten erlernt werden. Wenn Mediatoren Schwierigkeiten haben auf diesen Gebieten, ist es ein guter Tipp, sich Hospitanten zu suchen mit solchen Begabungen.

▷ Die Visualisierung wird von mir besonders gebraucht bei der Arbeit mit Wertebildern, Haushaltsplänen, Betreuungs- und Kontaktplänen und Optionenlisten. Mediatoren vergeben viele **Chancen der Veröffentlichung und Versachlichung** – besonders in hochstrittigen Mediationen, wenn sie die Möglichkeiten der Visualisierung nicht nutzen.

▷ Bei **Co-Arbeit** in Mediationen sollte die Art der Visualisierung gut unter den Co-Mediatoren abgesprochen werden, damit hier nicht Verwirrungen für die Medianden entstehen.

▷ Mediatoren sollten sich **im Kodieren von Aussagen üben**, wenigstens für die Stufen der Mediation, in denen der schnelle Fluss wichtig ist (Optionen, Verhandeln, manchmal auch in der Themensammlung). Für die Stufen, in denen die eigene Ausformulierung wichtig ist (z. B. bei den Interessen oder den Fairnesskriterien), sollten Mediatoren die Formulierungen der Medianden übernehmen und visualisieren.

▷ Ein letzter Punkt scheint für die Visualisierung noch wichtig zu sein: **Besondere Aufmerksamkeit** brauchen Mediationen, in denen **Kinder, die noch nicht gut lesen können**, beteiligt sind oder **Medianden, bei denen Sprachschwierigkeiten oder Analphabetismus vorliegen** oder vermutet werden. Dann sind **Bilder, Symbole oder Vignetten** gute Hilfsmittel für die Visualisierung.

b) Arbeiten mit Plänen und Listen

Übung für Mediatoren

Versuchen Sie, Ihre finanzielle Situation – sowohl die laufenden Gelder wie auch Ihre Vermögenswerte – in eine übersichtliche Aufstellung oder in einer Liste zu ordnen, so dass Sie selbst oder auch ein Fremder schnell einen Überblick darüber haben könnte. Wenn Sie Kinder haben, machen Sie einen Übersichtsplan, wer wann für diese Kinder zuständig ist. Wenn Sie mit anderen zusammen etwas gemeinsam benutzen, z. B. ein Auto, ein Büro o. Ä., machen Sie auch dafür einen Plan, wie das im Idealfall funktioniert. Wenn Sie zurzeit irgendeinen Konflikt haben, machen Sie auch dafür einen Plan, der Ihnen und Ihrem Konfliktpartner zu mehr Klarheit verhelfen könnte.

Klarheit auf der Sachebene

Eine weitere Form der Visualisierung ist die Arbeit mit Plänen und Listen. Diese Technik kommt aus der **Organisationsberatung** und wurde in den USA, besonders von **John M. Haynes**, schon sehr früh in die Mediation übernommen. Auch hier – wie bei den übrigen Visualisierungstechniken – ist das Ziel: **Ordnung, Veröffentlichung und Klarheit auf der Sachebene** sowie Visualisierung der Ressourcen, die vielleicht für die Lösungen wichtig sein könnten.

Unterschiedliche Verwendung von Plänen und Listen je nach Mediationsfeld

Diese Pläne und Listen sehen in den verschiedenen Feldern der Mediation jeweils anders aus, in der **Familien-Mediation** geht es mehr um Haushalts- und Budget-, sowie um Betreuungs- und Kontaktpläne für kranke oder behinderte Familienmitglieder, für Kinder bzw. Jugendliche, in **Erb-Mediationen** vor allem um Finanzierungs- und Vermögenspläne, in **Wirtschafts-Mediationen** eher um Listen und Aufstellungen der Einnahmen, Gewinne und Belastungen und in **Umwelt-Mediationen** vielleicht mehr um Flächennutzungs- und Bebauungspläne etc., die für die Sachebene wichtig sind.

Pläne und Listen in den verschiedenen Stufen

Der Zeitpunkt für die Arbeit mit Plänen und Listen ist nicht generell bestimmbar und je nach Mediationsfeld verschieden. Es kann sein, dass sie bereits in der **Vorlaufphase** entwickelt werden müssen oder auch erst im Laufe der Mediation, z. B. besonders **vor den Optionen**, um noch mehr ressourcenorientierte Optionen entwickeln zu können. Es kann sein, dass Mediatoren allgemeine Listen und Pläne entwickeln und diese dann **als Material für Hausaufgaben** den Konfliktparteien mitgeben, um sie zu Hause auszufüllen bzw. zu ergänzen. Manchmal werden sie als „**Ist-Zustandspläne**" ausgefüllt, manchmal aber auch als „**Wunschpläne**", die dann Grundlagen fürs Verhandeln sein können. Manchmal sind sie auch notwendig, um Übergangslösungen entwickeln zu können, bevor es ans eigentliche Verhandeln und endgültige Vereinbaren gehen kann. Manchmal können die unterschiedlich ausgefüllten Pläne und Listen benutzt werden, um einen für alle gültigen „**Übersichtsplan**" zu erstellen, sei es über Vermögens- oder Firmenwerte, sei es über Kontakt- oder Betreuungszeiten für Kinder oder für kranke oder alte Familienmitglieder.

Methodische Hilfen

Wichtig ist meiner Ansicht nach bei der Arbeit mit Plänen und Listen, auch hier immer nach dem **Grundmuster der Mediation** vorzugehen, also im Sinne der Selbstbehauptung jedes Konfliktpartners darauf zu achten, dass **alle Pläne für jeden verständlich** sind, und dass der Gesamtplan nicht der Plan nur einer der Konfliktparteien ist, der z. B. allein den Durchblick und die Mittel zur Durchsetzung hat. Es ist Aufgabe der Mediatoren, darauf zu achten, dass **alle auf dem gleichen Kenntnisstand** sind, z. B. durch Einbeziehung von anderen Fachleuten, durch Beratungsanwälte etc. Es ist hingegen nicht Aufgabe der Mediatoren, die Richtigkeit und Verständlichkeit dieser Pläne und Listen selbst herzustellen. Allerdings sind sie dafür zuständig, **Tabus oder Ungenauigkeiten** zu **erkennen** und dafür zu sorgen, dass solche „**weißen**" Flecken **thematisiert** und z. B. in die Optionen-Entwicklung einbezogen werden, etwa durch Fragen wie „Wie kann die Deckungslücke in Ihrer Firma geschlossen werden?", „Wie können die freien Versorgungstage des behinderten Onkels gefüllt werden?", „Woher können die fehlenden Summen auf dem Konto für die Wandertage der Schüler kommen?" etc.

Praxisanregungen

▷ Die wichtigste Praxisanregung ist die am Anfang dieses Kapitels beschriebene **Übung für Mediatoren**, damit sie selbst den Stress nachvollziehen können, wenn sie Konfliktparteien zumuten, das Chaos und Durcheinander in ihrer Konfliktsituation mit Hilfe von Plänen und Listen zu visualisieren und zu ordnen.

▷ Die Arbeit mit Plänen und Listen ist eine anstrengende Arbeit, die nicht allen Mediatoren liegt, weil sie sich **in die Wertesysteme der Medianden genau einarbeiten** müssen. Diese Arbeit ist nach meiner Erfahrung jedoch lohnend, weil sie den Medianden hilft, auf den Sachebenen zu bleiben oder nach emotionalen Ausbrüchen dahin zurückkehren zu können.

▷ Auch bei dieser Visualisierung muss die **Frage des Datenschutzes** geklärt werden, jedenfalls was die Aufbewahrung solcher Pläne oder Flipchart-Listen angeht.

▷ Es lohnt sich, **Bausteine und Grafiken für solche Pläne und Listen im Computer** zu haben und sie möglicherweise auch mit Kollegen auszutauschen.

▷ Und es lohnt sich auch, bei der Arbeit mit Plänen und Listen **viel Papier, viele Stifte** und für alle Konfliktpartner **Taschenrechner, Kalender** etc. im Raum zur Verfügung zu haben.

c) Arbeiten mit Wertebildern

Übung für Mediatoren

Denken Sie an einen Ihrer eigenen Konflikte, bei denen Sie mit Ihren Konfliktpartnern über materielle Werte verhandeln wollten. Versuchen Sie jetzt, für sich heraus zu finden, welche immateriellen Werte Sie hätten ins Verhandeln einbringen können. – Wenn Ihnen kein eigener Konflikt einfällt, machen Sie diese Übung mental für einen Ihrer letzten Mediationsfälle, in denen es auch um ökonomische Konflikte ging.

Visualisierung der materiellen und immateriellen Werte

In fast allen Mediationen in den verschiedenen Feldern geht es letztlich um das **Verhandeln von Werten**, entweder materiellen oder immateriellen oder – meistens – um beides. Dafür ist es sinnvoll, die jeweiligen materiellen und immateriellen Werte zu visualisieren, und zwar im mediativen Sinn ohne juristische, psychologische oder politische Zuordnung zu den einzelnen Konfliktparteien. Die Erfahrung zeigt, dass in Konflikten der Blick für die Ressourcen und Schätze, um die es geht oder gehen könnte, verloren gegangen ist, besonders auch der Blick dafür, um welche immateriellen Werte es geht. Das Wertebild ist gewissermaßen eine **offene, zukunftsorientierte, nicht juristische Momentaufnahme aller materiellen und immateriellen Werte**, die fürs Verhandeln in diesem Konflikt eine Rolle spielen könnten. Die **nichtparteiliche Visualisierung** ist deshalb wichtig, weil darin der erste Ansatz für das spätere Verhandeln liegen kann.

Wichtig ist die Arbeit mit dem Wertebild nach meiner Erfahrung insbesondere auch **bei sehr armen oder hoch verschuldeten Konfliktparteien** oder solchen, die den Blick für die ideellen Werte verloren haben. Und das kann **in allen Feldern der Mediation** passieren, besonders auch z. B. in Schul-, Verwaltungs-, Mobbing-, Nachbarschafts- oder manchen Familien-Mediationen. Günstig ist die Arbeit mit dem Wertebild auch bei solchen Mediationen, in denen es **tabuisierte Werte** gibt oder nicht alle Werte offen auf den Tisch gelegt werden. Die Arbeit mit dem Wertebild kann auch sehr zur **Versachlichung bei Mediationen mit extrem hohem Konfliktniveau** beitragen.

Wertebild im Mediationsprozess

Im Normalfall wird das Wertebild **vom Mediator entwickelt**, so wie er die Werte im Laufe des Mediationsprozesses gehört und wahrgenommen hat. Vom Mediator entwickelt deshalb, weil es so die **neutrale und nicht parteiliche Sicht der Werte** garantiert. Er kann diese Visualisierungsarbeit **durch den gesamten Prozess** entwickeln, und zwar immer dann, wenn irgendwelche Werte auftauchen, oder auch erst zur Entwicklung der Maßstäbe für Fairness und Gerechtigkeit und zum Verhandeln. Hilfreich kann es sein, vor der Entwicklung der Fairnesskriterien noch einmal gezielt über die für die Konfliktparteien wichtigen immateriellen Werte nachzudenken. Der Mediator wird das Wertebild **spätestens vor dem Verhandeln** einsetzen, weil sich mit dieser Visualisierung besser erkennen lässt, welche Werte eigentlich jeder beim Verhandeln anbieten kann.

Dabei kann es wichtig sein, **auch die negativen Werte** – sowohl die materiellen wie z. B. Schulden oder andere Belastungen wie auch die negativen immateriellen wie z. B. Gerüchte – nicht zu vergessen. Für angeblich oder absichtlich **„vergessene" oder tabuisierte Werte** kann man gut **mit leeren Blättern, Karten** o. Ä. arbeiten. Das Wertebild kann ein sehr umfangreiches sein (z. B. in Erb-, Wirtschafts-, oder Familien-Mediationen) oder auch ein sehr kleines (z. B. in Schul-, Mobbing- oder manchen Wirtschafts-Kurz-Mediationen).

Wichtig bei der Erstellung solcher Bilder ist in jedem Fall, **keine Lösungen zu visualisieren, sondern nur die Werte,** die fürs Verhandeln relevant sind. Von daher sollten Mediatoren sich Mühe geben bei der Formulierung der Werte, also möglichst auch **keine juristischen Begriffe verwenden,** weil sie oft parteiliche und lösungsorientierte Zuordnung suggerieren, also außer den konkreten ökonomischen Werten je nach Mediationsfeld eher Begriffe wie „Vermögensschätze", „hineingesteckte Arbeit", „Ruf der Firma", „Kollegialität", „Kontakt mit den Kindern", „Kontenausgleich", „Hypotheken", „festgelegte Gelder", „respektvoller Umgang in der Öffentlichkeit", „Umgang mit Medien" etc.

Technische Hilfen

Ob die Werte nur durch Aufschreiben auf der **Flipchart** visualisiert werden oder durch **bunte Blätter oder Karten an der Pinwand oder Wandzeitung** oder durch **Laptop** und **Beamer** auf einer Leinwand, ist letztlich der Begabung und den Möglichkeiten der Mediatoren überlassen. Dabei sind solche Visualisierungen vorziehen, mit denen **Vorläufigkeit und Veränderbarkeit** am deutlichsten werden. Besonders die leeren Flächen oder Blätter müssen veränderbar, beschriftbar oder abnehmbar sein. Auch für das Verhandeln selbst ist es günstig und spart oft Zeit, wenn die einzelnen Werte abnehmbar oder etwa mit einem Beamer verschiebbar sind. Der Mediator kann so z. B. die einen bestimmten Wert betreffende Karte einfach auf eine zweite Wand stecken und die vorläufige Vereinbarung dazu für alle sichtbar daneben schreiben. Ob die Werte im Kreis, im Vieleck oder anders grafisch dargestellt werden, ist unerheblich, wenn nur die **nicht parteiliche Zuordnung und die Veränderbarkeit gewahrt** bleibt.

Methodisch am wichtigsten für mich ist allerdings, dass mit dem Wertebild in der Mediation erst gearbeitet wird, nachdem mediiert worden ist, **dass es für alle gilt,** auch wenn unter den einzelnen Rubriken vielleicht nicht ganz das Gleiche verstanden wird. Nach dem **Grundmuster der Mediation** muss also geprüft werden, ob das Wertebild für alle so stimmt.

Beispielsätze für die Arbeit mit dem Wertebild

- „Aus meiner Erfahrung wird das Verhandeln leichter, wenn Sie Ihre Werte, um die es bei Ihren Vereinbarungen geht, noch einmal **klar vor Augen** haben. Auch ich brauche das, um den Überblick über all Ihre Werte zu behalten."

- „Ich habe Ihnen hier **all Ihre Schätze und Werte** aufgeschrieben, wie ich sie im Lauf der Mediation bisher von Ihnen allen gehört habe. Ich habe **die ökonomischen, aber auch die ideellen Werte** aufgeschrieben, von denen ich gehört habe, dass Sie diese ins Verhandeln einbeziehen wollen. Ist das so für jeden von Ihnen verständlich?"

- „Bitte schauen Sie, ob jemand von Ihnen **noch etwas anfügen oder verändern** möchte."

- „Sollen **die leeren Zettel** noch irgendwie beschriftet werden?"

Das Wertebild in der Erb-Mediation Schaller s. S. 265.

Praxisanregungen

▷ Zunächst ist die Arbeit mit dem Wertebild auch eine **Hilfe für Mediatoren selbst**. Auf diese Weise behalten sie den ständigen **Überblick über die Werte** in dieser Mediation und können immer auf einen Blick sehen, was bereits verhandelt ist und was nicht.

▷ Das Wertebild kann den Mediatoren zu einem klareren Blick **ohne die beruflichen Vorurteile und die „Schere im Kopf"** verhelfen („das geht doch juristisch nicht", „das kann man doch nicht miteinander verhandeln", „das kann doch nicht gut sein für Kinder").

▷ Wenn das Wertebild als **rein ökonomisches Bild** entworfen wird, verengt es meiner Erfahrung nach den Verhandlungsspielraum der Konfliktpartner wesentlich.

▷ Das Wertebild sollte möglicherweise auch **zu den Beratungsanwälten** (möglicherweise auch zu anderen Fachleuten wie Steuerberatern, Notaren etc.) mitgenommen werden, weil es die **Beratung erleichtert**, wenn sichtbar wird, welche materiellen und eben auch welche immateriellen Werte in dieser Mediation zur Disposition stehen und miteinander verhandelt werden.

d) Arbeit mit Konfliktspiel-Bildern

Übung für Mediatoren

Denken Sie an einen Ihrer letzten destruktiven Konflikte in Ihrem privaten Bereich. Versuchen Sie, ein Bild dafür finden, wie Sie und Ihr Konfliktpartner den Streit inszenieren und spielen – so als ob Sie sich selbst auf einer Bühne zuschauen würden. Was müssten Sie an dieser Inszenierung verändern, damit der Streit konstruktiv wird?

Bilder der Konfliktinszenierung

Konstruktivistische Konflikttheoretiker beschreiben Konflikte als eine Form von **Wirklichkeit, die sich Menschen selbst konstruieren.** Menschen inszenieren einen Konflikt gewissermaßen als **ein Stück, in dem sie und ihre Konfliktpartner die Hauptrollen spielen.** Meist werden diese Stücke sehr zerstörerisch gespielt, bis hin zum Krieg. Mediation kann der Versuch sein, kriegerische und zerstörerische Energie in eine neue schöpferische Energie zu verwandeln. Einer der kreativsten politischen Mediatoren, **E. de Bono**, beschreibt Mediation als einen schöpferischen Prozess, in dem neue Lösungen – besonders durch symbolisches Denken, kreative Planung und durch konstruktive, entwerfende Bilder – entstehen können.

Arbeit mit Konfliktspiel-Bildern in der Mediation

Die Erfahrung mit Mediation zeigt, dass die Arbeit mit Bildern, besonders die Arbeit mit Bildern für den zugrunde liegenden Konflikt und für die Streitmuster, und die **Arbeit an den inszenierten Streitmustern** zu überraschenden Lösungen führen kann. Menschen können sich ihre Konfliktwirklichkeit selbst erschaffen, aber auch die **Veränderung dieser Konfliktwirklichkeit** können sie selbst schaffen. Bilder helfen, die Spielregeln eines Konflikts zu erkennen und zu verändern – oft schneller und intensiver, als dies über Sprache oder erklärende Überzeugung geschehen kann. Oft kommt es vor, dass mit der gemeinsam beschlossenen **Veränderung der Spielregeln und der Streitmuster** sich auch der zugrunde liegende Konflikt verändert oder sogar auflöst. Gar nicht so selten geschieht diese Wendung in der Mediation (der von amerikanischen Mediatoren oft so genannte „Shift") über die Arbeit mit guten, meist **archetypischen oder auch metaphorischen Bildern** des Konfliktspiels oder der Konfliktinszenierung. Mit Hilfe von solchen Bildern können Menschen, die ihre Konflikte selbst konstruieren, lernen, sie wieder zu dekonstruieren oder neu zu ordnen. Das ist nicht eine Frage des Intellekts, sondern eher eine Frage der überzeugenden Vermittlung und Annahme solcher Bilder.

Konfliktspiel-Bilder im Prozess

Gute Bilder können sich **durch den gesamten Mediationsprozess** ziehen, haben aber besondere Bedeutung an den Stellen, an denen **heftiger Streit, heftige Emotionen oder auch völliges Festfahren im Konflikt** auftritt. Auch bei **Ambivalenz im Konfliktverhalten** (s. S. 66 ff.) können sie sehr hilfreich sein. Im Mediationsprozess kann das bei der Themensammlung bis hin zum Verhandeln und Vereinbaren, wo es ernst wird, vorkommen, fast immer **bei den so genannten „Herzblut"-Themen**, die es nicht nur in der Familien-Mediation, sondern besonders auch in der Wirtschafts-, Erb- oder anderen Mediationen gibt. Meist helfen in solchen Situationen auch die selbst gesetzten oder ausgehandelten Regeln über den Umgang mit Streit, Vorwürfen und Gefühlsausbrüchen nichts, sehr wohl aber die Arbeit mit Bildern. Außerdem gelangen die Beteiligten merkwürdigerweise mit Bildern manchmal **schneller wieder auf die Sachebene** als mit logischen Erklärungen. Das geht auf diese Weise oft leichter und sogar humorvoller als mit verbalen Mitteln (jeder weiß z. B. im Erbfall Schaller, was gemeint ist, wenn ich als Mediatorin nur leise sage „Der Deckel der Schatztruhe ist gerade mal wieder zugefallen.").

Methodische Hilfen

Das Konfliktspiel-Bild ist **ein Bild des Mediators** von der Inszenierung der Konflikt-Interaktion, wie er es selbst vor seinem inneren Auge sieht. Dieses Bild muss ressourcen- und möglichst zukunftsorientierte Veränderung ermöglichen, damit es für die Veränderung des Konfliktspiels taugt. Aus diesem Grund sind Bilder aus dem Wettkampf- oder Sportbereich, wo es immer um Gewinnen oder Verlieren geht, schwierig, ebenso Bilder aus vielen anderen Spiel- oder Berufsbereichen. Auch Märchenbilder sind oft zerstörerische Bilder ohne Ressourcenorientierung. Dagegen **eignen sich Bilder aus dem Lebens-, Natur- und Wachstumsbereich** besonders gut (einige der folgenden Beispiele sind an sich nicht ressourcenorientiert, lassen sich aber dahin gehend verändern), z. B.:

Beispiele

- **Bau von mehreren Häusern** (z. B. ohne oder mit verschiedenem Werkzeug)

- **Garten, in dem gepflanzt werden soll.** Alle reißen sich gegenseitig die Pflanzen aus, stellen das Wasser ab o. Ä.

- **Schatztruhe, in der große Schätze sind**, mit einem schweren Deckel. Keiner lässt die anderen hineinschauen, schlägt ihnen den Deckel auf die Finger o. Ä.

- **Leute sitzen um einen Tisch,** wollen essen (reden, verhandeln), treten sich unter dem Tisch blutig, verletzen sich o. Ä.

- **Boot auf einem Fluss** mit vielen Leuten und vielen Rudern, alle rudern in verschiedene Richtungen, das Boot kommt nicht von der Stelle o. Ä.

- Eine **kostbare Vase**, an der viele Leute mit spitzen Hämmerchen herumhacken o. ä.

- **Großer Früchtekorb mit köstlichen Früchten**, den alle umklammern, sich gegenseitig wegreißen wollen, sich die Früchte stehlen o. Ä.

- **Große Bäckerei mit vielen Leuten, die backen wollen.** Zurzeit ist der Ofen aus, die Hefe ist ausgegangen, die Backrezepte sind verloren gegangen. Keiner kann backen.

Der **erste methodische Schritt** für den Mediator ist, bei der Beobachtung des Konfliktverhaltens der Parteien ein Bild in sich aufsteigen zu lassen und auf seine positiven Veränderungsmöglichkeiten hin zu überprüfen und darauf zu achten, dass es **kein Beziehungsbild, sondern ein Bild des Konfliktspiels** der Medianden ist. Der **zweite Schritt** ist, dieses Bild den Medianden anzubieten, etwa so:

Beispielsätze für das Mediieren eines Konfliktspielbildes in der Erb-Mediation Schaller

- „Ich habe Ihnen gerade intensiv zugehört und zugesehen, wie Sie mit Ihrem Konflikt umgehen. Dabei ist **vor meinem inneren Auge ein Bild aufgetaucht**. Aus anderen Mediationen weiß ich, dass es manchmal hilfreich ist, sich solch ein Bild vom Konflikt und den **Spielregeln, mit denen dieser Konflikt gespielt wird**, mal näher anzusehen und sich zu überlegen, was man im Bild verändern könnte, damit **die Spielregeln des Konflikts sich verändern würden**. Wollen Sie mein Bild mal ansehen, Rebecca? Christof? Sofia?"

Der weitere Umgang mit dem Bild der Schatztruhe im Prozess der Schallers ist auf S. 18 ff. beschrieben.

Wichtig ist bei dieser Arbeit, zunächst **das Bild selbst zu mediieren**, damit es alle sehen können. (Wenn eine Konfliktpartei es nicht sieht und akzeptiert, kann man mit dem Bild auch nicht arbeiten und muss sich als Mediator davon verabschieden). Ebenso wichtig ist, **zunächst immer im Bild zu bleiben** und noch nicht in die Realität des Konflikts zu gehen. Erst wenn jede Konfliktpartei ihre Phantasie von Veränderung im Bild ausgedrückt hat und vom Mediator und von den anderen verstanden worden ist, kann **der nächste Schritt** gemacht werden, nämlich die **Übersetzung der Veränderungsphantasien in die Realität**, z. B. so:

Veränderung der Spielregeln im Erbfall Schaller

• „Jeder von Ihnen hat jetzt Ideen gehabt, was Sie im Bild verändern müssten, um die Spielregeln Ihres Streits verändern zu können. Haben Sie auch Ideen dafür, was Sie denn im Konflikt ihrer konkreten Erbsituation mit dem Kinderbuchverlag verändern müssten, um gemeinsam besser zu einer Lösung zu kommen und nicht immer wieder in Ihre alten Streitmuster zu verfallen? Christof, **was heißt in der Realität** „Sich mehr Zeit zu gönnen, um die Schätze anzuschauen?" Rebecca, was heißt in der Realität „Der Deckel sollte offen bleiben?" Sofia, was heißt in der Realität „Alle sollten etwas zurücktreten, damit sie die Schätze besser sehen können?"

Wenn das jede der Konfliktparteien in die Realität übersetzt hat, ist klar, **wie die Spielregeln des Streits verändert werden müssen**, damit sie gemeinsamen Lösungen näher kommen. Oft liegt **in dieser Veränderung der Streitmuster und der Spielregeln bereits implizit die Lösung.**

Praxisanregungen

▷ Hilfreich ist es, als Mediator schon **vor Beginn von Sitzungen einige Bilder im Kopf** zu haben, damit man sie modifizieren kann, wenn die Konfliktparteien in heftige Emotionen oder in Streit fallen. Gut ist es auch, sich bei der **mentalen Vorbereitung auf einen Fall** (s. S. 233 ff.) grundsätzlich einige Konfliktspielbilder zum Fall einfallen zu lassen, dazu natürlich auch immer die **möglichen positiven Veränderungen** als Überprüfung, dass es sich tatsächlich nicht um problemorientierte Bilder oder um Beziehungsbilder handelt.

▷ Als **Überprüfungskriterien für Konfliktspiel-Bilder** eignen sich: Res-
sourcenorientierung/Veränderungsmöglichkeit der Spielregeln/Optio-
nalität (möglichst viel Variationsmöglichkeit).

▷ Mediatoren sollten tunlichst, auch im Hinblick auf ihre Neutralität,
nur mit ihren eigenen Bildern arbeiten und nicht mit denen der oder
einer der Konfliktparteien – meist haben die anderen Widerstände
gegen die Bilder der anderen Konfliktpartner und können sich nicht
darauf einlassen.

▷ Die Verwendung von Konfliktspiel-Bildern kann der Mediation eine
humorvolle Leichtigkeit geben und die Kreativität unterstützen.
Daher sollten Mediatoren damit experimentieren und umgehen lernen, auch wenn sie anfänglich vielleicht eigene Widerstände spüren.
Allerdings sollten sie daran denken, dass **diese Arbeit keine Spielerei**
ist, sondern dass Bilder bei Menschen, insbesondere in Konflikten,
manchmal sehr **tiefe Schichten** erreichen können. Bei behutsamem
und gut durchphantasiertem Einsatz kann diese Arbeit eine hilfreiche
Methode für Veränderungen in der Konflikt-Kommunikation und der
Lösungsorientierung sein.

▷ Bei der **Einbeziehung von Kindern** – weniger von Jugendlichen – ist die
Arbeit mit Konfliktspiel-Bildern eine hilfreiche Technik. Kinder lieben sie und kommen sehr viel schneller als Erwachsene mit der Analogie von Spielregeln im Bild und in der Realität des Konflikts zurecht.
Die Technik eignet sich deshalb auch **gut für die Schul-Mediation**.

▷ **Wenn das Bild des Mediators nicht angenommen wird**, sollte er sich
ohne Groll wieder davon verabschieden können – manchmal kann
man es später im Prozess doch noch verwenden oder die Konfliktparteien verwenden es plötzlich selbst. Oder es war einfach kein gutes
Bild. Dann gilt wieder: Fehler machen können ist auch in der Mediation ein gutes Modell!

e) Arbeiten mit Geno-, Sozio- und Organigrammen

Übung für Mediatoren

Versuchen Sie, für Ihre Familie ein Genogramm, d. h. eine Grafik zu entwickeln, die alle Mitglieder Ihrer Familie und deren Familienstand erfasst, und
zwar möglichst über mindestens drei Generationen. Dann versuchen Sie für
Ihre letzte oder derzeitige Arbeitsstelle ein Soziogramm zu erstellen, d. h.
eine Grafik, die alle Mitarbeiter, alle Ebenen der Zusammenarbeit und die
verschiedenen Zugehörigkeiten aller Personen zu den verschiedenen Ebenen

und Arbeitsbereichen aufzeichnet. Und zuletzt versuchen Sie, ein Organigramm von einem Krankenhaus – oder einem anderen Betrieb darzustellen, der Ihnen bekannt ist, also eine Grafik, die alle Ebenen, alle Entscheidungswege und auch die Hierarchien erfasst.

Visualisierungsmöglichkeiten von Beziehungen und anderen Zusammenhängen

Das Arbeiten mit Sozio- und Organigrammen kommt vor allem aus der **Organisationspsychologie** und der **Gruppendynamik**, das Arbeiten mit Genogrammen aus der **systemischen Familientherapie**. Diese Visualisierungstechniken werden dort meist verwendet zur Diagnostik und Darstellung von Beziehungen. Letzteres ist in Mediationen auch oft nötig, und so ist auch diese Technik – zunächst von Familien-Mediatoren – in die Mediationsarbeit aufgenommen worden. Sie stellten damit vor allem komplizierte Familiensysteme wie Pflege-, Zweit-, oder Mehrgenerationenfamilien dar.

Ziel der Visualisierungen

Zunehmend häufiger benutzen auch Mediatoren in Wirtschafts-, Umwelt-, Arbeitsrechts-, Schul-, Nachbarschafts- oder anderen Mediationsbereichen diese Formen von Visualisierung. Sie werden hier weniger zur Diagnostik verwendet als vielmehr **zum Ordnen und für die Klarheit auf der Sachebene** sowie zur **Visualisierung der Ressourcen für die Lösungen**. Dahinter stehen z. B. folgende Fragestellungen:

• Welche Gruppierungen oder Systeme können sich unterstützen?

• In welchen Systemen oder Gruppierungen müssen sich die einzelnen Konfliktparteien bewegen?

• Wie sehen Hierarchien oder Entscheidungsbefugnisse aus?

• Wo sind noch beteiligte Personen oder Organisations-Ebenen, die zur Unterstützung notwendig oder brauchbar sind?

Eine besondere Hilfe sind diese systemischen Visualisierungsmöglichkeiten bei allen **Mediationen mit hoher Komplexität** und **mit vielen beteiligten Personen, Gruppen und Systemen** sowie bei solchen Mediationen, in denen bestimmte Personen oder Gruppierungen bewusst oder unbewusst ausgeklammert oder tabuisiert werden, die vielleicht eine Ressource und für eine gute Lösung wichtig wären.

Methodische Hilfen

Meiner Erfahrung nach hat die Erstellung und das Arbeiten mit diesen Darstellungen vom Organisations- oder Beziehungsgeflechten besonders in den Stufen der Mediation ihren Platz, wo es um Konfliktbearbeitung, Entwicklung von Optionen und beim Verhandeln geht. In manchen **sehr komplexen Mediationen** macht es auch Sinn, **bereits in der Vorlaufphase bzw. im Erstgespräch** und bei der Themensammlung damit zu beginnen. Medianden kann man meist leicht vermitteln, dass Mediatoren selbst eine Darstellung des komplizierten Geflechts brauchen, um besser arbeiten zu können.

D. h., auch diese Visualisierung ist in der Regel – ähnlich wie beim Wertebild – eine **Darstellung der Mediatoren**, soweit nicht – wie in vielen Betrieben, Firmen, Organisationen, Verwaltungen etc. – bereits ausgearbeitete Organigramme vorliegen (hier sollte aber geprüft werden, ob sie für die Belange der Mediation taugen oder noch ergänzt werden müssen, z. B. im **Organigramm einer Schule oder Verwaltung** durch Personen wie Hausmeister oder Putzleute oder im **Genogramm einer Familien- oder Erb-Mediation** durch Personen wie Paten oder außereheliche Personen oder im **Soziogramm einer Umwelt-Mediation** durch eine von allen ungeliebte politische Gruppe, ohne die aber keine Lösung zustande kommen wird.

Auf jeden Fall müssen diese Visualisierungen mit allen Medianden **auf Richtigkeit, Vollständigkeit und Verständlichkeit überprüft** werden, was Mediatoren oft entweder in der Vorlaufphase oder als Hausaufgabe für die Medianden in einer laufenden Mediation erledigen können. Diese Visualisierungstechnik ist nur ein wichtiges Hilfsmittel in der Mediation, sollte aber keinen zu großen Raum einnehmen.

Visualisierungstechniken

Für die grafische Darstellung empfehlen sich die systemischen Techniken aus der Familien- oder Gruppendynamik bzw. die Organigramme aus der Organisationsberatung (Beispiele für Geno-, Sozio- und Organigramme s. S. 258 ff.).

200

Praxisanregungen

▷ Die Gefahr für organisationsberaterisch oder familientherapeutisch geschulte Mediatoren besteht in der Nähe zu ihren Herkunftsberufen. Sie müssen besonders darauf achten, dass sie **bei ihrem Auftrag der Mediation bleiben** und nicht unversehens in eben diese Herkunftsarbeit fallen. Aber wenn sie auf die Falle achten, ist die Arbeit mit dieser Form von Visualisierung eine wertvolle Unterstützung für die Sachebene und für die Arbeit mit den Ressourcen.

▷ Für **Mediationen mit Kindern oder mit Personen, die sich komplizierte Organisationen oder Systeme nicht gut vorstellen können**, ist diese Art der Visualisierung eine besondere Hilfe, ebenso für große Gruppen, in denen der einzelne Mediand oft den Überblick verliert.

11. Zeitmanagement-Techniken

Übung für Mediatoren

Sie sitzen jemand gegenüber, der nichts über Mediation weiß. Sie haben 15 Minuten Zeit, Ihrem Gegenüber zu erklären, was Mediation ist. Stoppen Sie die Zeit. Versuchen Sie dann das Gleiche in 4 Minuten. Stoppen Sie auch diese Zeit. Werten Sie dann aus, wie diese Erfahrung für Sie selbst und auch für Ihr Gegenüber war. – Wiederholen Sie diesen Versuch, indem Sie in den 15 Minuten sehr viel schneller sprechen und in den 4 Minuten sehr viel langsamer. Stoppen Sie auch diese Zeiten und werten die Erfahrungen aus.

Schätzen Sie, wie viele Sitzungen Sie in einer Ihrer laufenden Mediationen noch brauchen werden bis zu einer Vereinbarung. Mediieren Sie in der nächsten Sitzung, wie viel Zeit die Medianden selbst schätzen, die sie noch brauchen. Sie werden überrascht sein über das Ergebnis!

Variable Zeit

Zeitmanagement in der Mediation wird in den verschiedenen Schulrichtungen wenig oder gar nicht gelehrt, auch scheint es keine Auswertung von **Erfahrungen mit der Variablen Zeit in der Mediation** zu geben. Je mehr allerdings Kurz-Mediation ein Thema und eine Sonderform der Mediation wird, desto mehr befassen sich jetzt auch Mediatorinnen und Mediatoren damit.

Mediation ist vor allem Prozessarbeit, d. h. Zeit, Zeitmanagement und Tempi spielen eine große Rolle. Es ist hilfreich für diese Prozessarbeit, wenn sich Mediatoren **Zeit-Hypothesen** bilden, sowohl für die Indikation einer Langzeit-Mediation als auch einer Kurz-Mediation, das erleichtert zeit- und phasengerechtes Arbeiten. Die Bedeutung der Variablen Zeit lässt sich aus dem theoretischen Verständnis von Mediation ableiten, wie z. B. aus der **Zukunftsorientierung** und der **Veränderbarkeit** der Vereinbarungen. Diese Zusammenhänge sind wichtig bei der Arbeit mit der Variablen Zeit und für die Zeitplanung:

- Planen von **Langzeit- bzw. Kurz-Mediationen**

- **Arbeiten mit verschiedenen Zeiten** für die Entwicklung von inneren und äußeren Prozessen

- Einbauen von **Trainingsphasen**

- Mediieren **der verschiedenen Zeiten** (Gesamtdauer, Dauer einzelnen Phasen, Pausen, Unterbrechungen etc.)

- Arbeiten mit **unterschiedlicher Dauer der verschiedenen Stufen und Bausteine**

- Arbeiten mit **unterschiedlichen Tempi** (z. B. mit Verlangsamen und Verschnellen des Prozesses)

- **Überspringen oder Wiederholen** bestimmter Stufen

- Einbauen von **Not- oder Übergangsregelungen**

- Mediieren von **Veränderbarkeit und Überprüfungen** von Vereinbarungen

Methodische Hilfen

Gerade weil in vielen Mediation Zeitdruck eine große Rolle spielt (viele Medianden wollen z. B. ihre Konflikte möglichst schnell und möglichst billig lösen), sind meiner Erfahrung nach **bewusster Umgang mit dem Faktor Zeit**, die **Hypothesenbildung** zu dieser Variablen und der sichere **Umgang mit Zeittechniken** wichtiges Handwerkszeug von Mediatoren. Die Erfahrungen aus Supervisionen zeigen, dass Mediationen oft nicht funktionieren oder Abbrüche drohen, weil der Faktor Zeit nicht beachtet wird, Zeitmanagement – Techniken nicht beherrscht werden oder keine Arbeitsannahmen (Hypothesen) über den Faktor Zeit gebildet wurden. Manche Regelungen und Vereinbarungen sind z. B. nicht zu mediieren, wenn sie in der falschen Phase geschehen, bzw. die Regelungen und Vereinbarungen halten nicht (z. B. Erbregelungen, wenn die Trauerphase noch nicht abgeschlossen ist; Trennungs- und Scheidungsvereinbarungen in der Wutphase etc.).

Im Sinne der Autonomie von Medianden erscheint mir das Wichtigste zu sein, die verschiedenen **Zeitvorstellungen der Konfliktparteien zu mediieren** (wenn sie nicht wie z. B. bei einer Kurz-Mediation bereits vorher geregelt wurden). Alle Zeitregeln, auch die über Pausen, Zeitüberziehung, Zuspätkommen, Terminabsagen etc. sollten mediiert werden, und zwar wieder nach dem **Grundmuster der Mediation**, mit Optionen und Verhandeln. Auch wenn das „zeitraubend" zu sein scheint – die Verbindlichkeit der Vereinbarungen wird im Allgemeinen höher.

Zeitmanagement im Mediationsprozess

Aus der Philosophie der Veränderbarkeit in der Mediation ergibt sich, dass Mediatoren mit **Trainingsphasen, Übergangsregelungen** und mit der Möglichkeit von **Veränderungen von Vereinbarungen** arbeiten sollten. Auch das Mediieren von **verschiedenen Zeitoptionen** für all diese Zeit-Bausteine entspricht diesem Ansatz.

Es gibt kaum Regeln für die **Dauer der verschiedenen Stufen** innerhalb des Mediationsprozesses. Die Erfahrung zeigt, dass die **Arbeit an den Interessen**, die Konfliktbearbeitung und die Optionenentwicklung im Prinzip **mehr Zeit** brauchen als die übrigen Stufen. Es kann auch sein, dass aus bestimmten Gründen eine Stufe übersprungen oder wiederholt werden muss (z. B. bei Widerständen gegen Optionenentwicklung muss man vielleicht gleich ins Verhandeln gehen, bei Unklarheiten über die Rolle des Rechts noch einmal zurück in die eigenen Maßstäbe für Fairness und Gerechtigkeit).

Zeittechniken

Bestimmte Stufen oder Bausteine müssen eher **verlangsamt** werden (z. B. die Arbeit an den Interessen und tieferen Bedeutungen, die Konfliktbearbeitung). D. h. hier werde ich als Mediatorin eher mit Techniken arbeiten wie **Zusammenfassen, Fokussieren, Zukunftsorientieren, Paraphrasieren, reflektiven Fragen**. In anderen Stufen oder Bausteinen ist dieses Verlangsamen des Prozesses mit den dazu gehörigen Techniken genau kontraproduktiv, weil der Prozess dadurch gelähmt oder blockiert wird.

Beschleunigen („**Verschnellen**") ist eher angesagt beim Optionen-Entwickeln (s. S. 120 ff.), beim Mediieren von Verhandlungsmodellen und beim Verhandeln. Hier sind Fähigkeiten bzw. Techniken des Mediators gefragt wie schnelle Auffassungsgabe, **genaues Hinhören, schnelles und kodiertes Aufschreiben, Mut zum Abkürzen** und Fehler machen, und nicht dauerndes Spiegeln und Wiederholen, das seinen Platz eher beim Verlangsamen vom Prozess hat.

Beispiele in der Erb-Mediation Schaller

- „In vielen Erbengemeinschaften **dauert es einige Zeit**, bis alle Erben sachlich mit dem Erbe und mit den Miterben umgehen können. Es kommt vor, dass manche auch Jahre nach dem Tod des Erblassers noch in ihrer Trauer gefangen sind. Wie sieht das bei Ihnen aus, Sofia? Und bei Ihnen, Christof? Und bei Ihnen, Rebecca?

- Denken Sie, dass **Regeln und Vereinbarungen** über den Verlag und das Haus **schon gehen** werden?"

- „Wie wollen Sie damit umgehen, dass Sofia denkt, Sie haben **alle Zeit der Welt**, dass Sie, Rebecca und Sie, Christof, **möglichst schnell fertig werden** wollen?"

- „Sie haben **sich jetzt viel Zeit gelassen** für die Entwicklung von Ideen und Möglichkeiten, was Sie alles mit dem Verlag machen könnten. Ich merke, dass Sie **jetzt endlich** verhandeln wollen. Trotzdem sollten Sie **sich hier Zeit lassen**, über Ihre eigene Fairness und Gerechtigkeit in Bezug auf den Verlag nach zu denken. Es wird Ihnen helfen, **dann schneller verhandeln** zu können."

- „**Wie viel Zeit will sich jeder von Ihnen noch gönnen**, bis Sie das Gefühl haben, jetzt können wir ans Verhandeln und Vereinbaren gehen?"

Praxisanregungen

▷ Das **Nachdenken und Hypothesenbilden über Zeit und Zeitmanagement** in der Mediation ist für Mediatoren meiner Ansicht nach deshalb so wichtig, weil sie sonst leicht aus ihrer Neutralität und Balance kommen können und sich unversehens als Bündnispartner der Konfliktpartner wieder finden, die ebenso schnell oder langsam sind wie der Mediator. Es braucht auch gerade **in Bezug auf Zeit und Tempi gute Absprachen und Regeln**, wenn sie mit Co-Mediatoren arbeiten, die andere Zeitgefühle und Zeittechniken haben (was für die Praxis gut und belebend sein kann, aber destruktiv, wenn es dafür keine Regeln zwischen ihnen gibt).

▷ Weiter halte ich es für die Praxis wichtig, sich **für jede Sitzung einen ungefähren Zeitplan** zu machen, damit man sich nicht zwei Stufen vornimmt, die insgesamt mehr Zeit brauchen (z. B. Interessen und Optionen zusammen in einer Familien- oder in einer Erb-Mediation). Auch hier ist die **Hypothesenbildung über Zeit und Zeitmanagement** wichtig. Außerdem kann es sehr hilfreich sein, immer mindestens noch ein bis zwei Pfeile im Köcher zu haben, wie ich als Mediatorin vorgehen kann, wenn ich z. B. noch eine halbe Stunde Zeit habe und die noch ausnutzen möchte (z. B. die Arbeit an den Fairnesskriterien, Mediieren der Einbeziehung von anderen Fachleuten oder auch Übergangsregelungen).

▷ Wenn Mediatoren **Schwierigkeiten mit ihrem eigenen Zeitmanagement** haben (z. B. häufig die Sitzungszeit überziehen; für die wichtigsten Stufen oft zu wenig Zeit haben; manchmal selbst zu spät kommen; nicht arbeiten können, wenn die Medianden in drei Sitzungen fertig sein wollen etc.), dann sollten sie vielleicht in **Supervision** gehen und sich dieses Handikap, das möglicherweise eine biographische Falle ist, einmal genauer anschauen.

12. Arbeit mit Übergängen zwischen den verschiedenen Stufen

Übung für Mediatoren

Denken Sie an eine Ihrer letzten Mediationen, und versuchen Sie, auf Anhieb eine Würdigung der von den Medianden geleisteten Arbeit in einer gut gelaufenen Stufe zu formulieren. Probieren Sie, diese Würdigung, den Sinn der geleisteten Ergebnisse für den Prozess und die Erklärung der nächsten Stufe in ein bis zwei Sätzen auszudrücken. Überlegen Sie sich dann, wie Sie herausfinden können, ob die Medianden Ihre Erklärungen verstanden haben und ob sie sich auf den nächsten Schritt einlassen wollen. Überlegen Sie sich, welche methodischen Alternativen Sie hätten, wenn einer der Medianden oder alle diesen nächsten Schritt aus irgendeinem Grund nicht machen wollen.

Sinn der Arbeit mit „Übergängen"

Mediatoren hilft es sehr in ihrer Arbeit, sich vor Beginn und am Schluss jeder Stufe **klare Arbeits-Hypothesen** zu bilden, warum und wozu dieser Schritt eigentlich wichtig ist. Nicht nur von Ausbildungsteilnehmern sondern auch von Medianden werden solche Fragen nach dem Sinn einer Intervention oder einer vorgeschlagenen Arbeit nicht selten unvermittelt gestellt, und es hat sich auch für die eigene **Praxisreflexion** und die **eigene Sicherheit** bewährt, dafür gute Antworten parat zu haben.

Aus der Supervisionsarbeit ist bekannt, dass viele Misserfolge oder Abbrüche in Mediationen daher rühren, dass vergessen wird, diese **Prozess- und Methodenreflexion**, die entsprechenden Hypothesen dazu und die möglichen Alternativen, wenn die Arbeit aus irgendwelchen Gründen nicht funktioniert, vorher oder während der Arbeit zu machen. Dies ist eine Art **Selbstdiagnose** darüber, ob man durch **methodische „Lücken"** den Prozessabbruch selbst verschuldet oder zumindest provoziert hat.

Der Mediationsprozess hat so viel **innere Logik**, dass Brüche entstehen, wenn Mediatoren keine Erklärungen geben, z. B. warum es förderlich ist, sich über die eigenen Interessen und Bedürfnisse klar zu werden und die der anderen zu verstehen; warum es wichtig ist, nicht von der Themensammlung direkt in die Optionen, womöglich gleich in Lösungsoptionen oder gar gleich in die Lösungen zu gehen; warum es wichtig ist, über die Rolle des Rechts und die eigenen Gerechtigkeitskriterien nachzudenken; warum es Sinn macht, nicht über Positionen oder Forderungen zu verhandeln, sondern mit möglichst vielen Angebote zu beginnen und dann erst zu verhandeln; warum es wichtig ist, bei fast jedem Schritt zu versuchen, die Äußerungen der anderen zu verstehen. Wenn Mediation nicht eine nur „strukturierte" oder eine nur „empathische" und „charismatische" Arbeit sein soll, müssen Mediatoren in der Lage sein, Medianden für ihre jeweiligen Anteile an dieser Arbeit zu **würdigen**, ihnen die **nächsten Arbeitsschritte zu erklären** und ihre **Autonomie in der Entscheidung**, sich darauf einzulassen oder auch nicht, zulassen zu können.

Methodische Hilfen für die Übergangsschritte zwischen den verschiedenen Stufen (Viererschritt)

Neben der methodischen Arbeit mit Hypothesen, mit Unterstützung der Selbstbehauptung und der Wechselseitigkeit, mit Visualisierungsmöglichkeiten, mit Inhalten der verschiedenen Stufen und mit Alternativen bei Verweigerung des jeweiligen vorgeschlagenen Arbeitsschrittes erweisen Mediatoren sich und den Medianden einen guten Dienst, wenn sie das beherrschen, was ich bei den Übergängen den „**Vierer-schritt**" nenne:

• **Zusammenfassung** und **Würdigung** der vorangegangenen Arbeit und deren Wert für den weiteren Mediationsprozess

• **Erklärung** des nächsten Schrittes und dessen Sinn für die Medianden und für den Prozess

• **Überprüfung,** ob diese Erklärung für jeden verstehbar ist

• **Erlaubnis** von jedem, sich auf diesen nächsten Schritt einzulassen

Dieser Viererschritt klingt anspruchsvoll, zeitraubend und kompliziert, ist aber im Gegenteil eine große **Arbeitserleichterung:** Wenn Mediatoren diesen Schritt den Medianden verständlich und in einfacher Sprache klar machen, wird er auch für die Medianden zu einer Art Ritual und **Lernzielkontrolle.** Sie fühlen sich für ihre Arbeit wertgeschätzt und erleben sich selbst als kompetent und den Mediator als Brücke zu dieser Kompetenz und nicht als Guru, der allein die Kompetenz besitzt.

Als Vorbereitung für den Viererschritt könnten Mediatoren für jede Stufe solche Sätze in ihrem „**Mediationsspeicher**" haben. Wenn diese Sätze klar und einfach genug sind, taugen sie fast für jede Mediation, etwa so:

• **Für die Vorlaufphase:** „Jeder von Ihnen hat sich für Mediation interessiert und sich dankenswerterweise auch bereit erklärt, vor Beginn der eigentlichen Mediation noch einige wichtige Punkte zu klären. Gilt das heute immer noch für jeden? Wollen Sie sich auf diese etwa drei viertel Stunden einlassen?"

• **Für das Einführungsgespräch:** „Sie haben intensiv daran gearbeitet, was jeder von Ihnen braucht, damit die eigentliche Mediation gelingen kann. Der nächste Schritt wird sein, den Ablauf und Arbeitsmöglichkeiten näher zu klären. Leuchtet Ihnen das ein? Will jeder von Ihnen damit jetzt beginnen?"

• **Für die Themensammlung:** „Sie haben jetzt die wichtigsten Punkte besprochen, damit Sie hier gut arbeiten können. Ich denke, das wird Ihnen helfen, den nächsten Schritt zu tun, nämlich erst einmal von jedem von Ihnen alle Themen, Aspekte und Regelungspunkte sozusagen in Überschriften zu sammeln. Jeder von Ihnen kann dann am Schluss nachprüfen, ob nichts vergessen wurde. Habe ich Ihnen den nächsten Schritt gut genug erklären können? Wollen Sie sich darauf einlassen?"

• **Für die hinter den Positionen liegenden Interessen:** „Sie haben jetzt alle Themen und Überschriften für Ihre Mediation gesammelt, insgesamt etwa … Damit können Sie jetzt gut anfangen zu arbeiten. Ich habe gute Erfahrungen für das Gelingen einer Mediation damit gemacht, im nächsten Schritt zu schauen, was für jeden hinter seinen Themen und Positionen steckt, denn nur wenn Sie das selbst wissen und auch von den anderen verstehen, werden Sie später wirklich gut verhandeln können. Leuchtet Ihnen das ein? Können Sie sich auf diesen Schritt einlassen?"

- **Für die Optionen:** „Sie haben jetzt den wichtigen Schritt gemacht, viele Ihrer eigentlichen Interessen und Bedürfnisse anzuschauen und auch die der anderen versucht zu verstehen. Das wird Ihnen sehr helfen fürs spätere Verhandeln. Der nächste Schritt wäre jetzt, hinzuschauen, welche Ideen und Fantasien jeder von Ihnen hat für die Möglichkeiten von Veränderung. Der zweite Schritt wäre dann – das kennen Sie ja jetzt schon – welche Ideen der anderen jeder unterstützen oder für sich selbst nutzen kann. Habe ich Ihnen diesen wichtigen Schritt gut genug erklärt? Wollen Sie ihn mal probieren?"

- **Für das Angebotsverhandeln:** „Sie haben jetzt mit viel Mühe und Arbeit alle notwendigen Schritte gemacht, um endlich verhandeln zu können. Ich habe Ihnen hier ein Bild Ihrer materiellen und ideellen Werte in den verschiedenen Bereichen aufgehängt, aus denen Sie den anderen möglichst viele Angebote machen können, um vielleicht das zu bekommen, was Sie gern hätten. Das Verhandeln geht meiner Erfahrung am besten, wenn möglichst viele Angebote auf dem Tisch liegen. Ist Ihnen dieser Unterschied zum normalen Verhandeln deutlich geworden? Wollen Sie das hier mal so versuchen?"

- **Für das Vereinbaren:** „Sie haben sich viele gute Angebote gemacht, verhandelt und bereits viele vorläufige Vereinbarungen gefunden. Sie haben wieder hart gearbeitet und sind damit fast fertig. Es fehlen nur noch einige wichtige Punkte, damit Ihre Vereinbarungen auch wirklich haltbar werden. Wollen Sie diese noch wissen und auch noch arbeiten?"

Dies wären Beispiele für die **Übergänge der normalen Stufen** der Mediation. Die Forderung nach einem ähnlichen Viererschritt gilt aber auch für die möglichen zwei **Zwischenstufen einer Mediation**, die oft vorkommen, meist nicht an einer vorher fest bestimmbaren Stelle und die genau so zusammengefasst und gewürdigt werden sollten wie die Arbeit der Hauptstufen. Das sind die Zwischenschritte wie die Arbeit an der **Rolle des Rechts** und an den **Fairness- und Gerechtigkeitskriterien**:

- **Für die Rolle des Rechts:** „Sie haben hart gearbeitet und viele Alternativen und Ideen für neue Möglichkeiten entwickelt. (Sie haben wohl auch inzwischen bei Ihren Beratungsanwälten Informationen über Ihre möglichen Rechtspositionen eingeholt.) Bevor Sie endgültige Vereinbarungen schließen, sollten Sie sich im nächsten Schritt vielleicht überlegen, welche Bedeutung denn das Recht in Ihrer Mediation haben soll? Es kann ja sein, dass Sie es ganz hereinholen oder ganz draußen lassen wollen oder irgendwo dazwischen. Ist Ihnen klar, worauf ich hinaus will? Wollen Sie darüber noch nachdenken, damit Ihre Vereinbarung hieb- und stichfest wird?"

- **Für die Arbeit an den Fairness- und Gerechtigkeitskriterien:** (Würdigung je nachdem, was vorausgegangen ist). „Sie haben schon viel geschafft. Ich möchte

Ihnen einen wichtigen nächsten Schritt vorschlagen. Für Ihre fertige Vereinbarung wird es wichtig sein, dass Sie sich vorher überlegen, welche Gesichtspunkte von Fairness und Gerechtigkeit darin enthalten sein sollten, damit Sie diese daran überprüfen und dann mit guten Gefühlen unterschreiben können. Verstehen Sie, was ich meine? Wollen Sie sich auf diesen Schritt noch einlassen?"

Praxisanregungen

▷ Für diese Arbeit mit den Übergängen ist besonders hilfreich, einen **Grundbauplan der Mediationsstufen** auf zu hängen (s. S. 95).

▷ Diese Arbeit eignet sich **auch für Kurz-Mediationen**, die manchmal in der Gefahr sind, die Struktur zu verlieren.

▷ Der Viererschritt sollte auch **nach kurzen Pausen** in einer Mediation oder **nach einer Sitzungspause** vor Beginn der neuen Arbeit gemacht werden. Er eignet sich sehr viel besser als die übliche Frage vieler Mediatoren: „Und woran wollen Sie heute arbeiten?" Die Medianden kommen mit dem Viererschritt sehr viel schneller wieder in die Mediation hinein und sind **durch die Würdigung motivierter**, weiter zu machen.

▷ Man muss das **Einverständnis zum nächsten Schritt** nicht verbal kompliziert bei jedem einholen, es genügt oft, mit jedem Medianden **Augenkontakt** aufzunehmen und nach Kopfnicken oder Kopfschütteln von jedem, entweder den nächsten Schritt zu arbeiten oder aber eine Alternative anzubieten.

▷ Der springende Punkt ist: Man darf Medianden nicht fragen, ob sie sich auf einen Schritt einlassen wollen, ohne nicht **mindestens eine Alternative** zu wissen, wenn sie aus Widerstands- oder anderen (meist guten eigenen) Gründen den nächsten vorgeschlagenen Schritt nicht machen wollen. **Alternativen** könnten z. B. sein: Übergangsregelungen mediieren/eine Stufe überspringen und sie evtl. später nachholen/ evtl. mediieren, ob Mediation für alle immer noch der geeignete Weg ist oder andere Konfliktlösungsmöglichkeiten eher in Frage kommen/ manchmal hilft, gewinnend zu fragen „Wollen Sie es trotz Ihrer Bedenken versuchen?"/BATNA (beste Alternative) und WATNA (schlechteste Alternative) arbeiten/zu Beratungsanwälten schicken/als sicherste Alternative – wenn sie noch nicht gemacht ist – die Arbeit an den Fairness- und Gerechtigkeitskriterien.

V. Verschiedene Settings

1. Mehrparteien-Mediation

> **Übung für Mediatoren**
>
> Wenn Sie die von Ihnen geleiteten Mediationen Revue passieren lassen – welche der Mediationen hatte die meisten Konfliktparteien? Was ging bei dieser Mediation trotz der hohen Anzahl von Parteien gut? Womit hatten Sie Schwierigkeiten?

Definition von Mehrparteien-Mediation

Generell bezeichnet man **Mediationen mit mehr als zwei Konfliktparteien** als Mehrparteien-Mediationen, also die meisten Mediationen in den verschiedenen Feldern, so z. B. fast alle Erb-Mediationen, Dorf- und Nachbarschafts-Mediationen, viele Wirtschafts-Mediationen, Schul-Mediationen, aber auch viele Mediationen aus der erweiterten Familien-Mediation. Als Grundlagen für die praktische Arbeit bei Mehrparteien-Mediation gelten auch hier die systemische Sicht von Gruppen (s. S. 213 ff.) und die Hypothesenbildung über Zusammenleben bzw. über Zusammenarbeit und über etwaige Hierarchien oder Weisungsbindungen. Im Allgemeinen bleibt eine Mediation durch den ganzen Prozess eine Mehrparteien-Mediation, es sei denn, sie beginnt als Zweiparteien-Mediation und es stellt sich im Laufe des Prozesses heraus, dass noch weitere Betroffene zu dieser Mediation dazu gehören.

Methodische Hilfen

Für die methodische Arbeit mit Mehrparteien gilt im Prinzip **das Grundmuster der normalen Mediation**, nämlich die Arbeit mit der Selbstbehauptung und der Wechselseitigkeit. Letzteres ist in der Mehrparteien-Mediation **technisch schwieriger**, besonders bei Mediationen mit vielen Personen oder besonders bei Kombinationen von Einzelpersonen und verschieden großen Gruppierungen. Alle Prozessschritte, Methoden und Techniken funktionieren im Prinzip wie bei einer Zweiparteien-Mediation. Die Schwerpunkte und **Besonderheiten richten sich nach dem Feld** der Mediation und müssen in der Vorlaufphase (s. S. 96 ff.) besonders gründlich erarbeitet werden.

210

In einer Mehrparteien-Mediation sollten **mit jeder Konfliktpartei** bzw. mit jeder Gruppierung die **Arbeitskontrakte** über Kosten, Dauer, Formen der Vereinbarungen, Regeln, Umgang mit Emotionen, Schweigepflicht etc. extra erarbeitet werden, weil jede Gruppierung und jedes der Systeme ihre Eigenheiten hat, die berücksichtigt werden müssen, besonders wenn es sich dabei um Konfliktparteien mit verschiedenen Kulturen, Sprachen, Generationen etc. handelt. Unter Umständen muss hier auch **Caucusing** (Einzelgespräche) sowohl in der Vorlaufphase, als Vormediation oder auch im Laufe des Prozesses in Erwägung gezogen werden. Für diese methodischen Entscheidungen sind **ständige Arbeits-Hypothesen** unerlässlich. Bei großen Mehrparteien-Mediationen funktioniert diese Arbeit meist nur mit **Co-Mediatoren** oder in einem **Mediatorenteam**. Für die Fragen der Indikation oder Kontra-Indikation, die Vorlaufphase, die Visualisierungsmöglichkeiten etc. gilt im Prinzip alles im Kapitel „Mediation mit Gruppen und Teams" (s. S. 212 ff.) Beschriebene.

Settingmöglichkeiten bei Mehrparteien-Mediationen

Das **Setting** in Mehrparteien-Mediationen bedarf auch der Bildung von **Struktur- und Arbeits-Hypothesen** sowie der vorherigen **mentalen Vorarbeit**, einmal auf Grund der größeren Anzahl von Medianden, aber auch wegen der vielleicht damit verbundenen „geheimen" Subsysteme oder Untergruppierungen. Es kann sein, dass Schüler aus verschiedenen Klassen oder dass einzelne Gruppierungen bei Erbengemeinschaften zusammen sitzen sollten, dass die verschiedenen Ebenen einer Verwaltungs- oder Wirtschafts-Mediation getrennt sitzen müssen (bei Mobbing-Mediationen z. B. so, dass sie sich nicht ansehen müssen) etc. So kann es Sinn machen, Einzelpersonen nicht verloren zwischen größere Gruppierungen zu setzen, alle vertretenen Untergruppierungen und Einzelparteien jeweils an gleich große Tische zu setzen und jedem Tisch eine eigene Flipchart zuzuordnen etc. Hier ist der Kreativität von Mediatoren keine Grenze gesetzt.

Praxisanregungen

▷ Für die Mehrparteien-Mediation sind Erfahrung mit Gruppen und systemischer Arbeit oder die **Co-Mediation** mit Kollegen mit derartigen Ausbildungen und Erfahrungen hilfreich.

▷ In der Mehrparteien-Mediation können naturgemäß auch mehr Fallen und mehr Probleme mit Übertragung und Gegenübertragung auftreten. Deshalb ist hier die Möglichkeit für **systemische Mediations-Supervision** besonders wichtig, besonders wenn dann noch Zusatzprobleme in der Mediation bei den verschiedenen Konfliktparteien auftreten wie z. B. unterschiedliche Ambivalenzen, unterschiedliches Zeitmanagement, unterschiedliche Vorstellungen von der Rolle des Rechts etc.

▷ Bei Mehrparteien-Mediation sind **Misch-Mediationen** (s. S. 218 ff.) **besonders häufig** vertreten (z. B. bei Nachbarschafts-, Erb-, Wirtschafts-, Familien-Mediationen). Auch zur Klärung der damit verbundenen Fragen ist gründliche Hypothesenarbeit bzw. Supervision angesagt.

▷ Die **mentale Vorarbeit** mit einem **genauen Zeitmanagement** ist unverzichtbar in der Mehrparteien-Mediation. Man braucht hier noch notwendiger als in Zweier-Mediationen häufig „Joker-Zeiten" für Unvorhergesehenes.

2. Mediation von Gruppen, Teams etc.

Übung für Mediatoren

Denken Sie an einen Konflikt in Ihrem Arbeits-Team, Ihrem Sportverein, Ihrer Partei oder einer anderen Gruppierung, in der Sie beteiligt sind. Halten Sie diesen Konflikt für lösbar mit Mediation? Warum nicht oder warum doch?

Gruppen-Mediation in den verschiedenen Mediationsfeldern

In vielen Feldern finden Mediationen als Team- oder Gruppen-Mediationen statt, d. h. die Konfliktpartner sind Mitglieder einer oder mehrerer Gruppen, Teams oder anderer Konstellationen mit mehreren Personen. Solche Gruppierungen können in **Nachbarschafts-, Schul-, Verwaltungs-, Gewerkschafts-, Arbeitsteam- oder ähnlichen Mediationen** vorkommen, also in Arbeitsgebieten oder Institutionen mit gemeinsamen Interessen- oder Aufgabenbereichen. Meist gehen sie nach einer Mediation nicht auseinander, sondern wollen oder müssen weiter miteinander arbeiten oder in irgendeiner Weise miteinander weiter kommunizieren.

Systemische Sicht von Gruppen

Eine wichtige Voraussetzung und Grundlage für solche Mediationen ist die systemische Sicht von Gruppen oder Teams, die davon ausgeht, dass auch sie sich ihre Wirklichkeiten und ihre **Konflikte selbst konstruieren** und grundsätzlich die **Fähigkeit** haben, **sich selbst zu regulieren und zu verändern**, wenn ihre herkömmlichen Problemlösungsmechanismen unbrauchbar geworden sind. Oft holen sie sich dazu Hilfe von außen. Mediation kann die eingefahrenen oder **unbrauchbar gewordenen Kommunikations- oder Handlungsabläufe unterbrechen** und die Muster der jeweiligen Systeme „stören", Kontexte und „alte" Muster verändern, die **Ressourcen wieder sichtbar machen** und neue Abläufe und Kommunikationsformen ermöglichen. Der Kreislauf von Verletzung, Schuldzuweisung, Aggression, Resignation oder auch Depression wird unterbrochen und kann durch neue Regeln und Möglichkeiten ersetzt werden.

Gruppen-Phasen

Eine weitere Vorbemerkung betrifft die Phase, in der sich das Team oder die Gruppe befindet. Fachleute aus der Teamentwicklung unterscheiden meist vier Phasen, in denen sich Teams befinden (analog dazu kann man Entwicklungen in Gruppen ähnlich einordnen):

• Orientierungsphase

• Kampfphase

• Organisationsphase

• Optimierungsphase

Konflikte passieren – wie der Name sagt – oft in der Kampfphase; deshalb kommen die meisten Anfragen für Mediation meist in dieser Phase. Da die Gründe für die Eskalation der Konflikte in dieser Phase meist in Störungen auf den Beziehungsebenen liegen, lehnen viele Mediatoren es ab, hier mit ihrem Handwerkszeug zu arbeiten und überlassen das Feld lieber den psychologischen Fachkräften oder den Organisationsberatern.

213

Indikation für Mediation in Gruppen bzw. Teams

Die Erfahrung zeigt, dass Mediation mit ihrer lösungsorientierten Arbeit auf der Sachebene und eine verstärkte Betonung der Interessen- und Bedürfnisstufe, ein hilfreiches und auch erfolgreiches Angebot für eskalierte Team- und Gruppenkonflikte ist. Die Indikation oder Kontra-Indikation einer Gruppen- oder Team-Mediation lässt sich aus einer hierarchisch oder weisungsgebundenen Organisationsform der Teams oder Gruppen oder aus der oben genannten hohen Eskalationsstufe der Konflikte innerhalb der Kampfphase ableiten. Die Klärung der Indikation oder Kontra-Indikation kann meist nur über eine **Vor-Mediation** oder eine **Vorlaufphase** für eine Mediation (s. S. 96 ff.) erfolgen, begleitet von der entsprechenden **Hypothesenbildung** und Überprüfung, evtl. auch von einer **Mediations-Supervision** vor Beginn einer solchen Team- oder Gruppen-Mediation.

Methodische Hilfen

Für die methodische Arbeit gilt im Prinzip auch hier das **Grundmuster der Mediation** und das der **Mehrparteien-Mediation** (s. S. 210 ff.) in allen Prozessschritten, Methoden und Techniken. Wegen der höheren Komplexität ist besonders die Arbeit mit **Hypothesen** und deren Überprüfung unerlässlich.

Die **Vorlaufphase** hat in der Team- und Gruppen-Mediation mehr Bedeutung als in kleineren Mediationen, d. h. Mediatoren werden mehr Zeit in Vor-Mediationen mit der ganzen Gruppe oder mit jeder Gruppierung einzeln und in die Vorbereitung bzw. Vorlaufphase der Mediation investieren müssen. Vielleicht werden sie, besonders wenn es sich um sehr viele Teilnehmer handelt, von jedem **eine eigene kurze Schilderung des Konflikts bzw. des Konfliktverlaufs** anfordern, um die gesamte Komplexität des Konflikts besser einschätzen zu können. Ob hier evtl. „**Caucusing**" (Einzelgespräche mit jeder der Gruppierungen oder der Konfliktpersonen) angesagt ist, muss sich nach den Besonderheiten des Falls und des Auftrags richten. Die Erfahrung mit solchen Vorlaufphasen zeigt, dass hier der **Auftrag**, die **Freiwilligkeit** und die **Ergebnisoffenheit** besonders sorgfältig abgeklärt werden müssen, d. h. der Mediator muss Gespräche oder Vor-Mediationen mit Gruppenleitern, der Leitung einer Firma, einer Verwaltung bzw. der „oberen Etage" der jeweiligen Hierarchie, die meist die Auftraggeber der Mediation sind, führen.

Vor-Vereinbarungen

Auch die Abmachungen über etwaige **Co-Mediatoren, Kosten, Dauer, Formen und Übermittlungswege** der Vereinbarungen, **Setting, Rolle des Rechts** etc. müssen gründlich geklärt werden, besonders wenn es sich um sehr große Teams oder Gruppen handelt. **Regeln über Kommunikation, Emotionen in der Mediation, Schweigepflicht, Zeitabläufe** etc. sollten in Vor-Mediationen geklärt werden, weil sie bei großen Gruppierungen in der eigentlichen Mediation zu viel Zeit und Geduld verbrauchen würden. Manchmal empfiehlt es sich, diese **Regeln selbst zu setzen**, weil sie in sehr großen Gruppierungen fast nicht zu mediieren sind. Es empfiehlt sich auch die Erstellung und Arbeit mit Sozio- oder Organigrammen, um während der Mediation immer Klarheit über Struktur, Zuständigkeiten und Entscheidungswege zu haben oder herstellen zu können. Meist ist auch die Erstellung eines **speziellen Arbeitskontrakts** für die Team- oder Gruppen-Mediation notwendig, in dem der Vorgesetzte der nächst höheren Abteilung oder der Auftraggeber mit seiner oder ihrer Unterschrift die Ergebnisoffenheit und die Zusicherung, dass die Teilnahme an dieser Mediation keine arbeitsrechtlichen Konsequenzen hat, bestätigt.

Visualisierungsmöglichkeiten in der Gruppen-Mediation

Für die Visualisierungsmöglichkeiten in der eigentlichen Mediation sind meist **mehrere Flipcharts und/oder Pinwände** sowie sehr viel Papier und Stifte notwendig. Für einzelne Stufen (besonders für die Themensammlung, aber auch für die Entwicklung der Optionen und für die Angebote beim Verhandeln) braucht man **viele Karten oder Zettel** – möglichst **in so viel verschiedenen Farben, wie Gruppierungen** in der Mediation vertreten sind. Eine weitere Visualisierungshilfe kann ein **Plakat über die Phasen und Stufen der Mediation** und der vorgesehene **Zeitplan dieser Stufen** sein. Auch das kann zur Strukturierung und Klarheit der Mediation beitragen, wenn alle immer wissen, wo sie sich momentan befinden und wie viel Zeit sie noch haben.

Zeitmanagement und Phasen

Das setzt natürlich ein genaues Zeitmanagement voraus – fast unabdingbar in Team- und Gruppen-Mediationen, weil die einzelnen Stufen z. T. ganz **andere Zeitdimensionen** haben als in kleineren Mediationen.

D. h. Mediatoren müssen sich im Klaren sein, wie sie die einzelnen Stufen arbeiten wollen, mit welchen Fragen, die für alle Gruppierungen taugen, sie arbeiten wollen, wie sie die **grafischen Visualisierungen** durchführen wollen, besonders jeweils bei den Stufen, in denen sie das gegenseitige Verstehen (Window II) arbeiten wollen oder müssen (z. B. durch Kennzeichnung mit Namenskürzeln oder durch Verteilen farbiger Klebepunkte). Schließlich müssen sie sich vorher überlegen, in welchen Phasen es mehr Sinn macht, alle Beiträge untereinander zu schreiben (z. B. Themensammlung und Optionen), oder wo es besonders wichtig ist, die Beiträge jeder Gruppierung oder Person zuordnen zu können (besonders bei der Arbeit an den Interessen, den Fairnesskriterien oder der Rolle des Rechts).

Settingmöglichkeiten

Auch die Frage des Settings und der Sitzordnung bedarf der Bildung von Struktur- und **Arbeits-Hypothesen** sowie der vorherigen **mentalen Vorstellungsarbeit**. Die **Sitzordnung** sollte gerade bei großen Mediationen nicht zufällig und willkürlich sein, sondern der systemischen Struktur der Gruppen oder des Teams entsprechen. Mediatoren müssen überlegen, wie sie die wegen Krankheit oder aus anderen Gründen **abwesenden Team- oder Gruppenmitglieder** durch Visualisierung oder z. B. zirkulär einbeziehen wollen (durch Aussagen anderer Teilnehmer aus den Gruppierungen oder Teams und wie sie das kennzeichnen wollen, damit nachher klar ist, wer für wen gesprochen hat).

In sehr großen Gruppierungen hat sich die Arbeit mit einem **Mediatorenteam** als nützlich und hilfreich erwiesen, d. h. jede Gruppierung oder Untergruppe arbeitet mit einem eigenen Mediator. Die Ergebnisse können dann z. B. in einem so genannten **Mediations-Reflecting-Team** von allen zusammengetragen werden, evtl. mit einem zusätzlichen Moderator. Man kann die gesamte Mediation auf diese Weise arbeiten oder auch z. B. im gleichen Raum mit den **verschiedenen Untergruppen**. Jede Gruppe wählt sich einen Sprecher, der die Ergebnisse dann dem Plenum übermittelt.

Verhandeln und Vereinbaren in großen Gruppen-Mediationen

Eine wichtige Erfahrung mit diesen Mediationen ist, dass das **Verhandeln** und besonders die **Vereinbarungsphase** sehr viel länger dauern kann als in begrenzten oder kleineren Mediationen. Es ist günstig, noch eine Reservezeit einzuplanen, damit alle wichtigen **Ausformulierungen,** die **Übermittlungswege,** die **Überprüfungen** sowie **Abänderungsmöglichkeiten** oder auch **Sanktionen bei Nichtfunktionieren** der Vereinbarungen gründlich mediiert werden können. Auch dafür müssen sich Mediatoren gute und funktionierende Methoden und Techniken überlegen. Manchmal empfiehlt es sich in dieser **Schlussphase,** in der es oft sehr um die Genauigkeit der Vereinbarungen geht, mit einem **zusätzlichen Schriftführer** und/oder auch mit **Laptop** und **Beamer** zu arbeiten. Meist sind bei der endgültigen Abfassung der Vereinbarung nicht mehr alle Gruppenmitglieder anwesend, deshalb erhöht es das Erfolgsgefühl für die geleistete Arbeit, wenn alle Teilnehmer der Mediation am Ende eine **ausgedruckte Fassung der Vereinbarung** erhalten.

Praxisanregungen

▷ Für die Team- und Gruppen-Mediation empfiehlt sich **Erfahrung in Gruppenarbeit,** manchmal sogar **Großgruppenerfahrung,** wenigstens sollte bei der Arbeit in einem Mediatorenteam einer der Mediatoren solche Erfahrungen mitbringen.

▷ Co-Mediatoren oder größere Teams sollten nach Möglichkeit **interdisziplinär besetzt** sein, wobei die Interdisziplinarität auch unkonventionell sein kann (z. B. juristischer Mediator/Umweltberater/Künstler) – das kann die Phantasie für ungewöhnliche Lösungen positiv fördern.

▷ Für Team- oder Gruppen-Mediationen ist es hilfreich, sich **mit Organisationsberatern auszutauschen,** auch wenn diese oft ein anderes Verständnis von Konflikt haben und eine andere Vorgehensweise praktizieren als Mediatoren. Aber deren Fragestellungen können auch uns Mediatoren helfen, bessere Arbeits-Hypothesen und Methoden zu entwickeln (z. B. „Wie kommt die Gruppe zu ihrem Konflikt?"/„Was ist das eigentliche Thema hinter dem Konflikt?"/„Wer hat welche Vorteile von diesem Konflikt?"/„Was ist die heimliche Ideologie hinter dem Konflikt, über was darf eigentlich nicht gesprochen werden?"/„Wo liegen die Ressourcen für Lösungen, die nicht sein dürfen?" etc.).

▷ Fast das Wichtigste für Mediatoren in Teams oder Gruppen ist die **Sorge für sich selbst** (in Bezug auf Zeiten, Pausen, Regeln, Bezahlung, Feedback etc.): Team- und Gruppen-Mediationen können **sehr** anstrengend sein!

3. Misch-Mediation

Übung für Mediatoren

Denken Sie an eine Ihrer komplizierteren Mediationen. Versuchen Sie herauszufinden, ob in dieser Mediation nicht mindestens noch eine zweite oder vielleicht sogar mehrere Mediationen enthalten waren. Wie viele und welche?

Variationen von Misch-Mediation

Bei vielen kompliziert erscheinenden Mediationen kann es sich um so genannte „Misch-Mediationen" handeln – also um **Mediationen**, die meist **aus mehr als einem Mediationsfeld** kommen. Sie sind oft nicht als Misch-Mediationen zu erkennen und führen ohne gründliche Hypothesenbildung und Überprüfung häufig zu Abbrüchen. So können in einer Wirtschafts-Mediation eine Erb- und/oder noch eine Ehe-Mediation stecken, in einer Schul-Mediation noch eine Nachbarschafts-Mediation, in einer Scheidungs-Mediation noch eine Wirtschafts-Mediation, in einer Umwelt-Mediation noch eine Verwaltungs- und/oder eine Mobbing-Mediation.

- Die **komplexeste Mediation**, die die Verfasserin einmal zu supervidieren hatte, war eine **Trennungs- und Scheidungs-Mediation**, die sich dann als zusätzliche **Wirtschafts-Mediation** heraus stellte (es ging noch um eine kleine Brauerei mit mehreren Angestellten) und letztlich auch als eine **Dorf- und Nachbarschafts-Mediation** (weil es durch den einen der Medianden, der auch Bürgermeister des einen Dorfes war, um die politische Situation des Dorfes und durch die Kinder der Familie um zwei Fußballvereine in zwei Nachbardörfern ging), als eine integrierte **Mehrgenerationen-Mediation** (es waren drei Generationen beteiligt, die zum Teil völlig verfeindet waren, deren Kinder sich aber gut verstanden), als zusätzliche **Erb-Mediation** (die Brauerei der Familie sollte eigentlich schon lange übergeben werden, bevor jetzt die Trennung und drohende Scheidung dazwischen kam) und als eine neue **Ehe-Mediation** (die Frau, die sich trennen wollte, war wieder schwanger von einem geschiedenen Mann, der selbst bereits zwei Kinder hatte). Die betreffende Mediatorin hatte den Auftrag für eine Mediation und wollte das alles allein und in **einer** Mediation schaffen.

- Theoretisch könnten in der Erb-Mediation Schaller auch mehrere Mediationen enthalten sein, nämlich unter Umständen noch eine **Betriebs-Mediation** (Rebecca, Christof und die beiden Angestellten), eine **Geschwister-Mediation** (Rebecca, Christof und Anna), eine **Ehe-Mediation** (Christof und seine inzwischen von ihm schwangere Freundin Dominique), eine **Beziehungs-Mediation** (Sofia und ihre Freundin im Schwarzwald, mit der sie mit ihren 66 Jahren zusammen ziehen will) und eine erneute **Erb-Mediation** (wenn es nämlich um einen Erb-vertrag über das übrige Erbe von Sofia gehen sollte).

Methodik in der Misch-Mediation

Am wichtigsten sind auch hier Arbeits- und Struktur-Hypothesen und deren Überprüfung, denn oft werden Mediatoren betriebs- bzw. system-blind, besonders wenn sie die eine Mediation begeistert machen und/oder selbst bereits ein Teil des Systems geworden sind. Man kann das selbst merken am Überziehen von Sitzungen, einem zu hohen Energie-verbrauch bis hin zum Helfersyndrom, weil man ja allen Anforderungen gerecht werden will. Der Mediator beginnt zu beraten, Vorschläge zu machen, in Bündnisse zu schlittern, selbst zu agieren statt zu mediieren und Distanz und Neutralität zu behalten.

Methodisch ist bei solchen komplexen Mediationen die **Erstellung eines oder mehrerer Geno-, Sozio- und/oder Organigramme** (s. S. 257 ff.) eine große Hilfe. Auch die Erstellung eines **Wertebildes** über die materiellen und immateriellen Werte in dieser Mediation deckt meistens auf, dass mehrere Mediationen in dieser einen Mediation stecken. Deshalb ist es zunächst für den Mediator selbst, aber dann im nächsten Schritt auch für die Medianden wichtig, die **Verflechtungen** aufzuzeigen und durch Visualisieren, Verbalisieren und Optionen eine „**Entmischung**" zu erarbeiten.

Die Chance ist, dass durch diese „Entmischung" die eigentlichen **Aufträge an den Mediator** wieder klar werden oder **neu definiert** werden können, und dass für die anderen Mediationen **neue Optionen** gesucht werden können. Das bedeutet Entlastung für den Mediator, aber auch für die Medianden, die sich häufig für die angrenzenden Konflikte, Verwirrungen und Probleme mitverantwortlich fühlen. Wenn eine Klärung und Entflechtung stattgefunden hat, ist der wichtigste Schritt, den Medianden bei der **Suche nach weiteren Mediatoren** zu helfen, über die **Übergaben** der weiteren Mediationen an diese nachzudenken und gute Lösungen dafür zu finden (evtl. noch eine gemeinsame Sitzung mit dem neuen Mediator und Regeln für die Information aus der „alten" und „neuen" Mediation. Es gibt ja meist eine oder mehrere Personen, die dann **Medianden in zwei oder mehreren Mediationen** sind).

Praxisanregungen

▷ Bei Misch-Mediationen sind **Hypothesen** und **Überprüfung** das wichtigste Handwerkszeug.

▷ Sie erfordern sehr viel **mehr Zeit als normale Mediationen**, weil zusätzlich die Vermischung selbst und die Optionen für die „Entmischung" mediiert werden müssen. Wenn dies nicht geschieht, gehen die Medianden häufig in den Widerstand, und die ursprüngliche Mediation funktioniert nicht mehr. Oft wechseln die Medianden dann ins juristische System in der Hoffnung, dort Klärungshilfe oder Ratschläge zu bekommen.

▷ Es lohnt sich deshalb, den Medianden, die an den Schnittstellen der „Vermischungen" stehen, besonders durch Normalisierung und Informationen zu helfen, weil gerade sie erfahrungsgemäß oft **Verlust- und Versagensgefühle** entwickeln. Und das tut der „alten" Mediation nicht gut.

▷ Ein Tipp an Mediatoren aus Mediationen, in denen es auf den ersten Blick nicht um solche Beziehungs- oder Systemvermischungen geht: Es lohnt sich, sie daraufhin im Blick zu behalten. **Vermischungen kommen oft vor**, öfter als man bei angeblich „sachlichen" Mediationen denkt.

▷ Für die **Übergaben der „entmischten" Mediation** sind Listen von Mediatoren, die ähnlich arbeiten, von Nutzen. Es lohnt sich, in regionalen Arbeitskreisen **Regeln für solche Übergaben** und für den **Informationsaustausch** darüber zu entwickeln. Es lohnt sich schon deshalb, weil das Vertrauen zwischen Mediatoren in der Region gestärkt und Rivalitätsabbau gefördert wird. Und es ist ein weiterer Grund, derartige Arbeitskreise interdisziplinär auszurichten, weil ja gerade diese **Interdisziplinarität** der Mediatoren in den verschiedenen Mediationsfeldern für die „Entmischungen" von Mediationen gebraucht wird.

4. Kurz-Mediation

Übung für Mediatoren

Denken Sie an einen Ihrer letzten privaten oder beruflichen Konflikte, den Sie gern in relativ kurzer Zeit gelöst hätten. Wenn Sie bereit gewesen wären, Ihren Konflikt in einer Mediation zu lösen, wie viel Zeit hätten Sie sich dafür gegönnt?"

Komprimierte Form der Mediation

Der Begriff der Kurz-Mediation stammt aus der Arbeit der Mediations-werkstatt Münster und hat sich vor einigen Jahren auf Grund von Anfragen nach **Mediation bei begrenzten Konflikten oder bei begrenzter Finanzierungsmöglichkeit** entwickelt. In der bis dahin praktizierten Familien-Mediation kamen solche Anfragen seltener vor, vielleicht wurden sie von uns Mediatoren auch nicht als Möglichkeit wahrgenommen und begriffen. Bis heute wird die Kurz-Mediation von vielen Mediatoren als „Mediation zweiter Klasse" betrachtet und vielfach abgelehnt. Eine vollständige Mediation in z. B. 2–8 Stunden an einem oder zwei halben Tagen durch zu führen, scheint vielen Mediatoren nicht akzeptabel. Dabei ist die Kurz-Mediation auch in der Familien-Mediation – selbst im eingeschränkten Verständnis von Trennungs- und Scheidungs-Mediation – realisierbar und oft sogar indiziert.

Indikation

Praktiziert wird die Kurz-Mediation **besonders in Wirtschafts-, Miet-, Mobbing-, Verwaltungs-, Krankenhaus-Mediationen**, aber auch in anderen Feldern, wie z. B. **bei begrenzten Erb-, Nachbarschafts-, Sport- oder Schulkonflikten.** Eine zusätzliche Frage der Indikation ist, ob es sich bei dem Konflikt um eine Zweiparteien-, Mehrparteien-, Gruppen- oder gemischte Mediation handelt, weil das Setting für die Planung des Zeitmanagements eine Rolle spielen kann. Inzwischen liegen Erfahrungen mit Kurz-Mediation selbst mit größeren Teams oder Gruppen vor.

Weitere Indikationen für die Kurz-Mediation ergeben sich häufig aus **großen Entfernungen** zwischen den verschiedenen Konfliktparteien, aus **begrenzten Finanzierungsmöglichkeiten durch die Auftraggeber** oder daraus, dass z. B. Arbeitgeber ihren Mitarbeitern nur **begrenzte Arbeitszeit** für die Mediation zur Verfügung stellen wollen oder können. Eine relativ hohe Eskalationsstufe eines Konflikts ist zunächst keine Kontra-Indikation für eine Kurz-Mediation, nach unserer Erfahrung kann sie sogar zur Befriedung oder zu einer vorläufigen Übergangslösung für eskalierte Konflikte führen.

Methodische und technische Hilfen

Für die Kurz-Mediation muss unserer Meinung und Erfahrung nach aus der inneren Logik der Mediation das **Grundprinzip der Mediation** mit allen Prozessschritten, Methoden und Techniken gelten. Wegen der notwendigen **komprimierteren Arbeitsweise** ist hier allerdings die Arbeit mit Hypothesen und deren Überprüfung – besonders Arbeits-Hypothesen in Hinblick auf das Zeitmanagement und auf die Arbeit einer Vorlaufphase (s. S. 96 ff.) – wichtig. Damit das Zeitmanagement einer Kurz-Mediation funktioniert, muss die Vorlaufphase besonders gründlich gearbeitet werden (meist mit gleichem Zeitaufwand wie die eigentliche Mediation und muss deshalb auch in die Kostenkalkulation eingehen):

Im Prinzip dauern alle Stufen in einer Kurz-Mediation gleich lang, evtl. die Arbeit an den Interessen hinter den Positionen sowie das Verhandeln etwas länger. Wegen der begrenzten Zeit ist es besonders notwendig, sich **auf die notwendigen Essentials der Mediation zu konzentrieren** (also der Einführungs- und Kontraktphase, der Themensammlung, den Interessen, den Optionen, dem Angebotsverhandeln und dem Vereinbaren).

Verkürzungsmöglichkeiten

Oft müssen sich Mediatoren bei einer Kurz-Mediation notwendigerweise gegen die Arbeit an den **Fairness- und Gerechtigkeitskriterien,** gegen die Arbeit mit dem **Wertebild** der materiellen und immateriellen Werte und gegen die Arbeit an der **Rolle des Rechts** in dieser Mediation entscheiden. Dies ist manchmal eine schwierige Entscheidung, wenn sie sehen, dass wichtige Kriterien für die Lösung dieses Konflikts womöglich in der Frage der Gerechtigkeit oder in der Rolle des Rechts liegen. Manchmal ergibt die Überprüfung einer solchen Arbeits-Hypothese die Notwendigkeit, dem Auftraggeber einer Kurz-Mediation eine Absage zu erteilen.

Das Problem des Zeitmanagements in der Kurz-Mediation führt weiter zu der Frage, in welchen Stufen oder bei welchen Methoden und Techniken evtl. Verkürzungen möglich sind. Die **Einführungs- und Kontraktphase** kann bei einer intensiv gearbeiteten Vorlaufphase (mit einer eventuellen Vor-Mediation) sehr kurz ablaufen (s. S. 96 ff.). Die **Themensammlung kann durch Zuruf** gemacht werden. Die hinter den Positionen liegenden Interessen und Bedürfnisse müssen nicht unbedingt aufgeschrieben werden, es muss aber mediert werden, was jeder von den Interessen der

Anderen verstanden hat. Die **Optionen** können ebenfalls **durch Zuruf** auf der Flipchart untereinander aufgeschrieben werden und durch Zuruf oder mit bunten Klebepunkten gewichtet werden. **Unverzichtbar ist das Verhandeln über möglichst viele Angebote** von allen Konfliktpartnern, das Aufschreiben der Vereinbarungen und das Mediieren der Überprüfungs- und Veränderungsmöglichkeiten.

Bei den Methoden und Techniken können Mediatoren einen sparsameren Umgang als sonst versuchen, also womöglich **auf Spiegelungstechniken verzichten** (alle haben ja alles gehört), **sparsamer zusammenfassen** und **fokussieren, weniger visualisieren, selber mehr Angebote von Formulierungen** machen, **selbst mehr paraphrasieren** (also neutrale Aussagen aus den Konfliktthemen zu machen, mit denen alle Konfliktparteien weiter arbeiten können). Man kann Zustimmung durch Blickkontakt mit jedem Einzelnen bekommen und muss nicht immer jeden Einzelnen explizit abfragen. **Regeln kann man z. B. selbst setzen** und muss sie bei einer Kurz-Mediation nicht notwendigerweise mediieren. Im Fall von eskalierenden Emotionen und Streitereien könnte man einfach schweigen, den Streit würdigen oder nur fragen, ob die Konfliktparteien trotzdem weiter arbeiten können.

Praxisanregungen

▷ Man kann sich die **subjektive Konfliktdarstellung** auf einer DIN-A4-Seite von jeder Konfliktpartei vorher zufaxen oder mailen lassen und über den Ablauf der Mediation vorher mit jedem telefonisch oder per E-Mail kommunizieren.

▷ Es ist sinnvoll, jedem **das notwendige Material und den speziellen Kontrakt** mit der Zusicherung der Ergebnisoffenheit (womöglich bereits vom Auftraggeber unterschrieben) **vorher zuschicken**.

▷ Ebenso können notwendige **Geno-, Sozio- oder Organigramme vorher erstellt** und zugesandt und die notwendigen Übermittlungswege der Vereinbarungen abgeklärt werden.

▷ Man kann auch eine **kurze Vor-Mediation anregen** für all diese Fragen. Man sollte sich eine genaue Zeittafel mit Fenstern für die einzelnen Stufen ausarbeiten mit einer Jokerzeit für Unvorhergesehenes, besonders für das Ende der Mediation.

▷ Es ist stets sorgfältig mit Hilfe von **Arbeits-Hypothesen** zu prüfen ist, ob die genannten Verkürzungsmöglichkeiten in der speziellen Mediation Sinn machen und ob sie den eigenen Fähigkeiten entsprechen.

▷ Mediatoren sollten sich die Annahme einer Kurz-Mediation gut überlegen, besonders wenn sie **Schwierigkeiten mit dem eigenen Zeitmanagement** haben. Sie müssen in der Kurz-Mediation noch mehr als sonst „Regisseure" des Verfahrens sein, besonders eben „Zeitregisseure des Verfahrens".

▷ Ein gutes Training für eine Kurz-Mediation ist ein **eigenes vorheriges mentales Durchspielen** dieser speziellen Mediation mit allen verbalen und methodisch-technischen Einzelheiten, z. B. der Erklärung von Mediation in 3–4 Sätzen, mit allen Fragen und Erklärungen des nächsten Arbeitsschrittes in einfachen Sätzen). Es ist wichtig, ein Gefühl dafür zu bekommen, was in der begrenzten Zeit machbar ist und was nicht.

▷ Trotz der Kürze der Zeit sollten Mediatoren nicht auf die **Übergangsschritte** zwischen den Stufen verzichten (Wertschätzung der soeben gearbeiteten Stufe, Erklärung des nächsten Schrittes, Verstehen und Erlaubnis der Medianden einholen und erst dann weiterarbeiten). Das erspart Zeit und Umwege auf Grund von Missverständnissen.

▷ Trotz der begrenzten Zeit sollte **nicht auf die notwendige Pause nach der Optionenentwicklung verzichtet** werden. Wie in einer Langzeit-Mediation müssen die Medianden auch hier die Möglichkeit haben, die in Frage kommenden Optionen mit Freunden, Fachleuten, Anwälten etc. kurz durchzusprechen, um dann entsprechende Angebote beim Verhandeln machen zu können. Dies muss evtl. auch bereits in der Vorlaufphase organisiert werden, z. B. dass die entsprechenden Leute zu der in etwa geplanten Zeit per Mobiltelefon erreichbar sind.

▷ **Ausdrücklich sei davor gewarnt**, bei Kurz-Mediationen **wesentliche Stufen überhaupt nicht zu arbeiten** (z. B. von der Themensammlung gleich ins Verhandeln zu gehen; die Arbeit an den Interessen und dem gegenseitigen Verstehen dieser Interessen ganz auszulassen; die möglichen Lösungen selbst vorzuschlagen – um nur einige der ganz groben Fehler zu nennen, die einem Mediator unter dem zeitlichen Druck schon mal passieren können, die sich aber meist rächen).

▷ Trotz der Kürze der Zeit sollten Mediatoren sich nicht unter Erfolgszwang setzen – auch eine Kurz-Mediation muss **veränderbar bleiben**. Manchmal braucht man die „**Jokerzeit**", um mediieren zu können, was bei Nichtgelingen der Mediation, bei Auftreten von unvorhergesehenen Emotionen oder bei Überschreiten der gesetzten Zeit aus anderen Gründen passieren soll.

▷ Wenn Mediatoren gewohnt sind, mit Co-Mediatoren zu arbeiten, sollten sie bei Kurz-Mediationen bedenken, dass **Co-Arbeit bei einer Kurz-Mediation vielleicht kontraindiziert** sein kann, weil sie evtl. mehr Zeit kostet. Co-Mediatoren müssen schon sehr gut aufeinander eingespielt sein, wenn sie Kurz-Mediation ohne Zeitverluste durchführen wollen.

▷ Bei wenig Erfahrung mit Kurz-Mediationen sollten sich Mediatoren **Coaching oder Supervision bei einem darin erfahrenen Mediations-Supervisor** gönnen.

▷ Kurz-Mediation ist eine wichtige Erfahrung für die **eigene asketische Haltung in der Mediation** und für die Erkenntnis, wie wichtig einem die hier ausgelassenen Schritte und die ausgelassenen methodisch-technischen Möglichkeiten aus der Langzeit-Mediation werden können. Manchmal tritt aber auch der Effekt ein, dass die eigenen **Langzeit-Mediationen** durch die Erfahrung mit Kurz-Mediation **gestraffter, intensiver und effektiver werden**.

5. Mehrwege-Mediation

Übung für Mediatoren

Was stellen Sie sich unter dem Begriff „Mehrwege"-Mediation vor? Bei welchen Mediationen ist Ihnen auch schon mal der Gedanke gekommen, dass Sie mehrgleisig arbeiten müssten?

Eine gute Mediation ist im Grunde immer eine Mehrwege-Mediation

Die Ausführungen in diesem Kapitel hätten bereits beim Kapitel „Ambivalenz- und Polyvalenz-Mediation" (s. S. 66 ff.) eingearbeitet werden können, da die Methoden und Techniken der Mehrwegearbeit dort besonders gebraucht werden. Da es aber auch Mediationen mit dem Auftrag gibt, **mehrere Möglichkeiten und Ziele** zu erarbeiten, und bei denen keine oder wenig Ambivalenzproblematik bei den Medianden vorliegt, sollen die theoretischen Vorüberlegungen und die Methodik an dieser Stelle gesondert dargestellt werden.

Ausgehend von der Philosophie der Mediation, könnte man sagen: „Eine gute Mediation ist im Grunde immer eine Mehrwege-Mediation, indem sie nämlich immer mehrere Optionen erarbeitet". Üblichweise wird aber bei den meisten Definitionen von Mediation davon ausgegangen, dass auf **eine** Lösung und auf **eine** Vereinbarung hin gearbeitet wird. Im Falle einer **Ambivalenz- oder Polyvalenz-Mediation** ist es aber so, dass mehrere Lösungen und Ziele entwickelt werden müssen, ebenso bei den **Mediationsaufträgen für zwei oder mehrere Vereinbarungen.**

Außer der Ambivalenz-Mediation gibt es eben Konstellationen, die nicht an vage, ambivalente oder doppelwertige Entscheidungen gebunden sind, sondern eher von bestimmten und festen Fakten und Umständen abhängen, die eintreten können und die dann eine andere Vereinbarung verlangen, wo also die **Zeitvariable** eine Rolle spielt. So könnte z. B. in einer Wirtschafts-Mediation eine Vereinbarung entwickelt werden für die jetzige Situation der Firma und gleichzeitig für die Gefahr der Insolvenz; oder in einer Schul-Mediation für die jetzige Situation einer Klasse und gleichzeitig für den Fall der drohenden Zusammenlegung mit der Nachbarklasse; oder in einer Ehe-Mediation werden Regeln entwickelt für das jetzige Zusammenleben und gleichzeitig für das Leben nach dem Auszug der erwachsenen Kinder.

Es gibt Mediationen, in denen diese Mehrwege-Arbeit getan werden muss, weil z. B. ein oder mehrere **Medianden von weither** kommen und die verschiedenen Möglichkeiten von **Vereinbarungen für verschiedene Konstellationen** jetzt festlegen wollen. Bekannt sind solche Situationen aus manchen Erb- oder Wirtschafts-Mediationen, aber auch aus Trennungs- und Scheidungs-Mediationen, wenn ein Elternteil z. B. im entfernteren Ausland lebt, oder auch aus Umwelt-Mediationen, wo verschiedene Konstellationen durchmediiert werden sollen, weil es zu viel Aufwand und Kosten verursachen würde, derartig große Konfliktparteien wieder an einen Tisch zu bekommen.

- In der Erb-Mediation Schaller gab es einen Punkt, an dem die Mediatorin auf Grund der Ambivalenz von Sofia („Ich will den Verlag abgeben, aber eigentlich will ich ihn auch behalten") kurzzeitig die Hypothese hatte, es könnte auch eine Mehrwege-Mediation für beide Möglichkeiten angesagt sein. Die Mediatorin überprüfte ihre Arbeits-Hypothese, behielt sie nach der Überprüfung in ihrem Speicher und hat sie im Verlauf der Mediation immer mal wieder angeschaut.

Methodik in der Mehrwege-Mediation

Meistens zeigt sich die **Notwendigkeit einer Mehrwege-Mediation** in der Vorlaufphase, im Erstgespräch oder bei der Arbeit an den hinter den Positionen liegenden Bedürfnissen und Bedeutungen. Wenn sie bereits im Anfang der Mediation sichtbar wird, ist die Entscheidung über die methodische Vorgangsweise einfacher als wenn sie erst später (manchmal erst bei den Optionen oder den Fairnesskriterien) auftaucht, weil man dann evtl. noch einmal einige Schritte zurückgehen muss. Im Falle einer möglicherweise **im Falle einer sich mehrfach verändernden Faktenkonstellation** gibt die Mehrwege-Mediation den Medianden mehr Sicherheit für die verschiedenen Konstellationen, die ihnen meist auch große Angst machen. Diese Arbeit ist ein **Vorteil der Mediation gegenüber dem juristischen System,** wo mehrere feste Vereinbarungen über etwaige zukünftige Regelungen nur begrenzt nebeneinander möglich sind. Bei den genannten Konstellationen zeigt die Mehrwege-Mediation den Medianden, dass der Mediator die Ambivalenz oder auch ihr Bedürfnis nach Vereinbarungen für mehrere Möglichkeiten ernst nimmt, und dass er versucht, auch hier seine Neutralität zu behalten.

Beispielfragen und -sätze für die Mehrparteien-Mediation

• „Ich kenne viele Mediationen, in denen alle Aspekte für die Vereinbarungen aus verschiedenen Gründen mit mehreren Wegen und mit verschiedenen Vereinbarungen gearbeitet werden müssen, damit alle Beteiligten für die verschiedenen Möglichkeiten mehr Sicherheit haben. Denken Sie, das könnte für Sie auch eine gute Möglichkeit sein?"

• „Ich merke an Ihren Themen für Ihre Vereinbarung, dass vielleicht zwei oder auch mehrere Möglichkeiten erarbeitet werden müssen. Sehe ich das richtig? Wollen Sie das vielleicht mal versuchen?"

• „Es kommt relativ häufig vor, dass Leute in Mediationen merken, eigentlich wissen sie noch nicht so genau, welchen Weg sie jetzt wirklich vereinbaren wollen, weil bestimmte Fakten oder Umstände noch nicht geklärt oder noch nicht eingetreten sind. Deshalb entwickeln sie jeweils andere Vereinbarungen für die verschiedenen Möglichkeiten."

Wenn die Mediatorin ihre Arbeits-Hypothesen überprüft hat und zu der Überzeugung gelangt ist, dass Mehrwege-Arbeit angesagt ist, wird sie **alle Stufen doppelt** oder je nach Sachlage **auch mehrfach** arbeiten (also z. B. zwei Themensammlungen, zweimal Interessen, Optionen, Verhandeln und Vereinbaren, manchmal auch zweimal Fairnesskriterien und zweimal Rolle des Rechts). Man kann nicht immer davon ausgehen, dass die Fairnesskriterien und die Rolle des Rechts für jede der Vereinbarungen gleich sind. Man muss das jeweils prüfen. Die Methoden und Techniken gehen wieder nach dem **Grundmuster der Mediation**.

Praxisanregungen

▷ Für die Mehrwege-Mediation ist **mentale Vorarbeit** und besonders die **Hypothesenarbeit** unerlässlich.

▷ Für die **Visualisierungen** braucht man viele Flipcharts, viel Papier, viel Abstand, um über die einzelnen Arbeiten noch die Übersicht zu behalten. Eine Hilfe ist, für die verschiedenen Alternativen mit **verschiedenen Farben** zu arbeiten (z. B. für Lösung A in blau, für Lösung B in rot und die Übergangslösung für beides in rosa). Vielleicht gibt es sogar Flipchart-Papier in verschiedenen Farben.

▷ Vor allem braucht man selbst verschiedene Fenster im Kopf, damit man sich merken kann, für welche Lösung man bereits welche Schritte gearbeitet hat. Manche Mediatoren machen diese **Arbeit parallel**, manche alle Stufen für jede der Lösungen **nacheinander**.

▷ Da die Mehrwege-Mediation sehr viel mehr Zeit in Anspruch nimmt, brauchen Mediatoren hier ein besonders **gutes Zeitmanagement**. Die Erfahrung zeigt, dass diese Arbeit kaum in einer Kurz-Mediation anzuwenden ist.

▷ **Co-Mediation** ist hier eine große Erleichterung.

6. Co-Mediation

Übung für Mediatoren

Denken Sie an eine Ihrer Mediationen aus der letzten Zeit, bei der Sie das Gefühl oder auch die Arbeits-Hypothese hatten, es wäre besser gewesen, zu zweit zu arbeiten. Warum wäre es besser gewesen? Wozu hätten Sie einen Co-Mediator oder eine Co-Mediatorin gebraucht? Wozu und warum hätten die Medianden einen zweiten Vermittler gebraucht? Wer von Ihren Mediatoren-Kollegen oder -Kolleginnen wäre dafür in Frage gekommen?

Verschiedene Möglichkeiten von Co-Mediation

Unter Co-Mediation wird in der Regel die **Zusammenarbeit von weiblichen und männlichen Mediatoren** und/oder auch die **Zusammenarbeit von verschiedenen Professionen in einer Mediation** verstanden, entweder als **Mediatoren-Duo** oder als **Team von mehreren Mediatoren**. Zurzeit wird sie – vor allem in der Familien-Mediation – meist als gemischtgeschlechtliche und interdisziplinäre Co-Arbeit praktiziert, mehrheitlich als Mischung aus juristischen und psychosozialen Mediatoren. Seit der Ausweitung der Mediation auch auf andere Felder sind diese Mischungen je nach Anzahl der an der Mediation beteiligten Konfliktparteien und je nach Mediationsfeld meist **multiprofessionell**. So gibt es in der Wirtschafts-Mediation z. B. Co-Arbeit zwischen juristischen und organisationsberaterischen Mediatoren, in der Schul-Mediation z. B. Co-Arbeit zwischen Lehrern und Juristen, in der Krankenhaus-Mediation z. B. zwischen Ärzten und Organisationsentwicklern, in der Umwelt-Mediation z. B. Teams von Juristen, Bausachverständigen, Gemeinwesen-Mediatoren.

• Im Fall der Erb-Mediation Schaller wäre auch eine Co-Arbeit zwischen der psychosozialen Mediatorin, einem Juristen und/oder einem Mediator aus der Verlags- oder Wirtschaftsbranche denkbar gewesen (und als Kriterium für die Auswahl hätte man noch die Frage der zwei Generationen bedenken können).

Indikation

Die **Zusammenarbeit von zwei Frauen oder zwei Männern** wird besonders für die Zweier- bzw. Paar-Mediation **kontrovers** beurteilt, weil das Übergewicht einer Seite die Balance der Neutralität womöglich gefährdet. Das Gleiche gilt auch für die Co-Arbeit von zwei Mediatoren mit den gleichen Herkunftsberufen. Generell scheint sich der Grundsatz zu bewähren: **Je unterschiedlicher die Zusammensetzung** der Mediatoren ist – auch von ihrer Weltanschauung und Wesensart her –, **umso mehr Verstehensgrundlagen und Optionalität** scheint für die unterschiedlichen Konfliktparteien gegeben zu sein, umso spannungsreicher und schwieriger kann aber auch die Co-Arbeit sein.

Für die Co-Mediation gibt es eine Reihe von **Indikationen**:

• Zahlenmäßig **große Mediationen**

• **Große Unterschiedlichkeiten** (Altersstruktur; kulturelle, religiöse, ideologische oder anders unterschiedliche Herkunft etc.)

229

- **Zahlenmäßig verschiedene Besetzungen der Konfliktparteien** (z. B. Mediationen mit Einzelnen, Gruppen und/oder 2–3 Vertretern von anderen Gruppierungen)

- **Hohe Emotionalität**

- **Ungleichheit** in der Selbstbehauptung der Konfliktpartner oder andere Arten von **Machtgefälle**

- Aus verschiedenen Gründen **nicht gewährleistete Neutralität** beim Mediator selbst

In der Praxis von Co-Mediatoren werden häufig **unterschiedliche Formen von Zusammenarbeit** praktiziert:

- **Durchgängige** Co-Mediation

- **Punktuelle oder phasengerechte** Co-Mediation

- **Variationen** dieser beiden Formen je nach Inhalt und Prozessstand der Mediation

Methodische Hilfen

Die methodischen und technischen Möglichkeiten, Indikationen und Kontra-Indikationen sind abhängig von den jeweiligen Arbeits-Hypothesen für die einzelne Mediation – häufig leider allerdings auch von den Finanzierungsmöglichkeiten.

Neben den unterschiedlichen Formen der Zusammenarbeit gibt es unterschiedliche Methoden. **Methodenwahl** in der Co-Arbeit sind z. B. inhaltliche, soziologische oder prozessuale Aspekte:

- **Parallel-Unterstützung** der verschiedenen Konfliktparteien (z. B. der Mediator unterstützt und konfrontiert die männlichen Medianden, der jüngere die jüngeren Medianden, die Mediatorin die weiblichen Medianden, die ältere die älteren Medianden)

- **Überkreuz-Unterstützung** (das gleiche Prinzip, aber überkreuz, weil dadurch das gegenseitige Verstehen gefördert werden kann)

- **Alternierende Co-Arbeit** (z. B. einer ist für die Prozessarbeit, der andere für die Visualisierung zuständig/einer, z. B. der juristische Mediator kommt nur für einige Sitzungen dazu/einer arbeitet eine Sitzung ganz und der andere beobachtet, beim nächsten Mal dann umgekehrt/

inhaltlich oder systemisch alternierende Unterstützung (z. B. einer unterstützt und konfrontiert die eher chaotischen, der andere die ordnungsliebenden Medianden, oder der eine die Erblasser, der andere die Erben)

• **Kreative oder chaotische Co-Arbeit** (es gibt Mediations-Charismatiker, bei denen das tatsächlich funktioniert)

Praxisanregungen

▷ Co-Mediation kann im einzelnen Fall ein **gutes Modell für die Medianden** sein, was das Hören aufeinander, das Ausmachen und Einhalten von Regeln, das Fehlermachendürfen, fachliche Kritik, Möglichkeiten von konsensualer Konfliktregelung, positives Feedback etc. betrifft. Auch in großen oder schwierigen Mediationen sollten Mediatoren nicht auf diese Modellmöglichkeiten verzichten.

▷ Auch wenn Mediationen durch die **Co-Arbeit teurer** werden, häufig mit **Terminproblemen** gekoppelt sind, manchmal zäher und langsamer werden, **mehr Zeitaufwand** benötigen für Vor- und Nachbesprechungen, manchmal bei den Mediationen **Rivalitätsprobleme** auftauchen, bei ungleicher Ausbildung und Praxiserfahrung der Co-Mediatoren anstrengend sein können, so wiegen die Vorteile die Nachteile einer Co-Arbeit im Allgemeinen doch auf:

▷ Es gibt **mehr Erholungsmöglichkeiten** für den Einzelnen bei anstrengenden Prozessen, **mehr Erweiterungen und Optionalität, mehr Lebendigkeit und Dynamik**, mehr Möglichkeit für **fachliche Kritik und positives Feedback**, mehr Möglichkeiten für **Balance und Neutralität**, so dass der einzelne Mediator sich mehr exponieren kann, mehr Erweiterung in Hinblick auf die wichtigen sachlichen Aspekte der betreffenden Mediation durch die Interdisziplinarität.

▷ Für die **Auswahl von Co-Mediatoren** empfiehlt sich nicht so sehr die Suche nach ähnlichen sondern eher nach **entgegengesetzten Lebens- und Weltanschauungsmustern**, besonders bei interkulturellen, vom Alter, von den Berufen und von der Herkunft her gemischten Mediationen – das erhöht das Verstehens- und Unterstützungspotential für die Medianden erheblich.

▷ Für die Co-Arbeit – besonders wenn es sich um Mediatoren aus verschiedenen Ausbildungen und mit unterschiedlicher Praxiserfahrung handelt – empfiehlt sich sehr **gemeinsame Supervision**, am Anfang evtl. sogar Praevision, also Supervision zu einem Zeitpunkt, bevor die Schwierigkeiten in der Mediation aufgetreten sind.

C. Praxismethoden

I. Praxiserleichterungen

1. Systematische Fallvorbereitung

Übung für Mediatoren

Angenommen, Sie erhalten eine telefonische Anfrage für eine Mediation. Was würde für Sie zu einer gründlichen systematischen Vorbereitung gehören?

Grundsätzliche Vorbereitung auf einen Mediationsfall

Bei Anfragen für die Übernahme eines neuen Falls ist es hilfreich, für die Vorbereitung einige Grundregeln zu beachten, gleichgültig ob es sich um einen „normalen" Mediationsfall oder um eine „Kurz-Mediation" (s. S. 220 ff.) handelt. Außer den notwendigen Schritten für die „Vorlaufphase" (s. S. 96 ff.) sollte es folgende **grundsätzliche Vorbereitungsschritte** geben, bevor die genauere Vorbereitung der einzelnen Stufen erfolgt:

- Welche **Indikationen bzw. Kontra-Indikationen** gibt es für mich, diesen Fall zu übernehmen oder auch nicht?

- Welche **Arbeits-Hypothesen** habe ich grundsätzlich zu diesem Fall (zum Fall selbst, zum speziellen Mediationsprozess in diesem Fall, zu mir selbst als Mediatorin in diesem Fall)?

- Welches **Hintergrundwissen** habe ich für diesen Fall bzw. wie kann ich es mir beschaffen? (juristisch, psychologisch, feldspezifisch etc.)?

- Welches **Zeitmanagement** habe ich für diesen Fall bzw. kann ich zur Verfügung stellen?

- Wie kann ich den möglichen Mediationsprozess in diesem Fall vorher **mental durcharbeiten** (allein, in einer Praevision mit einer Peergruppe, mit einem eigenen Coach, Tutor etc.)?

- Was sind meine Fantasien über mögliche eigene **Ressourcen oder Fallen** in dieser speziellen Mediation, in diesem Mediationsfeld etc.?

Mögliche Arbeitsfragen für die jeweiligen Stufen und Zwischenstufen in allen Mediationen

Eine große Hilfe für die Vorbereitung aller Mediationen ist die Entwicklung von möglichst einfachen, für alle Konfliktparteien **gleich lautenden
Arbeitsfragen** für alle Stufen und Zwischenstufen des Mediationsprozesses, z. B. wie folgt:

- Was braucht jeder von Ihnen in der **Vorlaufphase**, damit die eigentliche Mediation gelingen kann?

- Welche **Bedingungen und Regeln** muss es für jeden von Ihnen geben,
  damit dies eine gute Mediation werden kann?

- Was will hier jeder von Ihnen regeln? Welche **Konfliktthemen** hat jeder
  von Ihnen?

- Was steht bei jedem von Ihnen hinter den Konflikten? Was sind Ihre
  wirklichen **Interessen und Bedürfnisse**? Und im zweiten Schritt: Inwieweit versteht jeder die Interessen und Bedürfnisse der Anderen?

- Welche **Ideen und Phantasien** hat jeder von Ihnen für die Möglichkeiten von Veränderung? Inwieweit kann jeder die Ideen und Phantasien
  der anderen unterstützen oder auch für sich nutzen?

- Welche **Angebote** kann jeder von Ihnen machen, damit Sie miteinander **verhandeln** können?

- Welche vorläufigen oder endgültigen **Vereinbarungen** können von Ihnen gefunden werden?

Und als mögliche Arbeitsfragen für die Zwischenstufen „Fairnesskriterien" und „Rolle des Rechts":

- Welche Vorstellungen von **Fairness und Gerechtigkeit** hat jeder von
  Ihnen, an denen jeder die Vereinbarung messen will?

- Welche Rolle soll für jeden von Ihnen das **Recht** spielen?

Grundsätzliche Vorbereitungsschritte für jede Stufe

Für die mentale Vorbereitung oder auch für die Vorbereitung in einer
Peergruppe bzw. mit einem Coach oder Tutor eignen sich folgende Vorbereitungsschritte für alle Stufen des Grundbauplans (Vorlaufphase, Ein-

führung und Kontrakt, Themensammlung, Interessen, Optionen, Verhandeln, Vereinbaren – für die Zwischenstufen Fairness- und Gerechtigkeitskriterien, Rolle des Rechts):

- Genaue Formulierung des „**Viererschritts**" (s. S. 206), auch zu verwenden als Abschluss einer Stufe und Überleitung zur nächsten

- **Arbeits-Hypothesen** zu dieser Stufe

- Genaue Formulierung der **Arbeitsfragen** (s. S. 234)

- **Inhalte** dieser Stufe

- **Methoden** und **Techniken** dieser Stufe

- **Visualisierungen** und notwendige Vorbereitungen

- **Besonderheiten** dieser Stufe

- Mögliche **Alternativen** bei Verweigerung oder Nichtfunktionieren dieser Stufe

- Eigene **Beispiele** im Kopf (mindestens jeweils drei „aus anderen Mediationen")

Praxisanregungen

▷ Die Liste der **Arbeitsfragen** (s. S. 234) eignet sich als Hilfsmittel für die eigene Arbeit, um wirklich an alle Konfliktparteien die gleichen Fragen stellen zu können und nicht aus der Neutralität zu fallen. Sie ist aber auch für die Medianden nützlich, weil sie immer verfolgen können, wo der Mediator gerade arbeitet. Zusammen mit dem Grundbauplan ist dieser Fragenkatalog ein guter **Leitfaden für die Orientierung der Medianden.** Wenn die Medianden diese Blätter vor sich liegen haben, auf denen steht, wie Mediation geht, müssen Mediatoren nicht so viel erklären, was Mediation ist.

▷ Die Anregungen für die eigene systematische, **mentale Vorbereitung von Fällen und von Sitzungen** klingen anspruchsvoll. Aber wenn man 5–10 Mediationen nach diesen Vorschlägen gearbeitet hat, geht einem diese Systematik so in Fleisch und Blut über, dass sie fast automatisch läuft und man sie nicht mehr missen möchte.

▷ Der folgende **Prozess- und Stufenplan** einer Mediation mit seinen grundsätzlichen Methoden und Techniken und den Besonderheiten der jeweiligen Stufe eignet sich für die systematische Fall-Vorbereitung meiner Erfahrung nach besonders gut.

2. Prozess- und Stufenplan einer Mediation

Grundsätzliche Methoden und Techniken in jeder Stufe

- Window I (und II)
- Hypothesen
- Viererschritt
- Zeitmanagement
- Arbeitsfragen
- Regeln
- Geno-, Sozio-, Organigramme
- Visualisieren (Flipcharts und Pinwände vorbereiten/Grundbauplan)
- Basistechniken (Zusammenfassen/Fokussieren/Normalisieren/ Wertschätzendes Feedback/Zukunftsorientieren)
- Absprachen und Regeln bei Co-Mediation
- Eigene mentale Vorbereitung jeder Stufe

Besonderheiten in der jeweiligen Stufe

Vorlaufphase

- Telefon- oder E-Mail-Kontakte mit allen Konfliktparteien
- Nicht in den eigentlichen Konflikt gehen
- Ergebnisoffenheit, evtl. unterschreiben lassen
- Informationsmaterial
- Evtl. Vor-Mediation
- Mentale Vorbereitung dieser Mediation
- Klärung weiterer Teilnehmer
- Spezielle Raum- und Zeitplanung
- Spezieller Kontrakt für diesen Fall
- Spezielles Hintergrundwissen
- Alternativen bei Nichtfunktionieren: andere Formen von Konfliktlösungen/Späterer Zeitpunkt/Rolle des Rechts

Einführung und Kontrakt

- Lineares und reflektives Fragen
- Balance und Empathie zu allen Konfliktparteien

- Information über den Ablauf
- Regeln
- Rolle des Mediators
- Modell einer Kurz-Mediation (Kosten, Zeit o. a.)
- Übergangsregelungen
- Protokollierungen
- Arbeitskontrakt
- Alternativen bei Nichtfunktionieren: Alternativen oder WATNA/ Übergangsregelungen/Sofort Themensammlung/Fairnesskriterien

Themensammlung

- Lineares und reflektives Fragen
- Gute Visualisierung, Themensammlung wird bis zum Ende gebraucht
- Evtl. Unterthemensammlung
- Nichtmediierbare Themen
- Parkplatz anlegen
- Forderungen und Positionen in Themen und Überschriften umformulieren
- Negative Themen nicht „wegmediieren"
- Evtl. Gewichtung
- Reihenfolge der zu behandelnden Themen mediieren
- Bei Ambivalenz: Mehrwege-Themensammlung
- Alternativen bei Nichtfunktionieren: Übergangsregelung/Konflikt-lösungs-Alternativen/Beratungsanwälte

Interessen

- Reflektives und zirkuläres Fragen
- Verlangsamen
- Negative Bedeutungen und Interessen stehen lassen
- Unbedingt W. II, auch bei Mehrparteien
- Wünsche/Sorgen/Motivationen/Hoffnungen/Ängste/Vorlieben/ Bedürfnisse
- Liste der eigenen Interessen als eigene Überprüfungsmöglichkeit für die Vereinbarungen
- Alternativen bei Verweigern oder Nichtfunktionieren: Direkt in die Optionen/Fairnesskriterien/Übergangsregelungen

Konflikt und Emotionen

- Besondere Techniken: Verbalisieren und Paraphrasieren, Normalisieren, Partialisieren, Regeln neu mediieren, Schweigen, Streit würdigen
- Prozess verlangsamen

- Auftauchen von Tabu-Themen
- Pause
- Konfliktspiel-Bild und Veränderung der Spielregeln
- Keine Visualisierungen auf der Flipchart, nur auf Prozess achten
- Alternativen: Streit stehen lassen/Nächste Arbeitsstufe:
  z. B. Optionen/Fairnesskriterien/Übergangsregelungen bis zum nächsten Mal

Optionen

- Reflektives und zirkuläres Fragen
- Besondere Techniken: Brainstorming/Zaubermöglichkeiten/Fantasien und Ideen, auch zunächst nicht realisierbare/zweit-, drittbeste Möglichkeiten
- Negative Optionen stehen lassen
- Ideen und Phantasien sammeln, keine Lösungen (Parkplatz)
- Prozess verschnellen, sich selbst viel bewegen
- Schnelles, kodiertes Aufschreiben
- Besondere Visualisierungsformen (Themen untereinander, Arbeit mit Karten, mit farbigen Klebepunkten bes. für W. II etc.)
- Nach Optionen Pause, mit den in Frage kommenden Optionen zu Anwälten, Freunden, Fachleuten etc.
- Alternativen: Optionen klappen eigentlich immer.
  Sonst: Optionen nur zu Übergangsregelung/Beratungsanwälte/ Fairnesskriterien/Beispiele aus anderen Mediationen (nur notfalls)

Fairness- und Gerechtigkeitskriterien

- Reflektives und zirkuläres Fragen
- Nicht unbedingt W. II, auch mit W. I als Überprüfungsraster für Vereinbarung
- Nach Aspekten, Gesichtspunkten, Maßstäben fragen, sonst. Lösungen
- Evtl. Wertebild
- Liste zu den Beratungsanwälten
- Evtl. als Präambel für Vereinbarung
- Alternativen bei Nichtfunktionieren (kommt fast nicht vor): Juristisches System/Not- oder Übergangsregelung

Rolle des Rechts

- Reflektives und zirkuläres Fragen
- Evtl. gemeinsame Vereinbarung über die Rolle des Rechts
- Evtl. Erarbeitung gemeinsamer Frageliste für Beratungsanwälte

- Beziehung von Recht und den eigenen Fairness- und Gerechtigkeitskriterien
- Liste zu Beratungsanwälten
- Alternativen bei Nichtfunktionieren oder Nichtrelevanz: Fairnesskriterien/Beratungsanwälte

Angebotsverhandeln

- Zeitintensivste Stufe
- Mit Emotionen und Konflikten rechnen
- Aufhängen: Themensammlung, Optionen, Wertebild, Fairnesskriterien
- Mediieren von Möglichkeiten, wenn Zeit nicht reicht
- Aus Forderungen Angebote machen
- Kodiertes Schreiben, nicht nachfragen, nichts wiederholen
- Gut zuhören und wahrnehmen, bes. „Implizite Vereinbarungen"
- Angebote auf verschiedenfarbige Karten
- Verhandeln frühestens nach 2–3 Angeboten bei jedem Medianden
- Hilfestellung bei Formulierung der Konsenspunkte
- Evtl. zusätzlicher Protokollant (Hospitant)
- Alternativen bei Nichtfunktionieren: Mit Abbruch rechnen und normalisieren, neuer Termin/Nochmals Vorläufigkeit erklären und visualisieren/Begrenztes Thema verhandeln/Übergangs- oder Zwischenregelung

Vereinbaren

- Verbindlichkeit der Vereinbarung (Verfasser, Form)
- Laufzeiten, Trainingszeiten
- Sanktionen, Veränderungsmöglichkeiten
- Mediationsklausel, Salvatorische Klausel
- Mit Emotionen rechnen
- Überprüfung an Fairnesskriterien
- Vergleich mit Themensammlung
- Evtl. Vereinbarung nochmals zu Beratungsanwälten
- Übermittlungswege
- Evtl. Abschiedsritual
- Kriterium für Teilnahme: „Weiter als Mediator zur Verfügung stehen können"
- **Unterschriften** (nicht die Mediatoren)
- Verabschiedung

3. Haltung, Einstellungen, Ressourcen und Fallen

Übung für Mediatoren

Was sind Ihre besten Eigenschaften und Fähigkeiten für die Arbeit mit Medianden? Schreiben Sie diese auf und unterstreichen Sie die jeweils drei wichtigsten. Machen Sie diese Gewichtung nach Ablauf eines Arbeitsjahres immer mal wieder. Sie werden überrascht sein über Ihre eigenen Veränderungen.

Reflexion der eigenen Haltung und Einstellungen als Voraussetzung

Reflexion der eigenen Haltung und Einstellung ist eine wichtige Voraussetzung für die Arbeit mit Medianden und kann das Gelingen einer Mediation stark beeinflussen. Deshalb ist es sinnvoll, vor einer neuen Mediation die Einstellungen, die Ressourcen und Fallen zum konkreten Fall und zum konkreten Mediationsfeld zu überprüfen, nicht im Sinne einer übergeordneten Moral, sondern eher als „Praxiserleichterung". Deshalb soll dieses Kapitel auch nicht als theoretischer Überbau verstanden werden, sondern als **Anreiz zur Praxisoptimierung**.

Grundeinstellungen

Es ist viel geschrieben worden über die notwendigen Grundeinstellungen von Mediatoren, wie etwa über die Allparteilichkeit, die ressourcenorientierte Haltung und Einstellung zu Konflikt und Unterschiedlichkeit, zu Autonomie und Selbstverantwortung, zur Grundeinstellung in Bezug auf Geld, Besitz, Armut, Reichtum, zu anderen Kulturen und Religionen, zur Stellung von Frauen, Männern, Kindern und Jugendlichen in unserer Gesellschaft, zum Leben in familiären oder anderen Lebensformen, in Bezug auf das Recht und die eigenen Gerechtigkeitsvorstellungen, zu Schuld, Sühne, Wiedergutmachung, zu materiellem und immateriellem Kontenausgleich, zu Arbeit und Nichtarbeit, um nur einige der Grundprobleme zu nennen, die uns in Mediationen begegnen. Besonders bei eigenen schlechten, aber auch bei besonders guten Erfahrungen in einem der genannten Bereiche sind wir als Mediatoren in der Gefahr, unsere für die Arbeit mit Medianden notwendige **Balance und Neutralität** zu verlieren. Deshalb sollen die in diesem Buch angebotenen Übungen und Praxisanregungen nicht als Forderungen, sondern gewissermaßen als Anreiz zum Nachdenken und als **Überprüfungsraster für die Arbeit** verstanden werden.

Praxisanregungen

▷ Für die Arbeit in den verschiedenen Feldern der Mediation (z. B. in Verwaltung, Schule, Familie, Nachbarschaft, Erbsituationen, in der Welt des Sports, bei Umweltfragen etc.) lohnt es sich, vorher nachzudenken über die Fragen: Was sind meine **Erfahrungen und Assoziationen** über Leben, Arbeiten, Konflikte **in dem betreffenden Feld**? Wo lägen da meine Ressourcen – wo vermute ich meine Fallen?

▷ Wenn ich mein **Alter und** meine **Lebenserfahrung als Ressource für die Mediation** betrachte, wie gehe ich mit meinen eigenen Vorurteilen zu anderen Einstellungen und Lebenserfahrungen um (z. B. Leben in Reichtum oder Armut, Leben in anderen als familiären Strukturen, anderen politischen Einstellungen etc.)? Für welche anderen möglichen Optionen in den Mediationen bin ich noch offen, für welche nicht?

▷ Wenn ich meinen **Herkunftsberuf als Ressource** betrachte, wo könnten meine Fallen sein, wenn ich z. B. aus einem der „**Helfer-Berufe**" stamme? Wie kann ich mich davor schützen – besonders wenn es in den Konflikten der Medianden eng wird –, nicht doch wieder als Berater, Therapeut oder anderer Helfer zu agieren? Oder wenn ich aus einem **juristischen Beruf** stamme, wie kann ich mich davor schützen, in der betreffenden Mediation nicht doch wieder nur **Recht und Gesetz als einzige Gerechtigkeitskriterien** im Kopf zu haben und andere mögliche Optionen der Medianden zu verhindern? Wie kann ich dann wieder zur Grundvoraussetzung der Privatautonomie für die Mediation kommen?

▷ Wenn ich aus einem Beruf stamme, der eher ein **Gutachter- oder ein Entscheiderberuf** ist, wie halte ich meine Allparteilichkeit in der Mediation durch, wenn ich im Grunde meines Selbstverständnisses doch Schlichter, parteilicher Berater, Gutachter, Verfahrensbeauftragter, Richter, guter Lehrer, guter Politiker etc. bin? Was mache ich mit meiner **inneren „Einparteilichkeit"**?

▷ Wenn ich meine **positive und harmonische Grundeinstellung zum Leben und zur Zukunft als Ressource** für die Mediation betrachte, wie gehe ich dann mit fatalistischen, depressiven oder nur problemorientierten Sichtweisen und Einstellungen von Medianden oder auch meines Co-Mediators um? Und wie gehe ich mit anderen Konfliktlösungsmöglichkeiten um, wenn ich meine eigenen hart erkämpft habe und sie vielleicht als die einzig möglichen betrachte? Wie ernst ist es mir wirklich mit der Ergebnisoffenheit in der Mediation, auch und gerade in der Art der Konfliktlösung, dem Ausgleich zwischen materiellen und ideellen Werten, den Gerechtigkeitskriterien, den möglichen Vereinbarungen etc.?

▷ Wenn meine Falle darin besteht, oft in das alte Entweder–Oder zu gehen – besonders bei hoch emotionalen Konflikten – wohin schreibe ich mir den Tipp, immer an die **mindestens drei Optionen**, an die mindestens drei möglichen Methoden, an die mindestens drei Lösungsmöglichkeiten zu denken, bevor ich in die entsprechende Mediation gehe?

▷ Wann nutze ich die Möglichkeit, **selbst mit eigenen Konflikten** mit meinen Konfliktpartnern oder Konfliktpartnerinnen **in Mediation zu gehen**, damit aus einer derartigen Erfahrung eine wirkliche und wirksame Ressource für die eigene Mediationsarbeit werden kann? Wen könnte ich mir als Mediatorin oder Mediator vorstellen?

4. Mediations-Supervision

Übung für Mediatoren

Denken Sie an Ihre letzten 10 Mediationen. Bei wie vielen von ihnen hätten Sie im Grunde Supervision in einer Gruppe oder mit einem Mediations-Supervisor gebraucht? Bei wie vielen von den 10 Mediationen haben Sie tatsächlich Supervision oder eine andere Art der Praxisbegleitung in Anspruch genommen?

Praxisbegleitung durch Supervision

Viele Mediatoren aus den psychosozialen Bereichen kennen die wohltuende und öffnende Wirkung von **Supervision** oder anderen Formen der Praxisbegleitung (z. B. durch **Coaching, Intervision** in einer Gruppe). Diese Formen von Qualifizierung der Arbeit setzen sich bei den Mediatoren aus anderen Herkunftsberufen erst zögerlich durch, obwohl Supervision bei manchen Mediationen indiziert wäre etwa bei folgenden Problemen:

242

Gute Gründe für Supervision

- Schwierigkeiten oder Erfolglosigkeit beim **Akquirieren von Fällen**

- Annahme von Fällen, in denen die **eigene Neutralität nicht gewährleistet** ist

- Überdurchschnittlich **häufige Abbrüche** von Mediationen

- Schwierigkeiten mit **Mediationen aus anderen als den eigenen beruflichen Herkunftsbereichen**

- Eigene **biographische oder berufliche Fallen**

- **Rollenkonflikte** aus dem Herkunftsberuf

- Schwierigkeiten bei **Mediationen mit mehr als zwei Konfliktparteien**

- **Probleme in der Co-Arbeit**, besonders bei der interdisziplinären Co-Mediation oder bei der Einbeziehung anderer Fachleute

- **Schwierigkeiten mit einzelnen Prozessstufen** der Mediation (z. B. bei der Arbeit mit tieferen Bedeutungen, bei der Entwicklung von nicht lösungsorientierten Optionen, beim Verhandeln mit Angeboten, beim Mediieren der Fairnesskriterien etc.)

- **Probleme mit überwiesenen Mediationen** (z. B. von Gerichten, Arbeitgebern)

- Schwierigkeiten mit **sehr komplexen Mediationen** (z. B. „Misch-Mediationen, Mediationen mit sehr vielen oder sehr unterschiedlichen Medianden)

- Probleme mit **hohem Konfliktniveau**, hoher Emotionalität oder **Machtungleichgewicht**

- Probleme bei Mediationen mit **einbezogenen Kindern oder Jugendlichen**

- **Schwierigkeiten mit dem Zeitmanagement** in den eigenen Mediationen

- **Probleme im Netzwerk** oder in der regionalen Zusammenarbeit von Mediatoren

Viele dieser Probleme und Schwierigkeiten sind normal, es ist keineswegs diskriminierend, sondern **professionell, sich Praxis begleitende Hilfe zu holen**, auch wenn es hierfür bisher kaum Forderungen oder festgelegte Standards gibt.

Mediationsanaloge Supervision

Die traditionellen Supervisions-, Coaching- oder anderen Formen von Praxisbegleitung haben sich für die Probleme in Mediationen als nur begrenzt hilfreich erwiesen. Deshalb gibt es die seit einigen Jahren praktizierte – von der Verfasserin dieses Buches wesentlich mitentwickelte – **mediationsanaloge Supervision**. Dabei wird zusätzlich zu den Methoden aus der traditionellen systemischen, analytischen und der Organisations-Supervision mit den Methoden und Techniken der Mediation und des Mediationsprozesses gearbeitet. Diese Form der Supervision kann auch **als Eigen- oder Peer-Supervision** unter Mediationskollegen praktiziert werden. Immer mehr Mediatoren lassen sich daher zu Mediations-Supervisoren ausbilden.

Ablauf der Mediationsanalogen Supervision

- Die **Eröffnung der Supervision** (analog der Kontraktphase der Mediation) mit einem erklärenden **Codewort** (z. B. im Fall Schaller „Erben oder Nichterben?"), **Fragen der Mediatorin zum Fall, zum Prozess und zu ihrer eigenen Person oder Rolle in diesem Fall.**

  Z. B. bei den Schallers: „Gehört die bereits ausgezahlte Schwester nicht eigentlich doch in die Mediation? Wie kann die Mediatorin die Balance halten, wenn sie von den Erben durch eine Generation getrennt ist? Wie kann sie ihre eigenen negativen Erberfahrungen als Ressourcen benutzen?").

- **Darstellung des Sachverhalts** und des bisherigen Ablaufs der Mediation (analog der Themensammlung der Mediation).

- **Entwicklung von Arbeitsannahmen (Hypothesen)** für die verschiedenen Bereiche dieser Mediation (analog den Interessen in der realen Mediation), und zwar **zum Fall, zum Mediationsprozess und zur Person der Mediatorin** (ressourcen- und zukunftsorientiert), wenn es um bestimmte Konfliktbereiche in dieser Mediation geht.

  Z. B. bei den Schallers zur Frage von Fairness und Gerechtigkeit: „Die Mediation kann nur gelingen, wenn bei der Frage der Gerechtigkeit in dieser Familie auch die von Anna einbezogen ist." „Fairness und Gerechtigkeit werden in den zwei Generationen verschieden aussehen." „Die Einstellung zur eigenen Fairness wird nicht unbedingt der Gerechtigkeit des Rechts entsprechen."

- **Entwicklung von Handlungsalternativen bzw. Optionen** über Weiterarbeit, Methoden und Techniken, weitere Settings etc. (analog der Erarbeitung von Optionen in der realen Mediation).

Z. B. bei den Schallers: „Mehr mit Wertschätzung arbeiten." „Mehr zu Beratungsanwälten schicken." „Das Wertebild früher als sonst entwickeln und auf die immateriellen Werte achten." „Evtl. die beiden Mitarbeiterinnen des Verlags und Anna zur Optionenentwicklung einladen." „Einen männlichen Co-Mediator aus der jüngeren Generation zuziehen." „Selber auch mit negativen Optionen rechnen."

- **Auswahl, Entscheidung und Vereinbarung der Mediatorin** über die in Frage kommenden Optionen und Verhandeln, auch mit oder für den Co-Mediator, wenn ein solcher mit einbezogen ist (analog dem Verhandeln und Vereinbaren in der realen Mediation), sowie die **Frage nach der Veränderung der ursprünglichen Fragestellung** in der Supervision.

Z. B. im Fall Schaller: Das Wertebild früher erstellen und in die Mediation einbeziehen/Unbedingt die Rolle des Rechts arbeiten/Einbeziehung wenigstens eines männlichen Hospitanten/Zum Problem mit der eigenen Erberfahrung eine persönliche Einzelsupervision in Anspruch nehmen.

Praxisanregungen

▷ **Bei Problemen in einer Co-Mediation** empfiehlt sich eine gemeinsame Supervision. Wenn das nicht möglich ist, kann man auch versuchen, alle Schritte der Supervision (s. o.) stellvertretend zirkulär für den abwesenden Co-Mediator durch den anwesenden Mediator machen zu lassen und durch ihn phantasieren zu lassen, welche Fragen er gehabt hätte, welche Hypothesen, welche Optionen er gut gefunden hätte, welche Vereinbarung er treffen würde. Erstaunlicherweise trifft dies meist ziemlich genau die Realität und ermöglicht auch in dieser zirkulär phantasierten Form gute Supervisions-Ergebnisse.

▷ Hilfestellung bei Problemen in Mediationen gibt es auch durch die **Arbeit mit Rollenspielen** oder bei komplizierten Mediationen durch **Aufstellungen und Skulpturen**, durch **Arbeit mit Geno-, Sozio- und Organigrammen** in der Supervision, durch **Arbeit mit Assoziationen oder Bildern**.

▷ Für Berufsanfänger sowie für Mediationen in neuen Feldern oder mit neuen Settings empfehlen sich auch so genannte **Praevisionen** (Supervision vor Beginn einer Mediation) oder die **Vor- und Nacharbeit jeder Sitzung** mit einem Coach oder Tutor. Mediatoren können sich (und womöglich auch ihre Medianden) so vor vorzeitigen Enttäuschungen schützen und die Lust an der Mediation behalten.

5. Praxisbedingungen

Übung für Mediatoren

Wenn Sie nicht aufs Geld schauen müssten – welches wären Ihre Idealvorstellungen für eine eigene Mediationspraxis in Bezug auf Räume, Lage, Werbung, Fortbildungen etc.? Welche Idealvorstellungen in Bezug auf ein funktionierendes und befriedigendes Netzwerk haben Sie? Welche Vorstellungen lassen sich verwirklichen und wie?

a) Räume

Die grundsätzliche Entscheidung für oder gegen **eigene Praxisräume** wird davon abhängen, in welchen Feldern der Mediation ich arbeiten werde, wie groß derartige Räume sein müssen, wie die Lage und die Verkehrsanbindung sein sollte, ob ich mit anderen KollegInnen gemeinsam Räume suche und benutze, ob ich mich entscheide, multiprofessionell zu arbeiten etc. Es gibt zurzeit einen Trend in Richtung Mehrparteien-Mediationen, vermehrter Einbeziehung von Kindern und Jugendlichen und Einbeziehung anderer Fachleute.

Vielleicht will ich gar keinen festen Raum, sondern mich von Fall zu Fall entscheiden, welche Räume ich benutze. Viele der üblichen „Beratungsräume" – sowohl in Institutionen als auch in Anwaltskanzleien oder anderen Praxen – entsprechen meist nicht den unterschiedlichen Anforderungen an Mediationssitzungen. Meist sind sie zu klein, zu fest eingerichtet, zu gemütlich oder zu ungemütlich, mit öffentlichen Verkehrsmitteln schlecht erreichbar, ohne Parkplätze etc.

Die **Anforderungen an geeignete Räume** richten sich vor allem nach den Zielgruppen der Mediationsfelder, in denen ich arbeiten möchte. Für Wirtschafts-, Erb-, erweiterte Familien-Mediation etc. brauche ich z. B. **größere Räume** als für Zweiparteien-Mediationen wie z. B. Ehe-Mediation. Für Schul-, Nachbarschafts-, Verwaltungs-, Krankenhaus-Mediationen etc. gehe ich vielleicht grundsätzlich in Räume, die **von den Auftraggebern zur Verfügung gestellt** werden. In jedem Fall sollten die Räume eher größer und nicht zu klein und zu intim sein. Die Kostenfrage spielt dabei eine große Rolle, und ist daher überlegenswert, sich **Räume mit Kollegen zu teilen**, zumal wenn ich Mediation nicht hauptberuflich ausüben möchte.

b) Einrichtung

Bei jeder Art von eigenen oder fremden Räumen für Mediationssitzungen sollte ich darauf achten, dass sie **genügend freie Wandflächen** zum Aufhängen von Flipchart-Papieren haben, wofür sich auch Metallbänder an den Wänden mit Magnetknöpfen eignen. Meist braucht man mindestens zwei **Flipcharts** und für größere Mehrparteien-Mediationen mehrere leicht zu bewegende **Pinwände**.

Für die Einrichtung empfehlen sich bequeme, aber **leicht bewegliche Stühle**, möglichst ohne Armlehnen, damit sich die Konfliktparteien auch anders gruppieren oder sich einander zuwenden können. Es sollten mehr Stühle vorhanden sein als es Konfliktpartner gibt – nicht selten braucht man leere Stühle zur Einbeziehung nicht anwesender Parteien. Luxuriös wäre sowohl ein **großer runder Tisch** als auch mehrere kleine, evtl. **zusammen klappbare Tische**, damit man das Setting im Laufe des Prozesses auch variieren kann. Auf jeden Fall sollten die Medianden genügend Platz zum Schreiben und für ihre Unterlagen oder für verschiedene Karten und Papieren zum Schreiben haben. Die Konfliktparteien sollten sich nicht behindern oder zu nah beieinander sitzen und sich berühren müssen.

Zur Einrichtung gehören weiter gute Stifte, viel Papier, farbige Moderationskarten, viele gleiche Taschenrechner, genügend Flipchartpapier etc. Ideal ist auch ein **Flipchartkopierer** oder wenigstens eine Digitalkamera, damit die Medianden ihre erarbeiteten Papiere fotografiert oder kopiert als Protokolle gleich mitnehmen können. Gut für die Atmosphäre sind auf jeden Fall **Getränke** wie Kaffee oder Tee, auf jeden Fall Mineralwasser, d. h. auch Tassen, Becher und Gläser müssen vorhanden sein.

Zur Einrichtung gehört – jedenfalls in den eigenen oder mit Kollegen gemeinsam benutzten Mediationsräumen – auch die Klärung der Frage, wie die erarbeiteten Papiere aufbewahrt werden. Die Frage des **Datenschutzes** ist wohl nur mit einem **abschließbaren Schrank** zu beantworten, in dem man die Flipchartpapiere aufgerollt oder zusammen gefaltet in Aktenordnern aufbewahren kann.

c) Setting

Gute und variable Setting-Bedingungen hängen eng zusammen mit den räumlichen Bedingungen. Wenn Mediatoren auch mit einer größeren Zahl von Medianden arbeiten oder z. B. auch Kinder und Jugendliche in die Mediationen einbeziehen wollen, werden sie größere und flexiblere Räume brauchen als wenn sie sich eher auf Zweier- oder Paar-Mediation einschränken wollen. Das Gleiche gilt, wenn die Mediatoren mit größeren Mediationen arbeiten, die aus Untergruppen und/oder Mehrparteien bestehen (z. B. Wirtschafts-, Erb- oder Arbeits-Mediationen).

Aus Gründen der Neutralität und Balance brauchen Mediatoren zur Wahrung des **gleichen Abstand zu allen Medianden** größere Räume und flexibles Mobiliar. Auch eine **systemische Sitzordnung** in verschiedenen Gruppierungen braucht diese Flexibilität, ebenso wie die Einbeziehung von Unterstützungspersonen als psychologischen Beistand oder Dolmetscher, Anwälte oder andere Fachpersonen (s. Einbeziehung anderer Fachleute S. 141 ff.). Es könnte sein, dass während einer Mediation die verschiedenen Gruppen oder Konfliktparteien sich zu ihren Anwälten oder anderen Fachpersonen umdrehen und sich mit ihnen beraten wollen, bevor sie in der Mediation fortfahren. Die Möglichkeiten und Anforderungen werden aber auch vom Grundberuf der Mediatoren abhängig sein. Anwälte werden andere Anforderungen haben als psychosoziale Mediatoren, die gewohnt sind, in Beratungsstellen oder Ämtern zu arbeiten. In jedem Fall sind auch hier Arbeits-Hypothesen wichtig, damit Mediatoren sich so einrichten, dass sie auch in Zukunft **viele Variations- und Veränderungsmöglichkeiten** für ihre geplanten Settings haben.

d) Finanzen

Die Frage der Finanzierung von Mediation hat zwei Aspekte: zum einen die der **privaten Honorare**, und zum anderen die der **öffentlichen Förderung**. Die Höhe der vereinbarten Honorare hat viel zu tun mit der Einschätzung ihrer Arbeit durch die Mediatoren selbst. Je klarere Vorstellungen sie dazu selbst haben, desto präziser können sie in dieser Frage mit ihren Medianden umgehen. Manche Mediatoren entscheiden sich für **feste Sätze**, andere beziehen **soziale Faktoren** wie Höhe des Einkommens oder des Vermögens, Arbeitslosigkeit, zu versorgende Eltern oder Kinder etc. mit ein, wieder andere lassen die **Medianden selbst ihren zu zahlenden Satz bestimmen** (z. B. sagen manche Kolleginnen, sie nähmen zwischen 80 und 300 Euro für eine Sitzung, die Medianden möchten sich doch bitte selbst eingruppieren. Sie machen damit ganz gute Erfahrungen).

Für die Höhe der Honorare sind in der Praxis auch noch andere Faktoren relevant. So nehmen **Anwaltsmediatoren** im Allgemeinen höhere Sätze als psychosoziale oder andere Mediatoren. Wenn juristische Mediatoren sich auch für die Abfassung der Schlussvereinbarung zuständig fühlen und diese Tätigkeit über die RVG abrechnen wollen, müssen sie darüber in der Vorlaufphase oder im Erstgespräch mit ihren Medianden eine

gesonderte Vereinbarung abschließen. In Beratungsstellen, die auch Mediation anbieten, wird die Honorarfrage wieder anders gehandhabt, oft wird auf Spendenbasis gearbeitet, was der Motivation der Medianden nicht sehr gut tut. Es lohnt sich, in regionalen Arbeitskreisen diese finanziellen Fragen zu besprechen und vielleicht auch zu veröffentlichen. Inzwischen gibt es sogar einige Richter, die in Mediation verweisen und auch für die Kostenregelung sorgen – vielleicht der Beginn von **Mediations-Prozesskostenhilfe** für Leute auf der unteren Einkommensskala.

Andere Aspekte der Honorarfragen sind eher inhaltliche oder konzeptionelle. Es gibt Mediatoren, die für Kurz-Mediation (wegen der höheren zeitlichen Arbeitsanforderungen in der Vorlaufphase s. S. 96 ff.) oder für große Mehrparteien-Mediationen berechtigterweise höhere Sätze, manchmal das Doppelte des normalen Satzes verlangen. Manche Mediatoren rechnen **pro Arbeitsstunde** ab, andere **pro Sitzung** (gleich wie lang sie dauert), wobei die meisten Mediatoren pro Sitzung 1¹/₂–2 Stunden und die **Zeiten für Protokolle etc. extra** rechnen.

Für **Co- oder Team-Mediationen** werden je nach Auftrag und Mediationsfeld meist individuelle Sätze ausgehandelt. Mittlerweile haben **sich im öffentlichen, im** Verwaltungs- **oder Wirtschaftsbereich bereits eigene Sätze** eingependelt, die meist höher liegen als die privat geforderten Honorare. Hier scheint sich ein Wandel in der Einschätzung von qualitativer Konfliktlösungs-Dienstleistung anzubahnen. Wichtig ist in allen Fällen, die **Kosten- bzw. Honorarfrage in der Vorlaufphase oder im Erstgespäch** mit den Auftraggebern oder den Medianden **präzise auszuhandeln**, damit die Mediation nicht an dieser Frage scheitert.

Prinzipiell wäre der Mediation zu wünschen, dass in baldiger Zukunft weitere Optionen gefunden werden, die Mediation allen Gesellschaftsschichten und allen Problemfeldern zugänglich machen, sei es durch **Prozesskostenhilfe, öffentliche Zuschüsse, durch Stiftungen, Patenschaften** etc. Die gesellschaftliche Anerkennung und Wertschätzung von Mediation als (meistens auch kostengünstigere) Variante von Streitschlichtung wird sich daran ablesen lassen.

6. Aus- und Weiterbildung

Übung für Mediatoren

Angenommen, Sie werden von einer Kollegin oder einem Kollegen angesprochen, ob Sie eine der inzwischen zahlreich angebotenen Mediations-

Ausbildungen besonders empfehlen können und auf was es eigentlich bei der Suche nach Aus- und Weiterbildungen auf diesem Gebiet ankomme – was würden Sie solchen Kollegen antworten?

Mediationsausbildungen im deutschsprachigen Raum

In den deutschsprachigen Ländern werden zurzeit Fragen der gesetzlichen Regelungen zu Aus- und Weiterbildung zum Mediator und die der gegenseitigen Anerkennung von verschiedenen **Ausbildungsrichtlinien** diskutiert. In Österreich tritt am 1.5. 2004 ein entsprechendes Gesetz (Zivilrechts-Mediations-Gesetz in Kraft). Der Stand in Deutschland ist, dass es außer der Ausbildung zum Familien-Mediator (durch die Institute der BAFM) inzwischen auch in der Schul-, in der Wirtschafts-, in der Arbeitswelts-Mediation, in universitären und anderen Bereichen eigene Mediationsausbildungen gibt, die sich alle mehr oder weniger nach den Anforderungen der 1991 in Paris verabschiedeten „**Europäischen Charta zur Ausbildung von Familienmediatoren...**" richten. Diese Richtlinien sind unter den im Anhang angegebenen Adressen abruf- und einsehbar.

Das Problem für Praktiker, die nach für sie geeigneten und qualitativ guten Mediations-Ausbildungen suchen, ist meist, **Kriterien** zu haben, nach denen sie diese Eignung und Qualitätssicherung der verschiedenen Ausbildungsangebote im deutschsprachigen Raum (oder natürlich auch im gesamten europäischen Raum) für sich selbst überprüfen können. Deshalb soll hier – wieder im Sinne von Praxisanregungen – der Versuch eines Kriterienkatalogs für derartige Entscheidungen gemacht werden:

Mögliche Kriterien für eigene Entscheidungen zu einer Mediatorenausbildung

• Sind die **Kriterien der Europäischen Charta erfüllt** (200 Stunden Gesamtausbildung, Möglichkeit von angeleiteter Supervision etc.)?

• Wie sieht eine (evtl. angestrebte) **Anerkennung der Ausbildung** aus?

• Gibt es Möglichkeiten, nach dieser Ausbildung (falls angestrebt) den „**European Master" oder eine vergleichbare Qualifikation** zu erreichen?

• Wie groß ist der Anteil von Ausbildungseinheiten im sog. „**Kernbereich"**?

- Wird **in einem Gruppenprozess gelernt** und gelehrt oder **im Baustein- oder Modul-System**?

- Wie setzen sich **Inhalte und Didaktik** zusammen (Verhältnis Theorie, Praxisfälle, Übungen, Rollenspielarbeit, Selbsterfahrungsanteile, Video-Arbeit etc.)?

- Wie sehen die **Ausbildungsmaterialien** aus?

- Ist die Ausbildung eher **intuitiv oder strukturiert**?

- Gibt es **Interdisziplinarität bei den Trainern und bei den Teilnehmern**?

- Wie sieht **die Altersstruktur und das Frau/Mann-Verhältnis** aus **bei den Trainern und bei den Teilnehmern**?

- Worin besteht der **offizielle Abschluss der Ausbildung**? Gibt es so etwas wie eine **Lernzielkontrolle** und **Nachbesserungsmöglichkeiten**?

- Ist die Ausbildung nur für ein bestimmtes Feld geeignet oder kann man damit **auch in anderen Mediationsfeldern arbeiten**?

- **Wann** können die Teilnehmer mit dieser Ausbildung **in die Praxis gehen**? Erst am Ende oder bereits während der Ausbildung?

- Wie sieht die **Unterstützung für eigene Fälle**, für Unterstützung von Marketing und der eigenen Praxisarbeit aus?

- Gibt es Unterstützung für den **Aufbau eines** regionalen oder **berufsspezifischen Netzwerks**, für **Hospitationsmöglichkeiten** etc.?

- Wie ist die **Supervisionsmöglichkeit in und nach dieser Ausbildung** organisiert? Gibt es **Mediations-Supervisoren**? Wie ist der Zusammenhang und Austausch zwischen Ausbildung und Supervision organisiert?

Kriterien und Praxisanregungen für eigene Weiterbildungen

Auch die Frage von eigenen berufsbegleitenden Weiterbildungen könnte sich im Prinzip nach den obigen Entscheidungskriterien richten. Über die Notwendigkeit von Richtlinien und Kriterien von **berufsbegleitenden Weiterbildungen** gibt es bislang noch keinen Konsens zwischen den verschiedenen Ausbildungsinstituten, obwohl in den letzten Jahren im Bereich Mediation viele neue Entwicklungen stattgefunden haben und neue Lehrinhalte erarbeitet wurden, und es sich lohnen würde, sich darüber zu informieren und fort zu bilden. Daneben müssten allerdings auch die Bemühungen um die Erstellung eines **einheitlichen Berufsbildes** für Mediatoren verstärkt werden, wozu außer der qualifizierten Ausbildung auch die Forderung nach berufsbegleitender Weiterbildung gehören würde, genauso wie **Forderungen nach gesetzlicher Anerkennung**, Zeugnisverweigerungsrecht, staatlichen Förderungen, Prozesskostenhilfe für Medianden mit niedrigem Einkommen etc. (wie das z. B. in Österreich schon geschehen ist). Dafür sich einzusetzen soll auch an dieser Stelle eine berufspolitische Praxisanregung sein.

Zwei der wichtigsten berufsbegleitenden Forderungen werden bisher kaum als notwendige Voraussetzungen für die Mediationspraxis genannt: zum einen die **eigene Erfahrung als Mediand oder Mediandin** und zum anderen (wie z. B. in den USA) eine **möglichst hohe Anzahl von eigenen Hospitationen bei erfahrenen Mediatoren.**

7. Mediationsnetzwerk

Übung für Mediatoren

Welche Ansprüche haben Sie selbst an ein funktionierendes Mediations-Netzwerk in Ihrer Region? Was würde Ihrer Meinung nach zu einem derartigen Netzwerk gehören? Wie viel Prozent von Ihrer Arbeitszeit sind Sie selbst bereit, dafür einzusetzen, dass es funktioniert?

Aufbau eines Mediationsnetzwerks

Es fällt schwer, sich vorzustellen, dass Mediation funktionieren könnte, wenn in der Region Mediatoren einsam und allein Mediation betreiben. Sie hätten wahrscheinlich keine Beratungsanwälte, die ihre Medianden parteilich beraten würden; sie hätten keine Richter, die sich selbst mit Mediation auskennen und Konfliktparteien für Mediation motivieren würden; sie hätten keine Kollegen, mit denen sie schwierige Fälle besprechen oder die sie als **interdisziplinäre Fachleute** für ihre Medianden benutzen könnten (z. B. Lehrer, Wirtschaftsfachleute, Psychologen, Juristen, Banker, Steuerberater, Ärzte etc.). Mediation kann keine einsame Arbeit sein – das wäre ein Widerspruch in sich selbst. Mediation ist vielmehr auf offene Kommunikation und **gegenseitige Unterstützung** und Kollegialität angewiesen, damit sie überzeugend und effektiv sein kann. Deshalb gehört der Aufbau eines funktionierenden

Netzwerks, das diese Bedingungen erfüllt, unbedingt zur eigentlichen Mediationstätigkeit dazu.

Funktionierende Netzwerke

Entweder existiert ein solches Netzwerk bereits, dann ist es sinnvoll, sich ihm als Neuling anzuschließen und sich einen den eigenen Interessen und Fähigkeiten entsprechenden Platz zu suchen. Oder aber es existiert noch nicht, dann muss man es aufbauen. Die Erfahrungen zeigt, dass beide Wege dornig sind, im ersten Fall, weil es inzwischen vielfache Formen von Konkurrenz und Rivalität gibt, im zweiten Fall, weil man einige Jahre harter Arbeit vor sich hat. Im Allgemeinen dauert es etwa 3–5 Jahre, bis ein solches Netzwerk wirklich steht und funktioniert. Aber dieser Weg ist nicht nur dornig, sondern er hat auch viele Blüten. Man gewinnt auf beiden Wegen nämlich Berufsfreunde, Medianden (manchmal sogar aus unbekannten, aber sehr spannenden Feldern) und eine Menge Erweiterung seines eigenen Horizonts. Außerdem kann man auf diese Weise überprüfen, ob man es selbst ernst meint mit Mediation oder ob man nicht lieber bei seinen alten „Leisten" bleiben will, weil es zu mühsam ist, erst am **Aufbau des eigenen Berufsfeldes** mitzuarbeiten. Dann müsste man nämlich in die USA auswandern – dort sind die Kollegen dreißig Jahre weiter.

Praxisanregungen

▷ Es lohnt sich, **im regionalen Netzwerk Arbeitskreise zu gründen** oder zu intensivieren zu bestimmten Fragen, die noch nicht gut geklärt sind; so z. B. die Fragen eines einheitlichen Berufsbildes und der damit zusammenhängenden gesetzlichen Fragen wie etwa Zeugnisverweigerungsrecht für Mediatoren, Rechtsberatung, Honorarfragen, Fragen der gemeinsamen Öffentlichkeitsarbeit und Werbung, etc.

▷ Es lohnt sich, im Mediationsnetzwerk **gemeinsam Werbung** zu betreiben, evtl. gemeinsame Flyer oder anderes Informationsmaterial zu entwerfen, weil gemeinsame Öffentlichkeitsarbeit, zumal unterstützt von verschiedenen Berufsgruppen, effektiver ist als die Werbung bzw. Öffentlichkeitsarbeit eines einzelnen Mediators.

▷ Die Erfahrung zeigt, dass **gemeinsame Netzwerksarbeit** auch gegenseitige Überweisungen von Medianden an andere Kollegen erleichtern. Langfristig trägt sie so zum Abbau von Rivalität und Konkurrenz bei.

▷ Bei Schwierigkeiten im regionalen Netzwerk zeigt die Erfahrung, dass **gemeinsame Supervision** oder Mediation bei einem dafür ausgebildeten Mediations-Supervisor Wunder wirken und außerdem Mediation in dieser Region glaubwürdiger machen kann.

8. Werbung, Marketing, Akquisition

Übung für Mediatoren

Wie stellen Sie sich die ideale Werbung für Ihre Mediationstätigkeit vor? Mit wem reden Sie darüber, oder wo holen Sie sich Kritik und Anregungen?

Werbung und Öffentlichkeitsarbeit

Das Thema Werbung und Öffentlichkeitsarbeit im Bereich Mediation trifft momentan auf ein Wellentief. Die erste Begeisterungswelle scheint abzuebben und trifft zudem auf den scharfen Gegenwind von Einsparungen und Haushaltskürzungen auf all den Ebenen, die begonnen haben, sich der Mediation zu öffnen. Das macht die Akquisition von Fällen schwieriger, erhöht aber die Notwendigkeit, über **Öffentlichkeitsarbeit, Information und Werbung** für Mediation gründlicher und kreativer als bisher nachzudenken. Hier gilt auch das im vorherigen Kapitel Gesagte: Besonders in solchen gesellschaftlichen und politischen Wellentälern ist es umso sinnvoller und effektiver, nicht einsam und allein zu arbeiten, sondern **im interdisziplinären Netzwerk**, auch wenn das durch den höheren Konkurrenzdruck schwieriger wird.

Wie komme ich an Fälle?

Diese Frage ist momentan die beherrschende bei Gesprächen unter ausgebildeten und bereits praktizierenden Mediatoren. Aus meiner Erfahrung als Mediations-Supervisorin steckt dahinter aber eigentlich die Frage „**Was tue ich dazu, dass ich nicht an Fälle komme?**" – und das wäre eine Supervisionsfrage und nicht eine von guten oder schlechten Werbestrategien. Das hieße, jeder von uns sollte sich fragen:

- „Wie oft nehme ich in meinem privaten und beruflichen Umfeld nicht wahr, dass hinter Berichten oder Erzählungen von Konflikten, Problemen, missglückten Hilfsversuchen eigentlich **Anfragen nach Mediation** stehen?"

- „Wie oft nutze ich selbst die Möglichkeit, **eigene berufliche oder private Konflikte** mit Mediation zu lösen und mir dafür einen guten Mediator zu suchen?"

- „Wie gut ist meine **Informationsmaterialien**/mein **Flyer**? Habe ich sie von kritischen Kollegen überprüfen lassen?"

- „Sind meine Informationsmaterialien und mein Flyer so ausgerichtet, dass sie nicht nur Leute aus einem bestimmten Problemfeld interessieren und informieren, sondern **auch aus den angrenzenden oder entfernteren Feldern?"**

- „Habe ich einen solchen Flyer und **gutes Informationsmaterial** – auch das aus der Region – **immer in der Tasche?"**

- „Benutze ich **jede Gelegenheit zur Information und Werbung** für Mediation, wenn ich von Konflikten erfahre (in meiner Nachbarschaft, in meinem Freundeskreis, in meinem beruflichen, sportlichen, politischen, kirchlichen, privaten Umfeld?"

- „Habe ich immer genügend **Adressen** – auch **E-Mail-Adressen** – von Mediatoren bei mir (und auf dem aktuellsten Stand), die ich gut finde und die ich empfehlen kann?"

- „**Wie viele Mediatorenfreunde** habe ich, die genau so handeln und mich vielleicht auch informieren über ihre Empfehlungen so wie ich sie informiere über meine?"

Weitere Praxisanregungen

▷ Es lohnt sich, selbst eine gute **eigene Homepage** zu haben und sich mit anderen Mediatoren – auch und gerade aus anderen Feldern – zu verlinken.

▷ Es macht sich bezahlt, 2–3 Jahre lang mindestens 10 % der eigenen Mediations-Arbeitszeit in Werbung und **„Klinkenputzen"** zu stecken.

▷ Es lohnt sich besonders, Kontakte zur lokalen und überregionalen **Presse** zu pflegen und alle Möglichkeiten – auch und besonders die skurrilen – in der Medienlandschaft für Information zu nutzen.

255

▷ Für Werbung und Öffentlichkeitsarbeit sollte regional **Informations-material** entworfen werden, in dem nicht theoretisch erklärt wird, was Mediation ist, sondern in dem **beschrieben** wird, **wie sie abläuft** und funktioniert, damit die Leute wissen, worauf sie sich eigentlich einlassen.

▷ Es ist nützlich, Listen anzulegen von Stellen und Orten, die sich fürs „Klinkenputzen" eignen, d. h. wo Gespräche mit Hilfe von sehr gutem und einfach verständlichem Material bzw. Flyern zielführend und erfolgversprechend sind:

Verbraucherzentralen/Betriebe/Firmen/Gewerkschaften/
Kirchen/Parteien/Volkshochschulen/Hochschulen/
Sportvereine/Schulen/Berufsschulen/Verbände in allen Ebenen/
Krankenhäuser/Verwaltungen/Ausländerorganisationen/
Beratungsstellen in allen Bereichen/Informationsstellen in Gerichten etc.

▷ Die erste Welle von Werbung und Öffentlichkeitsinformation über Mediation ist vorbei – es braucht jetzt die **zweite Welle**. Und das sollte die zweite Generation von Mediatoren in die Hand nehmen, damit es mit dem so wichtigen Angebot der Mediation erfolgreich weitergeht.

▷ Vielleicht müsste die erste Generation der zurzeit in der Praxis tätigen Mediatoren in Rente gehen, um gelassener und ohne eigenen Profitdruck für Mediation werben zu können (obwohl sie als Rentner besonders gute Mediatoren wären!). Diese **Generation der über 60-jährigen Mediationsrentner** könnte über **kostenlose und werbeintensive Gemeinwesen-Mediation** (z. B. Konfliktlotsen-Ausbildungen im öffentlichen oder auch im nicht öffentlichen Bereich) nachdenken und im neuen Dachverband Mediation – der sich in Gründung befindet – dazu eine eigene Arbeitsgruppe bilden.

II. Praxismuster

1. Muster eines Mediationskontrakts

Wir, _____

_____

_____,

möchten für unsere Konflikte mit Hilfe von Mediation Lösungen und Regelungen erarbeiten. Das Ziel unserer Mediation soll eine Vereinbarung über diese regelungsbedürftigen Punkte sein.

Wir akzeptieren, dass Mediation weder psychologische noch juristische Beratung umfasst und dass wir dafür evtl. zusätzliche Fachleute in Anspruch nehmen müssen.

Wir akzeptieren, dass der Inhalt der Mediationssitzungen vertraulich ist und dass sowohl wir wie die Mediatorin/der Mediator der Schweigepflicht unterliegen. Wir wissen, dass die Mediatorin/der Mediator in keiner Weise als Zeugen zur Verfügung stehen.

Wir akzeptieren, dass für die Mediation bestimmte Regeln gelten sollen, die wir wie folgt festlegen:

_____

_____

_____

Wir akzeptieren ferner den vereinbarten Honorarsatz für die Mediation von _____ Euro für jede Sitzung und werden ihn wie folgt bezahlen _____.

Wir akzeptieren, dass Termine, die nicht mindestens 24 Stunden vorher abgesagt werden, bezahlt werden müssen.

Wir akzeptieren, dass jeder von uns – auch die Mediatorin/der Mediator – das Recht hat, die Mediation zu beenden.

Wir vereinbaren ferner: _____

_____

Ort, Datum, Unterschriften:

_____   _____

2. Muster eines Organigramms für Mediationen

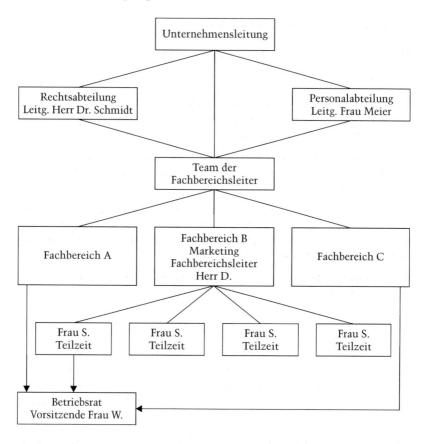

(Nützlich für alle Mediationen, in denen es um Konfliktparteien in verschiedenen Hierarchien von verschiedenen Teams, Abteilungen etc. geht, besonders in Verwaltungs-, Wirtschafts-, Sport-, Klinik-, Schul-Mediationen etc.)

3. Muster eines Soziogramms für Mediationen

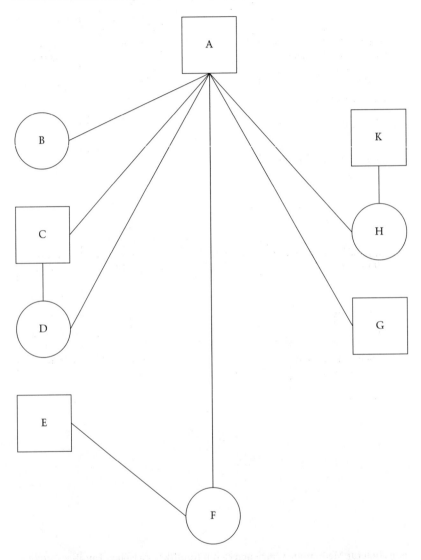

(Nützlich für alle Formen von Mehrparteien-, Gruppen-, Team-Mediationen, in denen es um um Konflikte innerhalb **eines** Teams, **einer** Gruppe etc. geht, z. B. in Unternehmens-, Organisations-, Schul-, Verwaltungs-Mediation)

4. Muster eines Genogramms für Mediationen

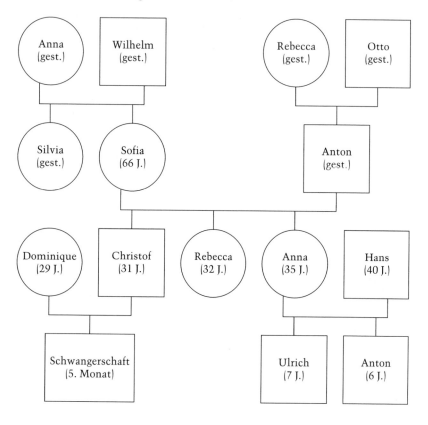

(Nützlich für Mediationen, in denen es um Konflikte zwischen Familienmitgliedern oder zwischen Generationen aus einer oder mehreren Familien, Beziehungen etc. geht, z. B. in Erb-, Familien-, Adoptions-, Inseminations-, Pflegefamilien-Mediationen etc.)

5. Muster eines Kontakt- und Zuständigkeitsplans in Mediationen

Woche	Montag	Dienstag	Mittwoch	Donnerstag	Freitag	Samstag	Sonntag
1							
2							
3							
4							
5							

Schulfreie Zeit/Ferien/Urlaub/Feiertage etc.

Heiligabend	
1. Weihnachtstag	
2. Weihnachtstag	
Silvester	
Neujahr	
Sommerferien	
Osterferien	
Pfingstferien	
Sonstige Ferien/Feiertage	
Geburtstage	
Sonstige wichtige Tage	

(Nützlich für Mediationen, in denen es um Regelungen über Kontakte, Umgang, Zuständigkeit für Kinder, Jugendliche, alte Eltern, Pflegefamilien etc. geht)

6. Muster für Budgetpläne in Mediationen

Haushaltsbudget	Med. 1	Med. 2	Med. 3	. . .
Miete/Wohnkosten				
Nebenkosten/Strom/Wasser etc.				
Telefon/Fax/Internet etc.				
Television/Radio etc.				
Auto				
Transport/Verkehr etc.				
Ernährung				
Kleidung				
Reparaturen/ Instandhaltungen etc.				
Sonstiges im Haushalt				
Kultur/Theater/Kino/Zeitungen etc.				
Urlaub/Reisen etc.				
Geschenke/Spenden etc.				
Taschengelder				
Versicherungen				
Rückzahlungen/Schulden/Kredite etc.				
Unterhalt für Eltern/Kinder				
Beiträge für Vereine, Kirchen, Parteien etc.				
Hobbys				
Sonstiges				

(Nützlich für Mediationen, in denen es um gerechte Verteilung vorhandener Gelder in Familien oder anderer Gemeinschaften, um freiwillige Zuständigkeiten oder gesetzlichen Unterhalt geht für Kinder, Jugendliche, alte Eltern, Pflegepersonen, Lebenspartner etc.)

7. Muster einer Vermögensaufstellung für Mediationen

Vermögen	Med. 1	Med. 2	Med. 3	...
Konten				
Sparbücher				
Aktien, Fonds etc.				
Wertpapiere				
Festgeldkonten				
Häuser				
Grundstücke				
Wohnungen				
Kunstwerke etc.				
Schmuck etc.				
Wertvolle Anlagen				
Sammlungen				
Autos				
Bausparverträge				
Lebens-/Kapitalversicherungen				
Sonstiges				

Verpflichtungen	Med. 1	Med. 2	Med. 3	...
Schulden				
Kredite				
Hypotheken				
Versicherungen				
Sonstiges				

(Nützlich für alle Formen von Vereinbarungen, Verträgen etc. über materielle Werte in Mediationen, z. B. in Beziehungs-, Trennungs- und Scheidungs-, Erb-Mediationen)

263

8. Muster für Einkommensaufstellungen in Mediationen

Regelmäßiges Einkommen (monatlich)	Med. 1	Med. 2	Med. 3	...
Gehalt/Gehälter/Weihnachtsgeld etc.				
Einkünfte aus selbständiger Tätigkeit				
Renten				
Urlaubsgeld				
Trennungsgeld				
Prämien				
Sonstiges				
Weitere Einkünfte/geldwerte Vorteile				
Kindergeld				
Unterhalt				
Arbeitslosengeld				
Sozialhilfe				
Wohngeld				
Erziehungsgeld				
Bafög o. Ä.				
Zuwendungen von Eltern o. a.				
Sonstiges				
Firmenwagen				
Selbst genutzte Eigentumswohnung				
Zinserträge etc.				
Sonstiges				

(Nützlich für Mediationen, in denen es um gerechte Verteilung vorhandener Gelder in Familien oder anderen Gemeinschaften, um freiwillige Zuständigkeiten oder gesetzlichen Unterhalt geht für Kinder, Jugendliche, Lebenspartner, alte Eltern, Pflegepersonen etc.)

264

9. Muster eines Wertebildes der materiellen und immateriellen Werte in einer Mediation

Verlag	Villa/Wohnhaus 400 000 Euro
Kapitalstock 80 000 Euro	Grundschuld 50 000 Euro
Umsatz 200 000 Euro	Zinsen 800 Euro (Sofia)
Rebecca 3000 Euro	Wohnung Sofia
Christof 3000 Euro	Verlagsräume
Frau Bürger 1800 (2300) Euro	Künstlerische Leitung
Frau Müller 1800 (2300) Euro	Kaufmännische Leitung
Auszahlung Anna 150 000 Euro	Garten
Name des Verlags	Geschäftsanteile
Kundenstamm	Vermächtnis des Vaters
Familientradition	
Frieden in der Familie	
Tradition des Verlags	

(Nützlich für fast alle Mediationen als Grundlage für das Angebotsverhandeln über die – materiellen und immateriellen – Werte in dieser betreffenden Mediation. Hier am Beispiel der Erb-Mediation Schaller.)

D. Anhang

I. Verwendete Literatur

De Bono, Edward: Konflikte. Neue Lösungsmodelle und Strategien, Düsseldorf 1989

Boszormenyi-Nagy, I. u. a.: Unsichtbare Bindungen, Stuttgart 1981

Diez/Krabbe/Thomsen: Familienmediation und Kinder, Köln 2002

Duss-von Werdt, J./Mähler, G./Mähler, H. G./(Hrsg.): Mediation: Die andere Scheidung. Ein interdisziplinärer Überblick, Stuttgart 1995

Falk, G. u. a.: Die Welt der Mediation – Entwicklung und Anwendungsgebiete eines interdisziplinären Konfliktregelungsverfahrens, Klagenfurt 1998

Fisher, R./Ury, W.: Das Harvard-Konzept: Sachgerecht verhandeln – erfolgreich verhandeln, Frankfurt 1998

Friedman, G./Himmelstein, J.: Unveröffentlichte Ausbildungsmaterialien

Haft, F./Schlieffen, K. (Hrsg.): Handbuch der Mediation, München 2002

Haynes, J. M.: Unveröffentlichte Ausbildungsmaterialien

Henssler, M./Koch, L.(Hrsg.): Mediation in der Anwaltspraxis, Bonn 2002

Mücke, K.: Probleme sind Lösungen, Potsdam 2003

Pühl, H. (Hrsg.): Mediation in Organisationen, Berlin 2003

Thiel, S./Widder, W.: Konflikte konstruktiv lösen – Ein Leitfaden für die Teammediation, München 2003

Tomm, K.: Die Fragen des Beobachters, Heidelberg 2001

II. Adressen

Da sich erfahrungsgemäß Adressen von Mediations-Verbänden, Ausbildungs-Instituten etc. häufig ändern, haben wir uns entschlossen, nur die entsprechenden E-Mail-Adressen und die dazu gehörigen Homepages anzugeben, da diese meist auf dem neuesten Stand sind für weiterführende Informationen und Adressen:

Centrale für Mediation:

cfm@mediate.de
www.centrale-fuer-mediation.de

Bundesarbeitsgemeinschaft für Familienmediation:

bafm-mediation@t-online.de
www.bafm-mediation.de

Bundesverband Mediation e.V.:

info@bmev.de
www.bmev.de

Anwaltsverein:

www.anwaltsauskunft.de

Mediationswerkstatt Münster

mail@mediationswerkstatt-muenster.de
www.mediationswerkstatt-muenster.de

Österreichischer Dachverband für Mediation:

office@oebm.at
www.oebm.at

Schweizer Dachverband für Mediation:

sekretariat@mediation-svm.ch
www.mediation-svm.ch

Guter Informationsdienst zum aktuellen Stand der Mediation im deutschsprachigen Raum:

mediation@bluewin.ch
www.infomediation.ch

Für Informationsaustausch und Diskussion mit der Autorin:

hdiez@aol.com

III. Stichwort- und Sachregister

Die Zahlen bezeichnen die Seitenzahlen, halbfette Zahlen bezeichnen Hauptfundstellen.

IV. Glossar

Ambivalenz-Mediation	Mediation mit zwei möglichen Voraussetzungen und Sachverhalten, bei mehr als zwei Voraussetzungen oder Sachverhalten auch Polyvalenz
BATNA	Beste Alternative zur Verhandlungsübereinkunft (Harvard-Konzept)
Beratungsanwälte	Parteiliche Anwälte zur Beratung der rechtlichen Positionen
Brainstorming	Sammlung von Ideen und Möglichkeiten
Caucusing	Einzelgespräche mit jeder der Konfliktparteien innerhalb der Mediation, auch Shuttle-Mediation genannt
Ergebnisoffenheit	Keine Vorgaben hinsichtlich der Ergebnisse einer Mediation – eine der wichtigsten Voraussetzungen der Mediation
Fairnesskriterien	Maßstäbe jeder Konfliktpartei für die Überprüfung der Ergebnisse auf Fairness- und Gerechtigkeit
Feedback	Spiegelung von Aussagen und Wahrnehmungen
Flipchart	Verstellbare Tafel mit großen Papierbögen zum Visualisieren
Fokussieren	Zusammenfassung unter einem bestimmten Blickpunkt, um die Unterschiedlichkeit als Ressource besser herauszuarbeiten
Genogramm	Grafische Darstellung von familiären und Generationen-Beziehungen
Gewichtung	Reihenfolge der eigenen Konfliktthemen
Harvard-Konzept	In den USA entwickeltes Verhandlungskonzept, das u. a. Grundlage der Mediation und des mediativen Verhandelns wurde
Hypothesen	Arbeitsannahmen
Interessen	Ebene hinter den Positionen, worum es im Konflikt „eigentlich" geht
Konfliktspiel-Bild	Bild für die gemeinsame Inszenierung des Konflikts und die Möglichkeiten der Veränderung des Spiels

Kontenausgleich	Verhandeln über materielle und immaterielle Werte in der Mediation
Kurz-Mediation	Zeitlich komprimierte Form des gesamten Mediationsprozesses
Lineare Fragen	Fragen zum Sachverhalt
Mediationskontrakt	Arbeitsvertrag zwischen Medianden und Mediator
Mediations-Supervision	Praxisbegleitung bei Problemen in der Mediationsarbeit
Mediationsvereinbarung	In der Mediation erarbeitete Vereinbarung zwischen den Medianden
Mehrparteien-Mediation	Mediation mit mehr als zwei Konfliktparteien
Mehrwege-Mediation	Mediation mit mehr als einem Weg des Prozesses und der Vereinbarungen
Memorandum	Meist: Protokoll der erarbeiteten Vereinbarungen
Misch-Mediation	Mediation, die aus mehr als einer Mediationsform besteht
Neutralität	Ausbalancierte Haltung gegenüber allen Konfliktparteien, auch als Allparteilichkeit beschrieben
Normalisieren	In einen gewöhnlichen (üblichen) Rahmen setzen
Notarvertrag	Vereinbarung, die vor einem Notar geschlossen wird und vollstreckbar ist
Optionen	Möglichkeiten und Ideen für Veränderungen
Organigramm	Grafische Darstellung von Strukturen in Organisationen, Firmen etc.
Paraphrasieren	Kleinste gemeinsame neutrale Aussage, die sich auf alle Partner bezieht
Partialisieren	Konfliktgesamtheit in kleinere Einheiten zerlegen
Privatautonomie	Teil des grundsätzlich geschützten Selbstbestimmungsrechts des Einzelnen, seine Lebensverhältnisse im Rahmen des Rechts durch Rechtsgeschäft eigenverantwortlich zu gestalten
Prozesskostenhilfe	Teilweise oder gänzliche Befreiung von den Kosten eines Gerichtsverfahrens und der anwaltlichen Vertretung im Verfahren

Reflektive Fragen	Fragen, die zum Nachdenken und Entwerfen anregen
RGV	Rechtsanwaltsgebührenverordnung
Soziogramm	Grafische Darstellung von Gruppen, Teams etc.
Strategische Fragen	Fragen mit einer bestimmenden Absicht (Strategie)
Systemischer Ansatz	Ausgehen von der konstruktivistischen Annahme, dass sich Menschen ihre Wirklichkeit selbst konstruieren
Team-Mediation	Mediation mit mehr als zwei Mediatoren
Visualisieren	Sichtbarmachen von Mediationsinhalten
Vorlaufphase	Informations- und Kontaktphase vor der eigentlichen Mediation
Vor-Mediation	Kurz-Mediation vor der eigentlichen Mediation zur Klärung formeller Fragen
WATNA	Schlechteste Alternative zur Verhandlungsübereinkunft (Harvard-Konzept)
Wertebild	Visualisierung aller materiellen und immateriellen Werte aller Konfliktparteien
Window I	Arbeit mit der Autonomie und Selbstbehauptung der Medianden
Window II	Arbeit mit der Wechselseitigkeit und Gemeinsamkeit der Medianden
Zeitmanagement	Zeitliche Planung von Stufen, Arbeitseinheiten und der gesamten Mediation
Zirkuläre Fragen	Reflektive Fragen mit dem Weg über andere Personen oder Gruppen